乡村振兴法治文库　　卢代富　总主编

中国知网（CNKI）收录

乡村振兴法治研究 第⑩卷

卢代富／主编

法律出版社 LAW PRESS · CHINA | 北京

图书在版编目(CIP)数据

乡村振兴法治研究. 第10卷 / 卢代富主编. -- 北京:
法律出版社, 2024
ISBN 978-7-5197-8846-9

Ⅰ. ①乡… Ⅱ. ①卢… Ⅲ. ①农村-法治-中国-文
集 Ⅳ. ①D920.0-53

中国国家版本馆CIP数据核字(2024)第038096号

乡村振兴法治研究(第10卷)
XIANGCUN ZHENXING FAZHI YANJIU(DI-10 JUAN)

卢代富 主编

策划编辑 陈 妮
责任编辑 陈 妮 张思婕 鲁 安
装帧设计 汪奇峰

出版发行 法律出版社
编辑统筹 法治与经济出版分社
责任校对 晁明慧
责任印制 吕亚莉
经 销 新华书店

开本 710毫米×1000毫米 1/16
印张 16 字数 300千
版本 2024年2月第1版
印次 2024年2月第1次印刷
印刷 北京虎彩文化传播有限公司

地址:北京市丰台区莲花池西里7号(100073)
网址:www.lawpress.com.cn
投稿邮箱:info@lawpress.com.cn
举报盗版邮箱:jbwq@lawpress.com.cn

销售电话:010-83938349
客服电话:010-83938350
咨询电话:010-63939796

书号:ISBN 978-7-5197-8846-9
定价:108.00元
凡购买本社图书,如有印装错误,我社负责退换。电话:010-83938349

总　序

党的二十大报告深刻指出，“全面建设社会主义现代化国家，最艰巨最繁重的任务仍然在农村”。为全面实施乡村振兴战略，促进农业全面升级、农村全面进步、农民全面发展，加快农业农村现代化，我国于2021年制定了《中华人民共和国乡村振兴促进法》，为乡村产业振兴、人才振兴、文化振兴、生态振兴、组织振兴等活动提供了制度框架和制度保障。

习近平总书记指出，要“坚持把解决好‘三农’问题作为全党工作重中之重，举全党全社会之力推动乡村振兴”。[1] 如何落实习近平总书记的殷殷嘱托？从法学理论工作者的角度来看，一方面，要认真总结我国乡村振兴中的成熟做法，坚持理论从实践中来，基于本土化的实践总结出中国经验、中国理论和中国制度，从而真正实现传统农村与现代市场的对接以深度推进乡村振兴的政策宏旨；另一方面，要坚持马克思主义的基本立场、基本方法，坚持辩证唯物主义和历史唯物主义，不唯书、不唯洋，只唯实，适时适度加以创新，从而真正解决困扰农村发展的“钱从哪里来、地该怎么用、人到哪里去”问题，激活发展农村的内生性资源禀赋和条件。

西南政法大学经济法学科长期关注农村问题，致力于农村法治研究。早在20世纪80年代初，以李昌麒教授为代表的学科团队就针对“农业生产承包合同的法律性质”等前沿性问题展开探讨。李昌麒教授于1999年在中共中央举办的第九次法制讲座上为中央领导同志主讲《依法保障和促进农村改革发展和稳定》的法制讲座。2000年，西南政法大学在经济法学科的基础上，组建

---

[1] 习近平：《坚持把解决好“三农”问题作为全党工作重中之重 举全党全社会之力推动乡村振兴》，载《求是》2022年第7期。

了中国农村经济法制创新研究中心,实现了此类基地省部级重点研究基地“零”的突破。在此背景下,为推进乡村振兴法治理论及法律制度的学术研究,为全面乡村振兴提供智力支持,西南政法大学经济法学院、经济法学科及中国农村经济法制创新研究中心共同推出了《乡村振兴法治文库》。秉持优中择优、宁缺毋滥的遴选原则,《乡村振兴法治文库》面向校内外师生及实务工作者征集乡村振兴法治研究书稿,计划每年资助2~3部作品出版。欢迎各界朋友不吝赐教、踊跃赐稿。

“盖文章,经国之大业,不朽之盛事。”[1]我们真诚地期待,《乡村振兴法治文库》能够以简洁但不简单的文字、深入却不深奥的文风,为我国乡村振兴的事业添砖加瓦。因为农业、农村、农民问题是一个中国问题,是我们这个时代面临的问题,也是中国式现代化进程中无法回避的问题。愿《乡村振兴法治文库》纳百川、上层楼,美美与共。

西南政法大学经济法学院

西南政法大学经济法学科

中国农村经济法制创新研究中心

2023年5月20日

[1] 曹丕:《典论·论文》。

前　言

为繁荣农村法治研究，加强学术交流，服务乡村振兴等重大战略，西南政法大学经济法学院、经济法学科、中国农村经济法制创新研究中心决定自2009年起每年举办“中国农村法治论坛”系列会议，将优秀论文集结出版并自第9卷起，按照专业类学术连续出版物打造《乡村振兴法治研究》（原名《中国农村法治论坛》）。

《乡村振兴法治研究》系由西南政法大学经济法学院、经济法学科、中国农村经济法制创新研究中心主办，每年定期出版，向国内外公开发行。一方面，作为展示、交流平台，择优收录“中国农村法治论坛”的优秀论文；另一方面，面向国内外广大研究者和实务工作者公开征稿，推出相关领域优秀研究成果。

《乡村振兴法治研究》坚持“百花齐放，百家争鸣”的方针，跟踪理论前沿，服务法治实践，设有农村法治理论研究、农村集体组织研究、农村土地法治研究、农民权益保护研究、农村市场监管研究、社会分配法治研究、农村金融财税法治研究、乡村治理研究等专题。每卷还将根据组稿情况设置其他专题。

我们热切希望各界学者和实务工作者一如既往地关注农村法治理论研究，积极致力农村法治建设，携手努力将《乡村振兴法治研究》打造成服务我国农村经济社会发展和法治建设的优秀平台！

《乡村振兴法治研究》编辑委员会

目　　录

农村土地房屋征收

集体治理法治化

论农村集体非经营性资产管护的软法治理[*]

黄茂钦[**] 王岑岑[***]

摘 要：加强农村集体非经营性资产的管护是推进农村集体产权制度改革的重要内容。实践中，农村集体非经营性资产的运营目标在于为集体成员和社区居民提供公共服务，由此体现农村基层政府施政的基本职能。目前，我国主要通过一系列直接或间接相关的软法规范来解决农村集体非经营性资产的管护问题，但相关软法规范在运行中仍然有进一步完善的空间。在数字乡村建设的背景下，可采用"数字化+软法治理"方案，从多元共治、权责法定、精准治理、软硬兼济等几个方面来改进农村集体非经营性资产的管护，从而推进乡村振兴战略目标的实现和乡村治理现代化水平的提升。

关键词：非经营性资产 管护 公共服务 乡村振兴 软法

随着农村集体产权制度改革的积极推进，关于如何解决好农村集体非经营性资产的管护问题愈加受到重视。较之集体经营性资产这一农村集体产权制度改革的重点，农村集体非经营性资产的改革则有助于加强和创新农村社会治理，使置身于新农村建设的集体成员和社区居民的"获得感、幸福感、安全

---

* 本文系国家社会科学基金青年项目"农村集体非经营性资产运行法律机制研究"(20CFX039)和国家社会科学基金一般项目"软法在经济法治发展中的地位与作用研究"(19BFX007)的阶段性成果。

** 西南政法大学经济法学院教授、博士生导师。

*** 西南政法大学经济法研究中心研究助理。

感更加充实、更有保障、更可持续”。[1] 就此而言,对于农村集体非经营性资产管护的理论探讨也应在既有的为数不多的研究成果基础上实现更为丰富的积累。本文拟就“农村集体非经营性资产的管护”这一议题,基于软法治理的视角,提出一定的学理阐释,以期为该问题的解决提供相应的理论参考。

一、农村集体非经营性资产运营在乡村振兴中的定位和作用

(一)农村集体非经营性资产运营在乡村振兴中的定位

1. 农村集体非经营性资产运营的主要目标:提供公共服务

党的十九大报告提出实施乡村振兴战略,按照“产业兴旺、生态宜居、乡风文明、治理有效、生活富裕”[2]的总要求,加快实现农业农村现代化,加快推进乡村全面振兴。乡村振兴作为致力于促进城乡融合发展、坚持人与自然和谐共生的重要战略,是我国现代化经济体系建设的重要组成部分。针对乡村振兴中“治理有效”这个具有整体性、社会性、系统性特点的预期目标,党中央提出了要充分建立起涵盖自治、法治、德治三大治理元素的新时代乡村治理体系,逐步稳固并且完善社会治理的核心内容,增加新的创新点。[3] 根据《中共中央　国务院关于实施乡村振兴战略的意见》(2018年)可知,国家对于乡村振兴的相关政策导向是要“坚持农业农村优先发展,在公共财政投入上优先保障,在公共服务上优先安排,在要素配置上优先满足”,[4]以这一“四优先”为主要保障,从发展、财政、服务、配置四个方面同时发力,以期将乡村振兴提高到一个突出的位置进行重点推进。

在乡村振兴战略的总体布局中,农村集体非经营性资产的运行和管护有着不可忽视的地位。根据农业农村部拟定的《农村集体经济组织示范章程(试

---

[1] 《中共中央关于党的百年奋斗重大成就和历史经验的决议》(2021年11月11日中国共产党第十九届中央委员会第六次全体会议通过)。

[2] 习近平:《决胜全面建成小康社会夺取新时代中国特色社会主义伟大胜利——在中国共产党第十九次全国代表大会上的报告》,2017年10月18日。

[3] 参见闫书华:《乡村振兴战略视角下乡村社会治理创新研究》,载《行政论坛》2022年第1期。

[4] 韩长赋:《实施乡村振兴战略　推动农业农村优先发展》,载《人民日报》2018年8月27日,第7版。

行)》(2020年)的界定,所谓农村集体非经营性资产,是指农村集体资产中用于教育、科技、文化、卫生、体育等公共服务供给的这部分资产。[1] 从这一概念界定中可以看出,农村集体非经营性资产的最主要目的是为集体成员和社区居民提供相应的公共服务。[2] 进言之,提供公共服务乃是农村基层政府施政的基本职能所在。

2. 农村集体非经营性资产供给的基本定位:实现政府职能

论及农村基层政府在日常的基层治理中拥有哪些职能,需要依据特定农村基层政府所在地区的经济发展情况、社会发展状态以及实施乡村振兴工作的内容等实际问题来分析确定。其职能的合理配置与当地的乡镇事务应当呈现出正相关的关系,即乡镇的事务越多,对应的职能则越细化和丰富。

一般而言,农村基层政府在基层治理中承担的职能主要体现在四个方面:[3] 一是政治引领职能,即政府在日常行政活动中将党的政策进行转化,融入基层治理的过程,使村民们能够充分认识到最新的政策动态,进而将对政策的理解转化为推动农业农村现代化建设的实践。二是经济治理职能,农村基层政府需要以一定的资金来对行政活动进行保障,资金的来源主要由国家拨款与自行筹集两部分组成,而合理运用财政资金、有效促进当地经济发展是政府应履行的职责。三是社会管理职能,农村基层政府应当致力于维护乡村和谐,积极化解乡村社会中的矛盾,维系乡村社会运行秩序。四是公共服务职能,农村基层政府在乡村公共服务体系中处于重要的主导地位,其通过确保农村集体非经营性资产的良好运营来实现公共服务职能。

具体就农村基层政府在履行职能中提供的公共服务而言,从政治角度来看,公共服务的宗旨是为村民营造一个公平公开公正的制度环境,以保证村民

---

〔1〕 参见《农村集体经济组织示范章程(试行)》(农政改发〔2020〕5号,2020年11月4日发布)。

〔2〕 我国于2020年完成了对农村集体资产的清产核资工作,为管理和运营农村集体资产提供了重要依据。其中,作为集体经济收入主要来源的经营性资产为3.1万亿元,非经营性资产为3.4万亿元,主要用于教育、科技、文化、卫生等公共服务。参见郁静娴:《全国农村集体家底基本摸清》,载《人民日报》2020年7月13日,第1版。

〔3〕 参见江国华、罗栋梁:《乡镇政府治理职能完善与治理能力现代化转型》,载《江西社会科学》2021年第7期。

应当享有的权利与利益得以实现;从经济角度来看,公共服务应当维持农村经济的运行秩序,对资源进行合理配置,在市场无法提供公共物品时进行有效供给;从社会角度来看,公共服务要求政府在以人民为中心的服务宗旨之下制定出有利于各方发展的民生政策,同时,凸显政府的服务质量和能力。进言之,公共服务能够体现政府着眼于"补齐民生保障短板、解决好人民群众急难愁盼问题",[1]充分发挥其所掌握的公共资源,以确保集体成员和社区居民享有生存权与发展权。

实践中,《关于加强乡镇政府服务能力建设的意见》(2017年)指出,应当加强乡镇政府公共服务职能。此文件反映出目前农村基层政府的公共服务职能出现了某些缺位,故应加快乡镇政府转变职能的步伐,强化其公共服务职能。[2] 可见,合理运用农村集体非经营性资产,有效地为民众提供公共服务以体现政府职能,是目前农村基层政府提升其治理水平的努力方向之一。

(二)农村集体非经营性资产运营在乡村振兴中的作用

《中共中央　国务院关于实施乡村振兴战略的意见》(2018年)提出了乡村振兴战略的目标规划,[3]而为了实现这一目标,有待采取一系列的推进措施。[4] 可见,合理运营、管护农村集体非经营性资产,有效提供各类公共服务,有助于城乡基本公共服务均等化的实现,发挥基本公共服务均等化在推动乡村振兴、促进共同富裕中的作用。[5]

---

[1] 《中共中央关于党的百年奋斗重大成就和历史经验的决议》(2021年11月11日中国共产党第十九届中央委员会第六次全体会议通过)。

[2] 参见《关于加强乡镇政府服务能力建设的意见》,2017年2月20日。

[3] 这一目标规划是"到2035年,乡村振兴取得决定性进展,农业农村现代化基本实现……城乡基本公共服务均等化基本实现……乡风文明达到新高度,乡村治理体系更加完善……美丽宜居乡村基本实现"。参见《中共中央　国务院关于实施乡村振兴战略的意见》,2018年1月2日。

[4] 这些措施包括"探索建立农村集体资产监督管理服务体系""加强普惠性、基础性、兜底性民生建设"。参见《中共中央　国务院关于做好2022年全面推进乡村振兴重点工作的意见》,2022年1月4日。

[5] 在当前"三农"工作重心已经转向全面推进乡村振兴的背景下,合理运营、管护农村集体非经营性资产、促进基本公共服务均等化,得益于相关制度的改革创新,而制度的创新则有助于不断丰富"三农"理论、不断开创"三农"事业发展新局面。

进一步讲,面对提高国家治理体系和治理能力现代化水平的要求,农村基层政府为提升治理能力也应当作出相应调整。与此相对应的就是,一旦农村基层政府的治理目标围绕治理现代化的要求而调整,那么,其治理的具体内容也将随之改变。而目前在实践中得以集中体现的就是,通过采取加强乡村公共基础设施建设、整治提升农村人居环境、提升农村基本公共服务水平等措施来"大力实施乡村建设行动",[1]由此促进全面推进乡村振兴,加快农业农村现代化发展。应当指出的是,在此过程中,对于农村集体非经营性资产的合理运营和管护,能够规范农村基层政府行为,减少或杜绝私用、滥用集体资产的行为出现,使乡村治理逐步实现其预期目标,[2]从而达致人民安居乐业、社会安定有序的理想效果。

二、农村集体非经营性资产管护及其软法治理现状考察

目前,我国对农村集体非经营性资产采取了一系列管护措施,其管护的制度依据主要是大量存在的软法[3]规范。通过相应的实证考察,农村集体非经营性资产管护及其软法治理的现状陈述如下。

(一)农村集体非经营性资产管护面临的挑战

具体而言,实践中,农村集体非经营性资产管护面临以下几个方面的挑战:

其一,产权边界不明晰,[4]缺乏统一定量标准。农村集体非经营性资产的源头十分丰富,呈现多元化的特点。经过对资产构成的分析可发现,其中包括财政资金、部门资金以及镇村集体投入资金等各种来源的资产。现实中,由

---

[1] 《中共中央　国务院关于全面推进乡村振兴加快农业农村现代化的意见》,2021年1月4日。

[2] 这一目标具体表述为"系统治理、依法治理、综合治理、源头治理"。参见《中共中央关于党的百年奋斗重大成就和历史经验的决议》(2021年11月11日中国共产党第十九届中央委员会第六次全体会议通过)。

[3] 所谓软法,是指"那些效力结构未必完整、无须依靠国家强制保障实施、但能够产生社会实效的法律规范"。参见罗豪才、宋功德:《认真对待软法——公域软法的一般理论及其中国实践》,载《中国法学》2006年第2期。

[4] 参见李明、邱孟根:《农村集体非经营性资产如何管护》,载《农村经营管理》2018年第7期。

于某些乡镇政府管理混乱,无法厘清农村集体非经营性资产具体产权归属的情况,使产权的归属在某些乡镇政府体现出以下问题:上级政府进行的财政转移支付、用于扶持项目的经费投入,也包括部门帮扶和捐赠所形成的种种资产,用怎样的方法来界定产权、对产权进行核算,目前多处于模糊的状态。国家虽然出台了政策性的倡导,[1]但是,当前并没有一个完善且清晰的产权制度能够予以借鉴,这也是导致农村集体非经营性资产的服务功效不理想的重要原因。随着我国经济体制改革的逐步推进,供给侧结构性改革进程成效显著,产权意识也已经逐渐增强,但是,在乡村却并未得到广泛的普及,由此导致管理体制的严重落后以及资产运营管护的阻塞,难以发挥资产应有的功效,也无法实现提供公共服务的作用。

其二,权责配置不清晰,无法确定主体对象。有的乡镇一级的农村集体非经营性资产,目前存在比较大的管理漏洞。在有的乡镇的日常实践中,各部门均不否认自身的管理权限,但是,在实际工作中往往存在"互相推诿"的状态——无法从根本上厘清管理主体究竟为何,应当由哪个部门来进行管理、运营、维护,是由专门的部门来进行整个链条的维护,还是由不同的部门进行分工协作,尚没有一个定论。而到最终需要承担责任的时候,同样存在空白的状态。应当看到的是,虽然也有一些地方通过相关规范性文件来明确县乡两级相关部门负责人承担辖区内县乡集体资产的监督管理主体责任,[2]但总体上看,上述问题亟待通过具体的安排予以全面解决。

其三,管理不透明,[3]私自改变资产用途。例如,2021年,在某某县某某镇纪委专项治理过程中,发现有村干部把村里灌溉用的沟渠挖平用于自己种

---

〔1〕 例如,中共中央、国务院曾印发《关于稳步推进农村集体产权制度改革的意见》(中发〔2016〕37号,2016年12月26日发布),要求对农民集体所有的资源性、经营性、非经营性资产进行清产核资,并加大对农村集体产权制度改革的政策支持和法治保障。

〔2〕 例如,河南省驻马店市遂平县《玉山镇农村集体非经营性资产运营管护的办法》(2021年7月26日发布)明确规定,由县乡两级财政、水利、国土、建管、民政等部门承担辖区内县乡集体资产的监督管理主体责任,包括县乡两级集体资产的购置,建设计划的制定和执行,资产租赁、拍卖或转让的审批,县乡两级重大资产购建,处置项目的审核等;负责农村集体资产日常管理工作,做到有人管事。

〔3〕 参见郁静娴:《全国农村集体家底基本摸清》,载《人民日报》2020年7月13日,第1版。

植花木，后该村干部被立案调查。日常工作中，有的乡镇政府干预农村集体非经营性资产的使用，导致其使用效率极其低下，而上级政府一旦疏于对其进行监管，极易出现乡镇政府工作人员将“占有变所有”的情形。与此同时，本该作为提供公共服务的基础设施被村干部据为己有，而村民则根本不清楚本村有哪些非经营性资产，这给农村集体非经营性资产的不当占有和使用创造了机会。究其原因就是，有的乡镇政府管理不够透明化，缺乏相应的公众监督，没有进行政务公开，从而导致资产流向不明的。究其原因，监督管理体系的缺位使侵占集体非经营性资产的现象出现，主要体现在个别行政人员无视集体财产性质，贪污私分、平调、无偿占用农村集体非经营性资产等。[1] 想要发挥农村集体非经营性资产的作用，实现乡村振兴，政务公开是必不可少的。这需要公众监督，建立阳光下运行的农村基层政府。

其四，管理机制不完善，[2]存在空白监管地带。在实施乡村振兴战略中，一个重要的方面就是要保证对农村集体“三资”（农村集体所有的资金、资产和资源）的运营和监管。其中，农村集体资产分为集体所有的土地等资源性资产、用于集体统一经营的经营性资产以及用于公共服务的非经营性资产，但由于存在一些观念上的偏差，在农村基层，往往容易重视经营性资产的管理和运营问题，而将非经营性资产的管理放在一个不受重视的地位上。这样的管理观念催生了不健全的管理制度，导致管理过程中出现了许多问题，而无人监管的空白地带也给不规范的操作带来了可乘之机；同时，造成了上文所提及的权责分配不明确、运营管理的措施失之偏颇，由此，带来了较为严重的后果，使资产无法发挥出其本身的作用；也是由于管理的疏忽，甚至导致部分资产的流失，阻碍了农村整体的发展和乡村振兴战略的顺利推进。

其五，核算标准不规范，[3]资产总况无法查明。正如上文所述，由于农村集体非经营性资产的投资渠道十分多元化，涉及多个部门、层级和领域，且有

---

〔1〕 参见刘涛：《农村集体经营性资产法律制度研究》，载《农业经济》2021 年第 1 期。

〔2〕 参见王丽娟、邱孟根：《关于农村集体非经营性资产管理的调查与思考》，载《农村财务会计》2018 年第 9 期。

〔3〕 参见李明、邱孟根：《农村集体非经营性资产如何管护》，载《农村经营管理》2018 年第 7 期。

的乡镇政府自身的管理机制存在较大缺陷,使农村集体非经营性资产的会计核算标准存在一定的混乱,没有建立起合规的台账;有些乡镇政府虽然有台账,但也存在不全面、不规范的问题;整个会计的核算流程呈现杂乱且分散的特点,对于具体的账目记载,也非常不完整。上述问题导致台账失去了应有的功能,极大地阻碍了对资产的管理,进而给资产的运营和公共服务功能的发挥带来了许多新的挑战。

其六,资产管护与数字化技术的运用脱节。如今,数字化技术已经被广泛应用在各个领域,政府管理的各项工作也已经与数字化挂钩,如我国大部分省级政府的数字政务一体化平台都陆续上线。运用数字化手段进行政务管理表现出流程简易、耗时较少、监管透明、大数据存储等显著的优势,这使政府能够更好地履行其提供公共服务的相关职能,并以此推动地方的发展。但数字化的覆盖范围并没有完全含括乡镇,许多乡镇政府仍然采取手账的方式对日常的管护行为进行记录,由此,容易造成公共物品的丢失或者查询上的不便捷,也不利于公众监督以及上级政府的监管。[1] 乡村的发展限制了其与数字化管理的关联,这可能会形成一个恶性循环,越脱节越不便,与我国实施乡村振兴的目标相去甚远。

(二)农村集体非经营性资产管护的软法治理现状

目前,我国尚未出台统一的法律来对农村集体非经营性资产进行专门的管理,除一些地方在农村集体资产管理条例这一硬法规范中进行概略规定[2]之外,更多的是以直接或间接相关的软法形式来规范农村集体非经营性资产管护问题。

具体而言,实践中农村集体非经营性资产管护的软法治理已经初步形成目标导向、层级丰富、形式多样、软硬兼济的“管护”格局。其中,中共中央和国

---

〔1〕 需要说明的是,通过数字化技术的运用来加强农村集体资产管护在实践中也取得了一定的进展,例如,目前,农村集体资产监督管理平台建设已列入《数字农业农村发展规划(2019—2025年)》,系统开发建设等工作也已启动,这有助于推动农村集体资产财务管理的制度化、规范化、信息化。

〔2〕 例如,《广东省农村集体资产管理条例》(2016年5月25日修订)和《江苏省农村集体资产管理条例》(2018年10月1日起施行)均涉及非经营性资产的范围、用途、管理主体、分类管理、评估与交易、侵占或损害非经营性资产应承担的法律责任等规定。

务院共同颁布的《关于稳步推进农村集体产权制度改革的意见》就“管护”问题进行了导向性的规定。[1] 围绕这一目标导向，地方各级政府结合全国层面的制度精神，形成省级——市级——区县级——乡村级的“管护”相关软法规范体系。在这个规范体系中，既有《山西省农村集体资产监督管理办法(试行)》(2021年)、《温州市农村集体资产管理办法(试行)》(2022年)等与“管护”相关的一系列软法制度，还有专门规范“管护”的基层层面的软法规范。

其中，具有代表性的是河南省驻马店市遂平县玉山镇在2021年发布的《玉山镇农村集体非经营性资产运营管护办法》，该办法明确了农村集体非经营性资产的范围，明确了建立健全非经营性资产购建、保管、维护、运营、处置等相关制度，明确了针对不同类型的非经营性资产制定和出台不同的管护措施，以及如何规范农村集体非经营性资产与经营性资产之间的转换和进行农村集体非经营性资产核算。[2] 此外，安徽省六安市金寨县为加强农村集体非经营性资产的管护，于2021年出台了《关于加强农村集体经营性资产非经营性资产租赁出让审核登记管理工作的意见》，就农村集体非经营性资产的租赁、转让、出让范围、适用对象，租赁、转让、出让程序，以及租赁、转让、出让交易登记等问题进行了专门化的规定，[3] 该意见有助于促进该县农村集体非经营性资产的管护和保值增值。

值得注意的是，各地虽然结合本地实际将导向性的“管护”规范转变为因地制宜的管护方式，但仍然较普遍地存在农村集体非经营性资产管护方面的软法规范不健全、软法规范中具体的管护措施设计不尽完善、相关主体在管护工作中的权责规定不尽细致等问题，由此也导致不同地方对于农村集体非经营性资产的管护效果不一。由此可见，一方面，应当考虑加强相关领域的国家

[1] 这一导向性的规定明确了“建立健全集体公益设施等非经营性资产统一运行管护机制”“对于非经营性资产，不宜折股量化到户，要根据其不同投资来源和有关规定统一运行管护”。参见《中共中央　国务院关于稳步推进农村集体产权制度改革的意见》，2016年12月26日。

[2] 参见河南省驻马店市遂平县《玉山镇农村集体非经营性资产运营管护办法》(2021年)。

[3] 参见《金寨县人民政府办公室关于加强农村集体经营性资产非经营性资产租赁出让审核登记管理工作的意见》(金政办〔2021〕4号)。

制定法建设,通过立法统合[1]的方式,整合目前较为分散的相关制度;另一方面,应推进各地农村基层制定专门化的"管护"制度,以此确保农村集体非经营性资产管护法制发展实现体系化与规范化的效果。

三、数字乡村建设中农村集体非经营性资产管护的软法治理路径

(一)促进"管护"的契机:农村基层治理的数字化转型

2019年5月,中共中央办公厅、国务院办公厅印发《数字乡村发展战略纲要》,明确了数字乡村建设与提升乡村治理能力的内在关系。[2] 2021年3月,国家"十四五"规划纲要又就数字乡村建设提出了进一步的要求。[3] 可见,在互联网技术广泛应用、信息服务体系建设不断完善的进程中,数字化的应用至关重要。然而,在实践中,乡镇居民对于各类社会数字资源的利用率与城镇居民相差甚远。中国互联网络信息中心(CNNIC)《第47次中国互联网络发展状况统计报告》(2021年2月)统计数据显示,截至2020年12月,我国农村地区互联网普及率为55.9%,农村网民规模为3.09亿,占整体网民的31.3%;在全国4.16亿非网民中,农村地区非网民占62.7%,高于全国农村人口比例23.3个百分点。尽管如此,将数字化的技术与农村的治理相融合相结合仍然是大势所趋。

进言之,所谓数字乡村建设,并不能被单纯地理解为数字化与农村的杂糅体,而是通过利用先进的数字技术,达到重构乡村发展与建设的目的。数字乡村建设作为实施乡村振兴战略必不可少的重要助力,也是实现农村管理现代化的必要路径。具体而言,数字乡村建设的内容主要有数字生产、数字生活、

---

[1] 在加强农村集体非经营性资产管护的过程中,基于改进"管护"措施的现实需要,对相关软法规范进行多层次、多形式的"系统整合",以期实现农村集体非经营性资产的有效治理。参见张守文:《经济法的立法统合:前提与准备》,载《学术界》2020年第6期。

[2] 纲要指出,要"提升乡村治理能力。提高农村社会综合治理精细化、现代化水平""到2035年,数字乡村建设取得长足进展。城乡'数字鸿沟'大幅缩小……城乡基本公共服务均等化基本实现,乡村治理体系和治理能力现代化基本实现"。参见《数字乡村发展战略纲要》(2019年)。

[3] 具体是"加快推进数字乡村建设,构建面向农业农村的综合信息服务体系,建立涉农信息普惠服务机制,推动乡村管理服务数字化"。参见《中华人民共和国国民经济和社会发展第十四个五年规划和2035年远景目标纲要》(2021年)。

数字生态和数字治理等几个方面,本文着重探讨的是其中有关“数字治理”的内容。目前,虽然数字乡村已经开始在全国试点,但根据实践试点所反映出的情况来看,城乡之间的数字发展程度仍然存在较大的鸿沟,数字化转型也存在很大程度的困难;与此同时,也要考虑到在乡村经济本就较为落后的情况下,数字治理成本是否过高的问题。基于以上现实,国家积极出台数字化帮扶政策,以此减少城乡之间的发展差距,最主要的举措是先完善整体的数字乡村治理体系,搭建起多元主体共同参与的新兴格局。[1] 数字化治理体系的建设越完善、路径越透明,村民与政府之间的联系就会越紧密,乡镇政府的行政管理行为就会越规范。同样的,促进数字化管理使村民知晓的信息越多,其就越容易配合政府的工作;使政府在推行乡村振兴政策时得到更多村民的支持,从而推动整个乡村建设越来越完善。

(二)以“数字化+软法治理”方案促进农村集体非经营性资产的管护

1.“数字化+软法治理”方案运行的制度条件

从学理上看,“数字化+软法治理”方案运行的制度条件应包括以下几个方面:

其一,多元共治。世界银行在其1985年主编的《世界发展报告》中提出,受益人和基层机构的参与是长期高效经营的关键因素。这一理念可以作为完善农村公共治理体系时引入多元共治方案的基础理论。具言之,乡村治理的主体组成不应当只停留在乡镇政府与村民这样的二元结构,而应充分囊括乡镇政府、农村集体经济组织、新型经营主体与村民等多元网状主体。[2] 概括而言,多元共治的格局主要体现在以下三个维度:首先,运用综合性的手段进行管理。主张多个主体积极参与治理,即不完全依赖行政权力,而是运用多维度的综合手段来解决问题。其次,多元共治意味着将整个乡村转变为责任共同体。由此,对于责任承担能起到分散的作用,这一点将在后文的权责法定中阐释,此不赘述。最后,整个乡村治理具有系统性的共建性质。想要其他非行

---

〔1〕 参见王廷勇、杨丽、郭江云:《数字乡村建设的相关问题及对策建议》,载《西南金融》2021年第12期。

〔2〕 参见李长健、李曦:《乡村多元治理的规制困境与机制化弥合——基于软法治理方式》,载《西北农林科技大学学报(社会科学版)》2019年第1期。

政主体参与共治共建,那么政府则不再是单一的农村治理主体,整个乡村建设的格局需要多方主体共同搭建。

其二,权责法定。2018年,国务院办公厅印发了《基本公共服务领域中央与地方共同财政事权和支出责任划分改革方案》,明确了基本公共服务领域中央与地方共同财政事权和支出责任划分改革的目标。[1] 上述决策表明,乡镇政府在日常管理中应当坚持权责法定的原则,具体到农村集体非经营性资产管护方面,其中的"法",是指为人民提供公共服务的相关"硬法"与"软法"规范;而"权责",则是指在形成具体规定的基础上,乡镇政府被赋予的权力和应当承担的责任——乡镇政府应当及时制定相关的管护方案,明确管护的内容、方法、步骤,对资产进行有效管控,各部门之间互相监督,杜绝乱用或滥用资产。[2] 同时,要接受村民的监督,形成有效的权力运行监督体系,合理行使权力。

其三,精准治理。农村集体非经营性资产管护有待借助数字化治理的途径,通过运用互联网、大数据、人工智能等手段,赋能农村基层政府履职的升级,优化农村集体非经营性资产管护方面的数字化行政方式。[3] 实践中,这方面可以找到一些具有参考价值的样本,如广东省阳西县样本就体现了数字乡村建设在精准治理方面的成效。[4] 自2019年开始,阳西县以村镇5G网络布局为切入点,在农村社会治理中广泛运用大数据、互联网等技术,形成"跨区域、跨系统、跨部门、跨层级、跨业务"的乡村管理和服务格局。这一治理模式的创新实现了突破时空区隔的跨域式乡村治理,有助于促进农村基层各方利益的联结与协调,对于推进农村基层政府以"主动服务"的方式精

[1] 其基本目标定为:"力争到2020年,逐步建立起权责清晰、财力协调、标准合理、保障有力的基本公共服务制度体系和保障机制",同时,提出推进"基本公共服务大数据平台建设",以此"实现信息共享,为测算分配转移支付资金、落实各方责任、实现基本公共服务便利可及提供技术支撑"。参见《基本公共服务领域中央与地方共同财政事权和支出责任划分改革方案》(国办发〔2018〕6号,2018年1月27日)。

[2] 参见杨冬梅、何相荣:《论权责法定原则与权责清单制度的关系——以广西地方税务局建立权责清单制度为例》,载《经济研究参考》2016年第17期。

[3] 参见展鹏贺:《数字化行政方式的权力正当性检视》,载《中国法学》2021年第3期。

[4] 参见王薇、戴姣、李祥:《数据赋能与系统构建:推进数字乡村治理研究》,载《世界农业》2021年第6期。

准回应民众诉求、实现包括非经营性资产管护在内的乡村政务问题从“事后处置”到“源头防治”的升级具有重要的参考价值。尤其值得注意的是，2020年10月，随着中央网信办、农业农村部等部委联合发布的《关于公布国家数字乡村试点地区名单的通知》的施行，全国117个县(市、区)作为首批国家数字乡村试点地区，其在数字乡村的体系平台、技术应用、政策制定、制度设计、发展模式等方面开展的积极探索，将形成诸多可资借鉴的数字乡村发展模式。[1] 具体到农村集体非经营性资产管护事务，未来可搭建起较为完善的数字化系统，与整体的数字政务实现一体化接轨，减少非经营性资产与其他政务管理之间的脱节，由此充分发挥数字化治理在农村集体非经营性资产管护方面的优势。

其四，软硬兼济。在农村集体非经营性资产的管护领域，目前十分缺乏具有强制执行力的法律规范，也就是所谓的“硬法”，而制定“硬法”规范的优点在于，能够充分发挥硬法集中性、统一性、稳定性、严格性、控制性、确定性等特质[2]的优势来帮助乡镇政府加强治理。但同时，要考虑到“硬法”存在“滞后性”，此时，就需要“软法”的规范加以介入。未来，应搭建起“软硬兼济”的农村集体非经营性资产管护法治体系：首先，对二者的适用领域进行准确定位，通过“软法”和“硬法”的适当介入，因地制宜地完成对资产的管护。其次，充分发挥二者的互动功效，“软法”在经过一段时间的稳定实施以后，可以将其转化为“硬法”规范，同时，由于“软法”自身存在的灵活性，也能够以其弥补“硬法”的局限，以此提高对于农村集体非经营性资产的管护效率。最后，乡镇政府可以通过制定“软法”规范，对数字化治理平台、平台的运营与监督等进行规定，以此形成完善的“数字化 + 软法治理”的方案。

2. “数字化 + 软法治理”方案运行的保障条件

正如上文所提及的，目前，城乡之间存在一定的“数字鸿沟”问题。由于乡村所配套的数字化基础设施较为落后，整个数字化的大环境仍然存在较大的

---

[1] 参见曾亿武、宋逸香、林夏珍、傅昌銮：《中国数字乡村建设若干问题刍议》，载《中国农村经济》2021年第4期。

[2] 参见沈岿：《软法概念之正当性新辨——以法律沟通论为诠释依据》，载《法商研究》2014年第1期。

差距。而数字环境又是获得数据、提高效率的重要基础,其中,城镇地区的区位因素远比乡镇优越,其在设备、技术等方面都存在较大的优势,自然能够在数字化的发展方面领先乡镇。所以,往往是某项数字技术在城镇地区被广泛投入应用之后,才会开始逐步被推广到乡镇地区,这已经形成了巨大的时间鸿沟,由此,也从接受度上产生了不一致。除此以外,乡镇地区还存在地理位置的缺陷,导致许多先进的数字技术无法像在城镇那样顺利落地,利用率并不高。2021年中国互联网络信息中心(CNNIC)发布的《第47次中国互联网络发展状况统计报告》(2021年2月)数据显示,数字技术在结合农村产业及乡村治理实践的初次转化率不到20%,明显低于城镇地区84.1%的水平。

基于这样的现状,应当加快促进农村"新基建"发展。以《重庆市新型基础设施重大项目建设行动方案(2020—2022年)》为例,该文件着重提到要"构建乡村数字化公共服务体系"。换言之,应当把数字技术作为重要的战略支撑点,以此来积极推动乡村的数字化公共服务体系建设。将现存的理念升级,达到促进城乡之间提供公共服务的资源能够共享并且均衡配比的目的。政府作为提供公共服务的主体,应当从多角度、多方面实施建设行为。比如,加大相应的财政预算投入,积极鼓励数字化企业参与其中,形成以政府为核心、引导全社会共同投入的公共服务供给体系,由此,可以避免乡镇政府独自承担过高风险情况的发生。同时,应注重集体成员和社区居民的主体地位,在完善农村公共信息服务数字化建设的过程中,农村基层政府应始终以集体成员和社区居民作为提供公共服务的最终受益者。

四、结语

实现农村非经营性资产的有效管护是推进乡村建设、落实乡村振兴战略的重要内容。实践中,以软法治理方案来加强农村非经营性资产的管护体现了乡村建设推进机制的创新。值得注意的是,中共中央办公厅、国务院办公厅于2022年5月23日公布的《乡村建设行动实施方案》,为创新"乡村公共基础设施管护机制"提供了新的指引,该文件本身即为加强农村非经营性资产管护领域软法治理的一个典型样本,其相关规定[1]有望成为引导今后相当长时间内农村非经营性资产管护的一个导向标。进言之,在数字经济时代,数字乡村建设的背景下,应充分发挥"数字化+软法治理"方案的优势,以此顺应政策导向,依靠"软法"治理策略,借助"数字化"赋能,使农村非经营性资产管护这一农村基层治理工作的开展朝着乡村振兴的目标稳步前进。

[1] 中央农办负责人就《乡村建设行动实施方案》相关问题进行解释中提及:《乡村建设行动实施方案》在乡村建设实施机制上对运行管护机制进行了创新,即"以清单形式明确村庄公共基础设施管护主体、管护责任、管护方式、管护经费来源等,建立公示制度。推行'门前三包'、受益农民认领、组建使用者协会等农民自管方式,引导农民参与管护"。参见高云才:《扎实稳妥推进乡村建设行动——中央农办负责人就〈乡村建设行动实施方案〉答记者问》,载《人民日报》2022年5月24日,第10版。

新时代基层法院参与社会治理的路径优化

——以“可视化管理法”为视角

刘 博* 田 密**

摘　要：基层法院作为国家审判机关，通过特定诉讼程序裁判案件，承担着防范社会风险、化解社会矛盾、回应社会救济的重要职能。新时代基层法院社会治理面临着由于理念上对终端诉讼过分依赖导致基层法院办案基数大幅度增加、“衍生案件”数量庞大的压力，且基层法院前置过滤化解能力还比较弱；司法与治理功能定位的差异使社会治理的优势发挥空间很大，究其根源，基层法院在社会治理实践中的定位混同、合作协同的现代化治理理念尚未完全形成、回应社会需求的能力不强。分析基层法院参与社会治理的必要性，引入“可视化管理法”，明晰基层法院参与社会治理主要有三种路径：参与型治理、主导型治理、规避型治理。

关键词：社会治理　衍生案件　可视化管理法

2021年4月，中共中央办公厅、国务院办公厅印发的《关于加强基层治理体系和治理能力现代化建设的意见》提出，力争用5年左右时间，建立起党组织统一领导、政府依法履责、各类组织积极协同、群众广泛参与，自治、法治、德

---

* 河南省桐柏县人民法院党组书记、院长。

** 河南省桐柏县人民法院四级法官助理。

治相结合的基层治理体系。[1] 基层治理在现代国家治理结构和治理体系中，事实上居于基础性地位。[2] 基层法院作为国家审判机关，通过特定诉讼程序裁判案件，承担着防范社会风险、化解社会矛盾、保障社会救助的重要职能，发挥着承上启下、过滤矛盾的重要功能。随着新时代国家治理体系和治理能力现代化的不断深入，社会治理的方方面面也在不断加强，法院作为重要的承接主体，在社会治理中应发挥何种效用，应如何发挥效用？这是本文研究的重要内容。

一、新时代基层法院参与社会治理的现实问题及原因

矛盾和纠纷是一种不平衡、相冲突的社会关系表现形式，对其产生风险进行有效预防、有效化解，是维护社会治理秩序的有效方式，同时为推进社会变革提供有效动力。在矛盾纠纷化解的图谱中，人民法院行使审判权化解纠纷，是参与社会治理的最直观方式。[3] 基层法院参与社会治理面临着以下现实问题：

（一）新时代基层法院参与社会治理的现实问题

1. 治理理念上对终端诉讼过分依赖

司法是社会公平正义的最后一道防线，因而出现了：

（1）基层法院办案基数大幅度增加。图1展示了近5年全国法院收结案的对比，可以看出5年来全国法院收结案数量总体呈上升趋势。2022年，基层法院办案数量占全国法院办案总量的比例约为88.5%；结案最多的前24家法院均为基层法院，其中上海浦东法院、北京朝阳法院、东莞第一人民法院结案量超过10万件。在当前社会治理框架和诉讼体制下，诉讼基数的膨胀极易导致初审制度失灵以及上级审程序性空转造成司法资源浪费，使司法产品输出

[1] 参见李永军、侯军亮：《推进人民法院深度融入基层社会治理》，载《人民法院报》2022年9月5日，第2版。

[2] 参见陈家刚：《基层治理：转型发展的逻辑与路径》，载《学习与探索》2015年第2期。

[3] 参见杜前、赵龙：《诉源治理视域下人民法院参与社会治理现代化的功能要素和路径构建》，载《中国应用法学》2021年第5期。

与社会期待产生一定偏差,进而影响人民法院参与社会治理的实效性。[1]

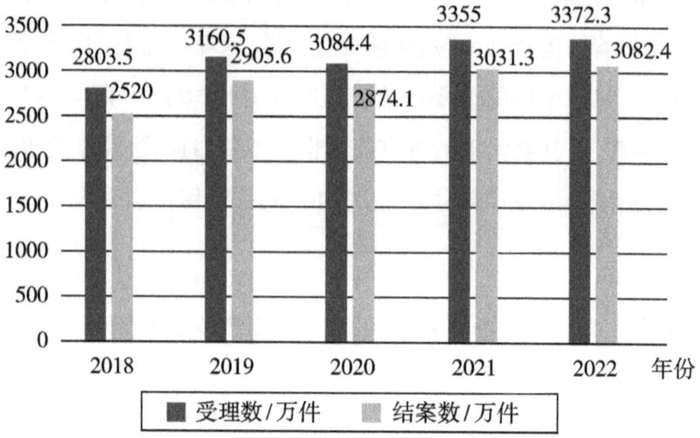

图1 全国法院2018~2022年年收结案统计

(资料来源:最高人民法院新闻局主办的《2023年全国两会〈最高人民法院工作报告〉解读系列全媒体直播访谈第五场〈大数据带您读懂工作报告〉》,载光明网,https://topics.gmw.cn/2023-03/10/content_36420601.htm。)

(2)"衍生案件"数量庞大。"衍生案件",是指经过人民法院初审程序作出裁判后,因上诉、申请再审、发回重审、申请执行、申诉信访等事由,衍生形成的案件。[2] 表1主要选取了全国法院进入二审、再审和执行的数据,与图1相对比,衍生案件基数庞大,约占所有案件的1/3左右,化解空间很大。"衍生案件"从司法实践来看,各地法院对外部"诉源治理"探索得多,对诉内"衍生案件"治理重视不够,没有形成高效协同的治理体系。[3]

---

〔1〕 参见杜前、赵龙:《诉源治理视域下人民法院参与社会治理现代化的功能要素和路径构建》,载《中国应用法学》2021年第5期。

〔2〕 孟祥刚:《衍生案件治理的现实意义及实践路径》,载中国法院网2022年5月12日,https://www.chinacourt.org/article/detail/2022/05/id/6680943.shtml。

〔3〕 李光旭:《困局与破局:诉内"衍生案件"治理之路径构建》,载《法律适用》2022年第9期。

表1 2018~2022年年全国法院"衍生案件"收案数

单位:件

年份	二审	再审	首执	合计
2018	1,509,214	49,185	7,634,396	9,192,795
2019	1,683,090	81,479	6,447,913	8,212,482
2020	1,611,625	64,935	9,731,069	11,407,629
2021	1,956,803	71,163	8,507,072	10,535,038
2022	187,037	57,542	8,511,188	8,755,767

资料来源:中华人民共和国最高人民法院公报:《全国法院司法统计公报》(2018~2022年)。

(3)前置过滤化解能力弱。矛盾纠纷的发生并非单独产生,往往伴随着对应的社会性问题。过分依赖于终端诉讼化解矛盾,对个案当事人来说,确实是实现公平正义的果决手段,但是单纯个案裁判不足以解决由此产生的一系列社会问题。在社会治理体系中,矛盾纠纷的化解应当形成"全方位全周期治理",主要包括矛盾前(预防、过滤)、中(识别、排查、化解)、后(总结、避免),若在具体环节中未引起足够的重视,则矛盾不但得不到有效化解还会激化。

2. 司法与治理功能定位的差异

因司法治理兼具公正和效率的明显优势,故法院会被党委政府要求承担越来越多的社会治理的任务,尤其是基层法院,这些工作与传统的审判工作有明显差异。

(1)司法被动性降低治理主动性。法院审理案件遵循不告不理,即通过立案程序进入案件,按照法律规定的程序进行审理、裁判。通过样本(见表2)分析,能够大致归纳基层法院参与社会治理的具体形式是:服务保障区域经济社会发展大局、乡村振兴、多元解纷、风险防范、法治文化宣讲等。这些工作要求基层法院在裁判案件外主动作为,增加了法院工作量。

表 2　部分基层法院 2022 年参与审判工作外社会治理工作情况

序号	基层法院	2022 年收结案情况	审判工作外参与社会治理情况
1	B 市 H 区法院	全年收案 91,058 件,结案 91,075 件,结收比 100%,同比上升 9.9%;法官人均结案 438 件	深化“N + 1”服务大局工作机制,发布行政审判白皮书; 聚焦协同联动推进诉源治理,推广双主动、多联动“2 + N”联动联治诉源治理机制,“人和 HD”需求响应平台在全区 29 个街镇知晓使用全覆盖; 着力优化一站式诉讼服务体系; 着力筑牢人民法庭解纷堡垒,人民法庭与街镇司法所深化对接联调建成 7 个法官工作站 37 个联系点
2	H 省 J 区法院	收案 78,996 件,结案 75,697 件	创新发展新时代“枫桥经验”,依托法院调解平台在线对接基层解纷力量,构建四类网格化诉源治理体系; 着力将纠纷化解于诉前、关口把控在前端,与省工商联等 34 家单位建立诉调对接关系,实现矛盾纠纷化解的专业化和实质化; 设立“涉军维权服务联络室”,与军事法院建立共建共育共享机制,推进司法拥军; 深入推进“一站式”诉讼服务建设,与农科院社区等地设立 5G 便民诉讼服务站
3	G 省 Y 区法院	全年收案 94,314 件,结案 80,524 件,一线法官人均结案 639.08 件	积极延伸审判职能,广泛参与诉前调解工作,联合街道社区力量,通过 ODR 在线调解平台共同调处矛盾纠纷 13,581 件; 与市金融纠纷人民调解委员会、金融纠纷调解中心合作共建长堤金融法庭调解工作站; 与市公安局交警支队等单位签订《联动调处交通事故纠纷备忘录》,实现交通事故纠纷“一站式”处理; 派驻具有丰富审判经验的法官到设在 ZG 街的家事调解工作室开展调解,将更多家事矛盾纠纷化解在家门口; 持续推进与东山街合作的“无讼社区”建设

续表

序号	基层法院	2022 年收结案情况	审判工作外参与社会治理情况
4	S 省 H 区法院	收案 4838 件，结案 4678 件，结案率 96.69%	持续深化"两个一站式"建设，成立"ZY 区诉前调解工作室"、保全中心和集约送达中心； 深入宣传《中华人民共和国反有组织犯罪法》，扎实开展反电诈、打击整治养老诈骗、全民禁毒等主题普法宣传活动； 尽心尽力助推乡村振兴，为包联的 LHS 镇 NX 村协调安装太阳能路灯 116 盏，建设灌溉机井 5 眼，争取慈善帮扶资金 1 万元，不断增进村民的幸福感和获得感
5	H 省 X 县法院	收案 11,533 件，审执结 11,160 件，结案率 96.77%	健全"镇街吹哨、法庭报到、接诉即办"工作机制，当好基层党委政府"法治参谋"； 发布全领域的《2021 年审判执行案件司法审查报告》； 通报各乡镇万人成讼率，在全市率先与基层党委政府共创"无村居"，助力"三零"创建； 积极参与村规民约制定审查，提出法律建议 12 条，助推村务治理法治化； 服务企业健康发展，服务供给侧结构性改革，服务金融风险防范，服务乡村振兴战略； 一站式办理回应民需，建设共享法庭，设立巡回审判点
6	G 自治区 Q 县法院	收案 9971 件，同比增长 5.28%，结案 9502 件，同比增长 9.95%，员额法官人均结案 206.6 件	引进调解组织，选派特邀调解员，诉前化解纠纷； 深化"一村一法官""一商（协）会一法官"； 创新提出"三力"工作法和"三三"工作制； 成立"助产兴农巡回法庭"，"三快三优"审理涉"三农"案件，开展"法助兴农日"乡镇圩日主题法治宣传 65 次； 主动对接长征国家文化公园及国家红色旅游深度融合试验区建设等重大项目，设立红色资源传承发展法律服务站，成立"红色文化遗存遗址保护合议庭"

注：笔者在微信搜一搜中输入"县区法院 2023 年人大报告"，随机查询了全国 80 家基层法院公众号中关于 2023 年人大报告发布的内容，分析基层法院参与社会治理的做法，排除部分重合度较高的法院，选取 6 个典型法院进行统计，包含 1 个直辖市区法院（北京市海淀区法院）、2 个省会区法院（河南省郑州市金水区法院、广东省广州市越秀区法院）、1 个市区法院（陕西省渭南市华州区法院）、2 个普通县区基层法院（河南省西峡县法院、广西壮族自治区全州县法院）。

(2)裁判合法性影响治理的合理性。基层法院主要依据法律规定的程序、举证责任,然后按照"大前提—小前提—结论"的方式裁判案件,追求实体和程序的公正,最终实现案件三个效果的相统一。当然裁判的前提是依法办案,实践中可能出现一些合法性无误、合理性欠佳,难以获得当事人认同的前后裁判结果差异大的司法裁判。这种因个案与社会大众朴素正义观差异大,而被当事人上诉、申诉或者信访的案件影响了司法的终局性,影响了社会矛盾化解。

(3)司法专业性保障治理的综合性不易兼顾。推动新时代新征程,基层法院需要满足党政部门要求和社会公众的期待而开展一部分非司法方式的社会治理活动,利用审判专业性能解决基层社会治理中涉及行业规范、市场规则这类结构性问题,但涉及婚姻家庭、邻里关系等非结构性问题化解难度较大。尤其可能因缺乏统一标准造成对司法规律和原则把握偏差,如个别法院为了完成诉源治理的部分工作任务和考核指标,对一些调解不成功的案件不及时立案、认为还有调解的余地、无法进入诉讼环节及时息诉。

(二)当前基层法院参与社会治理问题的原因分析

基层法院参与社会治理之所以产生以上问题有多方面原因,厘清这些原因,有助于基层法院在具体参与社会治理工作中的措施更加有针对性、效果有更强的实效性。

1. 有的基层法院在社会治理实践中的定位混同

通过表2可以看到,各地基层法院在参与社会治理中并没有一个明确的界限。社会治理是党领导下的一个系统工程,对基层法院的明确定位决定着其下一步如何发挥功能和使用什么方法。关于定位,最为常见的表述为法院是社会正义的最后一道防线,由此可以得出社会公平正义防线不应当是唯一的,而应当有一部分前置防线。但由于司法的最终裁决权,使社会大众理解的实现公平正义的主体应当是法院。这种认识偏差使面对社会治理问题时,基层法院被要求或凸显为至关重要的一环,加重了法院应当承担的社会治理责任,在具体的工作实践中被党委政府当成首要的社会治理机关。

2. 合作协同的现代化治理理念尚未完全形成

当前,我国社会主要矛盾已经转化为人民日益增长的美好生活需要和不平衡不充分的发展之间的矛盾。习近平总书记在党的二十大报告中明确指出,“完善社会治理体系。健全共建共治共享的社会治理制度,提升社会治理效能”[1]。传统社会治理的功能要素包括“主体、理念、方式”,适用到现代化社会治理中即“多元、合作、协同”。社会结构变动、经济快速发展使传统法律文化、乡土资源和现代法律制度的紧张和裂痕在基层社会中愈发突出。[2] 实践中,还有个别基层法院理念思想并未完全转变,在充分发挥审判职能的同时,对自己作为社会治理的组织者、参与者、协调者的定位没有清醒的认知,对多元主体的认识不充分。

3. 法院回应社会需求的能力不强

基层法院应当积极回应社会需求,在遇到社会风险矛盾时,要主动将问题内容转化为与工作相关的表达方式,以此规范引导社会大众的行为,推进社会治理并促进社会的可持续发展。但是在实践中,一方面,诉讼行为本身就难以满足社会治理的全部需要。以案多人少为例,按照一名法官除去周末、法定节假日、非审判工作事务(会议、培训、出差)来算,大概200天,以表2样本基层法院中的人均大致260案为准,平均每天都要办结一个多案件,这样的速度及负荷不但影响案件质量还影响社会治理参与度。另一方面,案件宣传和影响力度不强,虽然基层法院办理了全国绝大多数案件,但是每年最高人民法院工作报告中却很少提及基层法院办理案件的优质案例。

(三)基层人民法院参与社会治理的必要性分析

1. 基层法院发挥司法能动性有利于实现社会治理的目标

社会生活是不断进步发展的,而法律因其稳定性则相对滞后,给基层法院在应对层出不穷的社会问题时带来各种挑战。而司法更是被称为社会正义的最后一道防线,法院在应对社会问题时没有逃脱责任的可能,必须发挥职能解决并化解矛盾。司法能动性的提出,就是要求法院在遵循司法规律和法律基本原则的基础上相对灵活地解释适用法律、应对和解决社会问题。司法能动性要求:正确理解和把握同案同判,努力做到个案公正,但也不能对于同案一判到底,司法要能够融法情理于一体;程序公正不能简单理解为“按程序办事”

---

[1] 习近平:《习近平重要讲话单行本(2022年合订本)》,人民出版社2023年版,第126页。

[2] 廖万春:《新“枫桥经验”语境下基层司法参与基层社会治理的因由及路径》,载《社会科学家》2019年第3期。

不能“躺平”为案结事了、程序空转;回应人民对于效率的期盼,但效率应服从于公正,也就是说快必须以好为基础。

2. 基层法院的政治职责要求其承担社会治理工作

人民法院是司法审判机关,但兼具政治属性,政治性使其具有明确的方向,人民法院参与社会治理的方式、作用与其政治职责和法律赋权密不可分。

(1)承担政治责任的需要。人民法院以不断提高司法治理能力为手段,通过运用捍卫新生政权、重塑社会秩序、维护社会稳定、参与公共政策创制等手段,深度参与国家治理和社会治理,并在其中发挥积极重要的作用。[1] 通过运用司法审判权解决社会矛盾纠纷,为社会输送公平正义,促进社会的和谐稳定与健康发展。(2)宪法法律规定的职责。《中华人民共和国宪法》《中华人民共和国人民法院组织法》等法律法规,规定了法院是国家的审判机关,依法独立行使审判权,法院的具体职责和主要目的体现在维护国家安全、社会秩序和社会公平正义等。刑事案件维护国家安全、社会秩序,民事案件解决矛盾纠纷,行政案件理顺社会关系、促进经济社会发展,所有案件都参与到了社会治理大格局中。(3)具体规定所作的具体工作要求。例如最高人民法院的一些司改工作:一站式多元解纷机制建设规定了化解矛盾纠纷的工作格局、方法路径、工作机制。新时代人民法庭工作高质量发展设置了专门的“积极服务基层社会治理”章节,并强调应健全基层社会治理体系、参与社会治理途径、源头化解矛盾、法治宣传和完善审理规则。[2]

3. 法院司法服务理念与社会治理多元主体相吻合

新时代、新征程,我国社会的主要矛盾已经发生重大变化,随着为人民司法、努力让人民群众在每一个司法案件中感受到公平正义等各项司法政策的不断落实,除司法裁判的功能外,基层法院在纠纷解决与社会治理中联系协调、沟通说理、以案释法和服务保障的分量应当加重。法院的角色从单纯的管理者向治理者和服务者转变,与之相伴的是公权力强制性的弱化和公共性的

---

〔1〕 张文波:《人民法院的司法治理及其功能变迁》,载周尚君主编:《法律和政治科学——司法过程的组织运作》2020年第1辑,社会科学文献出版社2020年版。

〔2〕 参见陈雅凌:《人民法院参与社会治理研究》,中共中央党校2021年博士学位论文,第43页。

增强，在此基础上的诉讼合作主义也成为可能。[1] 在这个过程中，只要各方当事人依法行事，法院的强制性是不会也不应该发挥出来的。法院的公共服务性还体现在依托信息技术，为当事人提供便捷高效的诉讼服务等方面。而这些都是社会治理的重要抓手，对推进社会治理都是有助益的。

二、"可视化管理法"引入基层法院参与社会治理的需求分析

新时代基层法院参与社会治理发挥着承前启后的过滤作用，但是法院参与社会治理的类目繁多，也未明确权责清单。而科学明晰地梳理出社会治理流程、明确基层法院在各阶段的权责清单需要借助简单直观的科学管理方法。

（一）"可视化管理法"满足基层法院参与社会治理需求

1. 对基层法院参与社会治理分析的契合性

"可视化管理"[2]也叫目视管理，简单讲就是将要管理的对象用一目了然的方式来体现，管理者和被管理者直面"信息流程问题—预防风险隐患—维持正常状态—化解弊端遗漏"这一全流程，从而快捷直观地梳理复杂的信息和工作，不断提高管理能力和效果。这与社会治理方式有着明显的契合度。

2. 可以实现主动参与社会治理全过程的管控

基层法院参与社会治理，本身就是一个"矛盾前—矛盾中—矛盾后"化解的全流程，但是为了预防在全流程中法官及司法辅助人员因为疏忽或肆意造成损害，就需要加强各个流程节点的管控，以确保治理的有效性。在"可视化管理法"中，社会治理主体、流程、实现目的是清晰可见的，在具体运行不畅或出现问题时能够精准找到问题，进行针对性改进。

3. 串联不同社会治理主体网格化信息化系统

"可视化管理法"最早应用于计算机领域，因其高效快捷被广泛采用；其能够将繁复杂乱的信息思路以最简单的方式呈现出来，被信息接收的受众迅速掌握。近年来，信息化技术不断发展，基层法院因多元解纷搭建各种信息化平

---

〔1〕 参见唐玉富：《论协同治理与诉讼合作主义的同质性》，载《西南政法大学学报》2016 年第 4 期。

〔2〕 可视化管理，是指利用 IT 系统，让管理者有效掌握企业信息，实现管理上的透明化与可视化，这样管理效果可以渗透到企业人力资源、供应链、客户管理等各个环节。

台,而社会治理的网格化管理系统、各多元解纷单位的调解平台等相互关联结合,将发挥重要作用。

(二)引入"可视化管理法"的价值分析

1.统筹公正与效率

社会矛盾通常具有复合性、专门性,所以法院在处理社会矛盾时,不仅要利用法律知识,同时要结合案件所处的时间、地点、行业、部门等一系列因素,如在农村土地纠纷中,历史遗留因素、国家政府村组、地形地势、其他村民的情况等都是要统筹了解的因素。一项司法活动很可能需要对社会医疗、卫生、消费等问题进行回应和处理,由此能够逐渐解决社会法治问题,推动社会进程。"可视化管理法"通过简洁明晰的方式,呈现公开透明的效果,能够满足逐渐多元的社会治理主体在追求公正的过程中及时采用高效的方式。

2.规范操作指引

司法的专业性和程序的法定性使人民群众在面对纠纷和案件时,首先表现出恐慌和无助,人民法院在利用"可视化管理"方面也作出了很多尝试,如诉讼阶段发布的"一张图读懂……""导诉图",法治宣传中的"图画案例"等。引入社会治理的可视化管理,对治理主体、标准、流程、结果进行细化,对建立主体规范、高效运转、权责明晰、井然有序的社会治理体系有着重要的指导作用。

3.增强司法公信力的需要

"可视化管理法"使基层法院在人案压力巨大的情况下,能够高效办理案件,应对舆情风险准备、统一裁量尺度、落实管理职责,通过一系列非司法行为积极化解社会矛盾,提升司法透明与公信力,满足经济社会发展和人民群众的期待。

三、"可视化管理法"视域下基层法院参与社会治理的路径优化

人民法院参与社会治理最直接需要面对的问题就是谁治理、如何治理、治理得怎么样,归纳起来叫作治理主体、路径和效果。治理主体,在本文中指的是基层法院及其职能部门;治理效果,国家治理的理想状态是"善政",而社会治理的理想状态是"善治"。在基层法院参与社会治理中引入"可视化管理法",其参与社会治理主要有三种路径(见表3):对尚未进入司法程序的矛盾

纠纷,引领、预防、过滤多元化解(参与型治理);对进入司法程序的纠纷,依法实质性化解纠纷(主导型治理);对走出司法程序的,总结避免(规避型治理)。

表 3 基层法院参与社会治理的方式和路径

<table>
<tr><th>治理路径</th><th>治理主体</th><th colspan="2">纠纷矛盾样态</th><th>工作模式</th></tr>
<tr><td rowspan="4">参与型治理</td><td>诉讼服务中心、人民法庭、行政机关、调解组织、行业协会</td><td colspan="2">基层法院诉调对接</td><td>繁简分流→委派调解、委托调解→司法确认(多元解纷)</td></tr>
<tr><td>基层法院各部门</td><td rowspan="2">矛盾未发生</td><td>无风险</td><td>普法宣传、司法白皮书、发布典型案例、巡回审判、无讼村建设、“三进”工作、巡回审判、新闻发布会、司法建议</td></tr>
<tr><td>基层法院各部门、党委政府</td><td>有风险</td><td>风险研判调研评估、党委政府专班领导、府院联动</td></tr>
<tr><td>党委、政府、基层法院各部门</td><td colspan="2">涉法涉诉信访</td><td>党委领导下,化解—终结</td></tr>
<tr><td rowspan="2">主导型治理</td><td rowspan="2">基层法院各部门</td><td colspan="2">立案受理审判执行案件</td><td>繁简分流:调撤、裁判</td></tr>
<tr><td colspan="2">上诉、申诉、再审、申请执行</td><td>调解、依法裁判</td></tr>
<tr><td>规避型治理</td><td>基层法院各部门</td><td colspan="2">司法程序结束、负面清单</td><td>以案促改、案件评查</td></tr>
</table>

(一)参与型治理阶段:“枫桥经验”激活多元力量参与矛盾化解

1.“非诉解纷”:能动司法构建多元解纷治理格局

“解决这些消极审判、机械司法、就案办案问题,根本在司法理念的转变,在司法理念的现代化。”[1] 能动司法观,是指法官应当充分发挥个人的积极性和智慧,通过审判以及司法主导的各种替代性纠纷解决方法,有效解决社会各种复杂难题。[2] 因此,能动司法在多元解纷的治理格局下有多种表现方式:

---

〔1〕 白龙飞:《要把能动司法贯穿新时代新发展阶段审判工作始终》,载《人民法院报》2023年4月11日,第1版。

〔2〕 参见胡铭:《论数字时代的积极主义法律监督观》,载《中国法学》2023年第1期。

(1)完善党委领导下的多元解纷机制。推进多元解纷机制就是在党委领导下,各治理主体协同治理,促进各类纠纷解决方式相互衔接配合。例如与党委政府创建“无讼”乡村社区、行政争议调解中心工作对接,将诉源治理纳入地方平安建设考评体系。强化人民法庭就地预防化解矛盾纠纷功能,主动融入基层解纷网络建设,做好与基层党组织、政法单位、自治组织的对接。[1]

(2)完善社会力量行业组织多元解纷机制。基层法院在社会治理过程中与一些行业组织、社会团体,如妇联、工会、银联、消保等,建立联席会议制度,与其他调解平台建立对接,当事人可以通过这些登记过具有调解资格的行业组织来主持出具调解书,调解书出具后可以由当事人申请、调解组织通过在线调解平台移交至基层法院诉讼服务中心确认调解协议效力,确认成功的及时出具裁定书,快速、便捷,具有不收费、抗反悔、可执行的优势,对诉讼调解具有很好的缓冲作用。

(3)完善融入基层传统文化多元解纷机制。作为一种非诉讼纠纷解决机制,其不具备司法裁判的效能,因此化解矛盾的方式更加灵活多样,既可以依据刚性法律规范,也可以依据道德习俗、村规民约和社会主义核心价值观。例如巩义法院结合地域文化,将当地广为流传、群众熟知的田氏三兄弟“尊父遗言为孝、兄弟和睦为义”的“三田孝义”文化和豫商典范康百万家族“留有余,让巧于天,让禄于国,让财于民,让福于后”的“留余”思想相结合,推出“三田留余”工作法,将“情孝义”“和为贵”理念贯穿到矛盾纠纷调处全过程,取得良好效果。[2]

2.“软法之治”:延伸审判职能的风险预警机制

在社会治理过程中,个案裁判的作出并不能对政策和社会治理有立竿见影的效果,通过个案实现此类社会风险的预警,司法建议是最为便捷且具有较大公信力的方式。司法建议应当是“一把钥匙”,打开“社会治理之门”,以一种“软性约束”的方式拓展司法介入社会的广度和深度(见图2)。尽管司法建

---

[1] 参见崔永东:《论司法公信力建设的系统性》,载《首都师范大学学报(社会科学版)》2022年第6期。

[2] 参见马倩、王宁、陈晴:《“两会”看法院以古鉴今,定分止争　巩义法院打造“三田留余”诉源治理新样板》,载微信公众号“郑州中院”,https://mp.weixin.qq.com/s/mfn5vLKu4y9D-wzn6HMM9g。

议的效用不如裁判文书“立竿见影”，但这把“钥匙”连接起社会治理的“实然世界”和“应然世界”，具有更为深远的价值和意义。[1] 然而，在具体工作中司法建议虽然有部分尝试，但是其作用并没有充分发挥出来。

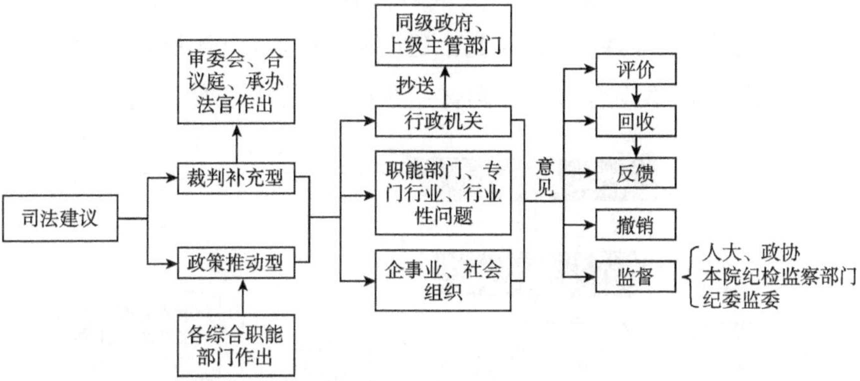

图2　司法建议发出流程

（二）主导型治理阶段：审判终端矛盾化解

1. 完善诉讼案件繁简分流

案件在进入诉讼环节后，通过细化矛盾纠纷繁简要素的标准，依托平台按照“分案系统”实现分案智能化，实现专门的速裁团队办理简案，并通过配套速裁程序实现简案快审。对繁案、难案则强化合议庭、专业法官会议、审委会对法官自由裁量权行使的监督，确保公正效率的有效实现。根据审判权运行规律和司法活动特点，实行全流程科学管理，尤其是要落实院庭长审判监督管理职责，加强对“四类案件”的监督。

2. 优化程序协同机制

制定更加科学、体系的考核指标，建立“立审执破访”五位一体解纷机制，优化立案、审判、执行、破产、涉诉信访各个环节的相互协同配合，既注重全程各个环节的纠纷化解功能，也强化全程引导和释明。通过明确答疑主体、客体、范围、方式、结果等要素，将释法说理明确于裁判的全过程，即立案前答疑将矛盾化解在诉前，立案后答疑促进案件快审快结，裁判后答疑减少上诉、执

[1] 参见豆晓红：《社会治理现代化视域下司法建议的正当性与权力边界》，载《法律适用》2023年第7期。

行、进入再审,切实提高案件实质化解,减少此类“衍生案件”的数量。

3. 打造“个案品牌”助推社会治理

基层法院承担了大量诉讼案件的实质性化解,深挖其审判职能积极打造法院“个案品牌”,以个案“小切口”书写社会治理“大文章”,个案处理效果好,能够在社会治理中发挥出更大的作用,进而带动基层社会向法治化转型。“个案品牌”的打造主要包含“识别—培育—转化”三个阶段(见图3):

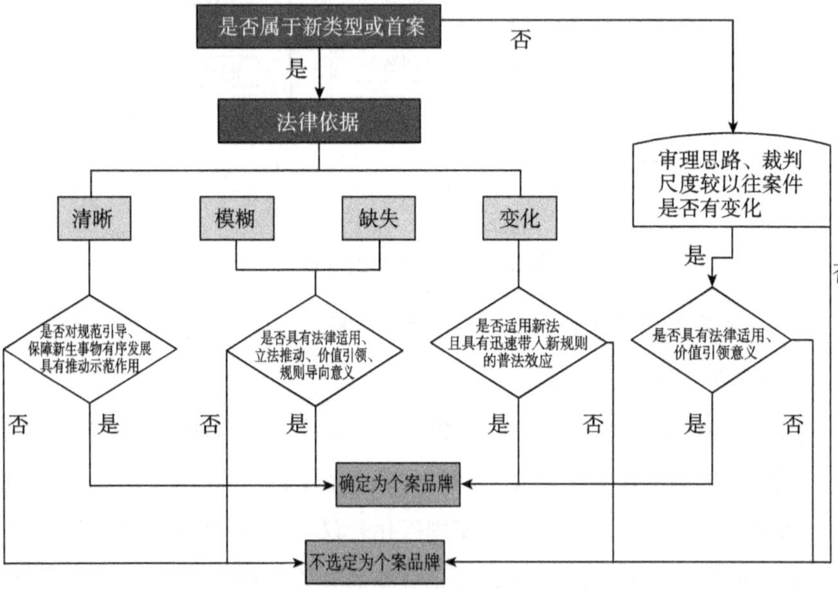

图3 “个案品牌”识别标准步骤流程

(1)精准识别。对于可能认定为品牌的案件,首先在立案审理阶段就要给予关注,主要围绕“案件类型—基本事实—法律关系—治理效果”进行认定。案件属于新类型或者首案,标志着一种新的裁判思路可能产生,将对社会治理产生影响。或者案件基本事实有特殊之处、法律关系复杂、裁判后可能产生一些社会治理方面的问题。例如将兔耳兰之外的兰草都规定为保护植物,那么之后采兰、挖兰为生的人将涉及犯罪,这就需要在社会上进行普法宣传,以引导之后的人不再犯罪,同时衍生的一个社会问题是之前以挖兰为生的一群人的生计问题。

(2)细致培育。按照上文分析的识别标准与“四类案件”范围吻合度较高,可以重点关注“四类案件”,对于该类案件在审理裁判过程中要严格规范诉讼程序,防止出现程序瑕疵;在办理案件过程中主动与当事人沟通协调,做好司法建议、巡回审判等留痕工作;裁判文书要做好释法说理、融入社会主义核心价值观,坚持裁判三个效果的统一。注重效果的同时做好细节工作,如在一起离婚纠纷中,各个环节都没有问题,最后在诉讼费认定上因为马虎参照财产案件标准认定,致使裁判被补正,也是十分可惜的。

(3)积极转化。基层法院参与型社会治理中,有一项重要的活动就是向社会宣传、发布典型案例,通过已经裁判的案例来展示裁判过程和结果,以达到警示风险、保护权利的效果。大量个案通过审判流程信息公开网发布,通过对个案信息归纳分析,可以总结出具有普遍适用价值的审判规律,进而推进社会治理,达到“帮助治理者审慎但有效地改造世界”[1]。被选取认定为品牌的案件,要经过宣传部门充分评估舆情风险,多形式宣传。

(三)规避型治理阶段:总结负面因素提高治理效果

1. 审理后案件评查机制的完善

基层法院通过制定相应的文件制度,对审判环节案件、卷宗、文书、庭审等各个环节的质量评查,列出每种不合格的情形,由审判委员会对不同情形进行认定并追责。对于影响案件质量的问题由审管办负责制作典型案例通报,在单位内部进行以案促改学习;对于情节严重的,交由纪检监察部门。

2. 明确社会治理责任追究

基层法院所面临的责任主要有如下两种:一是裁判阶段裁判者责任。这部分主体主要在承办法官和合议庭,即在裁判过程中是否出现违法审判的情形,如果出现,那么由纪检监察部门依照规定和程序进行党政纪处分,涉嫌犯罪的应移送有关机关依法处理。二是怠于参与社会治理的责任。这主要包含基层法院或者法院干警未完成当年度既定工作任务,这部分责任的界定与违法审判区别较大,性质也不如违法审判严重,可根据实际情况采取限制年底考评的手段,如扣减当年绩效考核奖金、绩效考核降级降档、取消晋职晋级资格等方式处罚。

---

[1] 苏力:《好的研究与实证研究》,载《法学》2013年第4期。

(四)完善基层法院参与社会治理其他考量机制

1. 借助信息化平台实现社会治理

技术治理,是指通过应用各种技术手段,尤其是信息技术,将复杂、模糊的社会问题化约为清晰、可视化、可计算的具体指标,从而构建一种理性化的治理模式。[1] 技术治理能够克服信息时间和地域限制,实现线上和线下多元主体的共同治理。目前社会治理信息化平台的使用,主要有三个方面:(1)法院进行裁判活动的平台和信息化及诉讼服务平台,此部分涉及网上立案和缴费、电子送达、在线庭审和证据交换,当事人足不出户即可参与诉讼,使裁判能够高效有序地进行。(2)线上司法调解。线上司法调解与线下调解有着“智能化、微型化、便捷化”的明显优势,其依托一个平台一部手机即可实现矛盾的就地化解。(3)信息化技术的不断进步,其运行模式为基层法院参与社会治理提供了新的研究方向。从“马锡五审判方式”的司法下乡,到依托线上—线下相结合的“能动司法”模式,基层人民法院参与社会治理的成本越来越低,但效率越来越高。

2. 履行社会治理职能的绩效考评

通过绩效考评,推动基层法院社会治理职能的实现,要做好以下工作:(1)工作量的统计。依据相关考评负责部门统计及考核对象上报;参与社会治理的具体做法,如讲课、发放司法建议、司法白皮书、个案评选荣誉等。(2)考评的机构。对基层法院的考评应当是同级负责社会治理的地方党委;对于本院具体干警的考评应由本院考评办进行考评。(3)考评的结果。根据工作量统计,监管职能行使及时且案件效果好的,按照本院的绩效考评办法给予奖励;怠于或者拒绝参与社会治理活动完不成既定任务的,根据院绩效考评制度给予处罚措施,对于造成严重后果的按规定进行追责。

四、结语

基层法院在参与社会治理中扮演着连接群众与国家桥梁的作用,司法的

---

[1] 颜昌武、杨郑媛:《什么是技术治理?》,载《广西师范大学学报(哲学社会科学版)》2020年第2期。

权威是其行使责任的底气,司法的公信力助推经济社会和谐稳定发展。其参与社会治理现代化的根本就是要通过拓展审判职能,推动多元治理主体在法治框架内协调配合,构建以多元主体协同参与、充分协商、充分联动为前提的社会治理机制;通过深耕良法善治理念,主动参与社会治理现代化,引领社会治理现代化的进程,实现"努力让人民群众在每一个司法案件中感受到公平正义"的目标。将"可视化管理法"引入基层法院参与社会治理的基本路径优化中,使原来不太明晰的治理主体和方式更加直观简单。新时代、新征程,基层法院不再简单奉行被动司法、司法谦抑的传统司法理念,而是通过"有为"的能动司法积极参与社会治理,通过其公正与效率不断推进共建共治共享的"无讼"社会治理体系。但基层法院如何在立足审判内在逻辑的基础上有效嵌入社会治理现代化大格局,司法权和行政权如何有效互动,诉源治理体系如何完善等,依然需要进一步的研究和探索。

民法典时代农村集体经济组织决议的法律规制[*]

郭 瑶[**]

摘 要：决议是农村集体经济组织的重要治理方式。农村集体经济组织决议行为有其特别性。实践中农村集体经济组织决议主体、程序、效力等基本规范不足、散乱、抽象，学界对此也有所探索。受专门立法缺失的影响，我国农村集体经济组织决议面临决议主体交叉复杂、决议程序缺失等问题，在规制方面存在规制路径不明、既有规则适用混乱、司法效力判断分歧、农村集体经济组织自治与司法保护两难等诸多困境。对此，从明晰农村集体经济组织决议规制路径、完善农村集体经济组织决议的主体规则与程序规则、构建农村集体经济组织决议效力规则、明确司法权介入"集体自治"的合理界限等多维度提出破解之策，以完善民法典时代农村集体经济组织决议的法律规制，促进农村集体经济组织法人治理法治化、现代化。

关键词：农村集体经济组织 集体决议 决议效力 法律规制

农村集体经济组织决议是集体意思的具体表现，亦是农村集体经济组织法人的重要治理方式，更是健全乡村治理体系的重要环节。农村集体经济组织决议行为是民法决议行为的一种具体类型，是团体决议在特定领域

---

* 本文系重庆市研究生科研创新项目"民法典时代农村集体经济组织决议行为的私法规制"(CYS23287)阶段性成果。

** 西南政法大学经济法学专业硕士研究生。

的延伸，[1]从广义的角度去理解更符合农村集体经济组织法人治理的实践特色。具体而言，农村集体经济组织决议不仅包括农村集体经济组织通过召开成员（代表）大会、理事会等会议形成的成员（代表）大会、理事会等决议，也包括农村集体经济组织负责人未经召开会议作出的决定。此外，由于我国村民委员会代行农村集体经济组织职能具有历史必然性与合法正当性，故本文探讨的农村集体经济组织决议还包括在未设立农村集体经济组织或农村集体经济组织机构不健全的情况下，村民委员会（村民小组）及其负责人代行农村集体经济组织职能作出的决议及决定。由此观之，农村集体经济组织决议具有区别于营利法人、非营利法人决议的特别性，在适用民事法律行为及决议行为的一般规定上存在一定张力，更不能照搬适用趋于完善的公司决议行为规则。因此，在民法典时代规制农村集体经济组织决议行为的规则阙如、决议纠纷频发的背景下，有必要立足农村集体经济组织法人治理的实践，剖析农村集体经济组织决议的法律规制困境，提出有效的破解之策，助力健全自治、法治、德治相结合的乡村治理体系，促进农村集体经济组织法人治理法治化、现代化。

一、民法典时代农村集体经济组织决议的特别性

《中华人民共和国民法典》（以下简称《民法典》）赋予农村集体经济组织法律人格，即以特别法人身份进入以《民法典》为核心的私法规制视野。在农村集体经济组织决议行为规则缺位的情况下，实务上多主张类推适用既有的决议行为规则，但农村集体经济组织作为《民法典》确定的特别法人，相较于营利法人、非营利法人和其他特别法人而言，存在诸多的特别性。这种“特别性”也体现在其决议行为中。

（一）农村集体经济组织决议涉及主体的特别性

农村集体经济组织决议涉及主体的特别性主要从以下三个层面进行阐述：

首先，农村集体经济组织法人的特别性，主要体现在设立目的及财产归属

---

〔1〕 参见赵心泽：《股东会决议效力的判断标准与判断原则》，载《政法论坛》2016 年第 1 期。

上。[1] 一方面,相较于营利法人的营利性与非营利法人的公益性,农村集体经济组织的设立兼具营利与公益双重属性。《民法典》将农村集体经济组织归为特别法人,《中华人民共和国农村集体经济组织法(草案)》(以下简称《农村集体经济组织法(草案)》)明确农村集体经济组织是发展壮大集体经济、促进共同富裕的重要主体。[2] 毋庸置疑,农村集体经济组织不仅承载着发展壮大集体经济的经济功能期待,[3] 即以集体资产为基础从事营利性活动;同时其作为代表集体共同利益的组织形式,在其他主体难以涉足的公共服务领域发挥着重要的功能作用,[4] 即以促进共同富裕为目标保障集体内部的公共服务和公益事业。另一方面,集体财产所有权归属与营利法人及非营利法人截然不同。[5] 尽管当前学界对集体所有权归属问题存有争议,存在"直接代表说"、[6]"代理关系说"、[7]"投资关系说"、[8]"信托关系说"[9] 等学说,但结

〔1〕 参见房绍坤、张泽嵩:《农村集体经济组织决议效力之认定》,载《法学论坛》2021年第5期。

〔2〕 参见《农村集体经济组织法(草案)》第3条。

〔3〕 参见许中缘、崔雪炜:《"三权分置"视域下的农村集体经济组织法人》,载《当代法学》2018年第1期。

〔4〕 参见郭晓鸣、王蕾《农村集体经济组织治理相对贫困:特征、优势与作用机制》,载《社会科学战线》2020年第12期。

〔5〕 公司法人财产独立要求公司法人财产归属于公司而非公司股东,股东向公司出资后,出资财产归属于公司,出资财产的所有权由出资人所有转移为公司法人所有,股东不再享有出资财产的所有权。

〔6〕 农村集体经济组织对农民集体的代表实则是对全体集体成员的直接代表,农村集体经济组织本身就是由全体集体成员集合而成的组织,其直接代表全体集体成员利益,无须经由所谓的农民集体主体中转;农民集体和农村集体经济组织在主体属性上具有实质同一性。参见宋志红:《论农村集体经济组织对集体土地所有权的代表行使——〈民法典〉第262条真义探析》,载《比较法研究》2022年第5期。

〔7〕 农村集体经济组织是代表农民集体行使所有权的主体,不能被认定为集体土地所有权的归属主体,但作为特别法人可基于独立经营对外代表农民集体行使集体所有权。参见姜红利、宋宗宇:《集体土地所有权归属主体的实践样态与规范解释》,载《中国农村观察》2017年第6期。

〔8〕 以投资关系来界定农民集体与农村集体经济组织的关系,集体所有权人为"农民集体","农民集体"投资设立"集体经济组织"。参见于飞:《"农民集体"与"集体经济组织":谁为集体所有权人?——风险界定视角下两者关系的再辨析》,载《财经法学》2016年第1期。

〔9〕 农民集体为集体所有权主体,农村集体经济组织为法定的集体所有权行使主体,二者之间形成法定信托关系。参见吴昭军:《农村集体经济组织"代表集体行使所有权"的法权关系界定》,载《农业经济问题》2019年第7期。

合既有学说的观点及《民法典》第 261 条、第 262 条关于农村集体所有权主体和农民集体所有权代表行使主体的规定,[1] 可以明确的是集体财产与公司法人财产独立不同,其无法脱离集体成员直接归属于农村集体经济组织法人。

其次,农村集体经济组织决议的表决主体即集体成员的特别性,主要表现为集体成员资格认定的复杂性及实际行使表决权主体的弱势性。一方面,相较于公司股东资格认定的明确性,[2] 集体成员资格认定极为复杂且高度依赖集体自治。[3] 集体成员资格的享有又是参与农村集体经济组织决议行使表决权的必要条件,资格认定的复杂性及高度自治性会诱发大量以集体决议之名侵害集体成员参与表决权的纠纷。另一方面,实际行使决议表决权的表决主体以农村老年人、妇女为主,在决议表决过程中由于主观、客观原因存在着不能充分行使其权利或行使权利有障碍的弱势性。[4] 新型城镇化背景下,农村留守老人居多,乡村 60 岁、65 岁及以上老人的比重分别高达 23.81%、17.72%。[5] 基于这些数据来看,表决的集体成员在很多情况下往往是留守在农村的老年人、妇女,尤其是老年人居多。囿于老年人弱势群体性质,其在参与集体决议过程中存在对决议内容、决议程序等信息不对称、信息壁垒等表决权行使障碍,因而往往由农村集体经济组织负责人通读决议内容、主导决议程序。

最后,农村集体经济组织的权力主体与执行主体即成员(代表)大会、理事会的特别性,主要表现为主体设置的交叉复杂性。一方面,农村集体经济组织

---

[1] 参见韩松:《论农民集体所有权的成员集体所有与集体经济组织行使》,载《法商研究》2021 年第 5 期。

[2] 股东资格的确认应审查其形式要件及实质要件。形式要件包括公司章程、股东名册以及工商登记情况,实质要件包括出资协议、实缴出资以及实际参与公司经营管理等股东权利。

[3] 参见《农村集体经济组织法(草案)》第 12 条。

[4] "农村弱势群体",是指在农村社会环境下,由于各种主观、客观原因不能充分行使其基本权利或行使基本权利有障碍,因而处于社会不利地位、需要予以特别关注的一个特殊群体,其范围大致包括以下三类人群:一是失地农民;二是留守老人、妇女、儿童,三是残障人士。参见沈丽飞、贾舒琪:《当前农村弱势群体法律援助面临的问题和对策》,载《河北法学》2020 年第 5 期。

[5] 参见王恩博:《权威回应:中国跌入"低生育率陷阱"了么? 人口普查耗费多大力气?》,载微信公众号"国是直通车"2021 年 5 月 13 日,https://mp.weixin.qq.com/s/G9ch6moL-GehDdJWfvFWMg。

的权力机构和执行机构设置上存在交叉。原则上,农村集体经济组织决议是由成员(代表)大会、理事会等机构决定并执行的。但由于20世纪80年代以来规范意义上的农村集体经济组织逐步退出历史舞台,村民委员会实质替代农村集体经济组织,且《农村集体经济组织法(草案)》第65条规定即使存在农村集体经济组织,囿于其机构不健全,由村民委员会或者村民小组代行农村集体经济组织讨论决定有关集体财产和成员权益的事项具有合法性和正当性。基于此,当前决议的权力机构和执行机构,除成员(代表)大会等机构外,还包括村民委员会、村民小组。另一方面,农村集体经济组织的权力机构和执行机构的人员交叉现象明显。[1] 例如,成员大会与村民会议的人员交叉、理事会与村委会的人员交叉等。由此观之,农村集体经济组织决议的决定主体和执行主体呈现复杂交叉状态。

(二)农村集体经济组织决议事项的特别性

农村集体经济组织决议事项特别指向集体成员共同的财产经济利益。当前有关农村集体经济组织决议事项主要分布在《民法典》第261条、《中华人民共和国村民委员会组织法》(以下简称《村民委员会组织法》)第24条、《中华人民共和国农村土地承包法》(以下简称《农村土地承包法》)第19条,以及《农村集体经济组织法(草案)》专设组织机构一章,较为周延地规定了农村集体经济组织决议的事项范围。从既有决议事项的规定来看,农村集体经济组织决议事项侧重集体经济发展、集体成员权益实现,尤其是集体成员共益权的实现。例如,土地承包、土地发包、土地补偿费等关涉集体共同利益的事项均在上述法律文件中有所规定。如此看来,相较于营利法人决议以经营管理事项为主,农村集体经济组织决议事项主要集中在成员权益和集体经济发展上,以实现集体成员共同利益、农民共同富裕为导向;[2] 与村民委员会决议偏向公共事务相比,农村集体经济组织决议事项更偏向实现集体成员财产经济利益。[3]

〔1〕 参见房绍坤、宋天骐:《"化外为内"与"以特为基":农村集体经济组织治理机制的方法论建构》,载《探索与争鸣》2022年第1期。

〔2〕 参见房绍坤、张泽嵩:《农村集体经济组织决议效力之认定》,载《法学论坛》2021年第5期。

〔3〕 参见《村民委员会组织法》第24条,《农村集体经济组织法(草案)》第27条、第31条。

（三）农村集体经济组织决议权配置的特别性

农村集体经济组织决议权配置具有特别性。公司按照资本配置决议权，控股股东参与决议时可以按照资本数额享有合法的制度性优势；农村集体经济组织则实行按人而非按资本配置表决权。[1] 根据《农村集体经济组织法（草案）》对成员（代表）大会议事规则的规定，农村集体经济组织主要按照“人头”平均分配决议权，成员较多的情况下，则“按户”分配决议权。故而，农村集体经济组织决议的表决机制主要实行“一人一票”“一户一票”的均等主义表决机制，[2] 不同于公司等营利法人依据股权或股份比例表决的“资本本义”规则。并且，农村集体经济组织内部的核心成员在决议中的优势主要由个人能力、威望等非制度性因素决定，[3] 核心成员往往能主导决议的结果。

（四）农村集体经济组织决议程序的特别性

农村集体经济组织决议程序的特别性，主要表现为程序的灵活性与前置性两个方面。一方面，农村集体经济组织决议程序极为灵活。例如，农村集体经济组织决议行为议事方式灵活多样。在大量成员外出、无法民主参与日常决策的农村地区，[4] 农村集体经济组织决议由成员（代表）大会等开会形成的较少，主要通过入户表决、通知公告、负责人直接决定等代替开会的方式形成。另一方面，农村集体经济组织决议须遵守独特的前置程序。由于村级组织负责人“一肩挑”[5] 全面推行，农村集体经济组织负责人主管集体内部的重要事项，甚至决定关涉集体成员利益的事项。成员大会决定集体重要事项前，也须经村党组织或乡（镇）党委研究讨论。这种决议前置程序虽是提高集体治理效率、保障集体决议合理性的需要，但强制性的前置程序可能会架空集体自治的

[1] 参见郭洁：《论农村集体经济组织的营利法人地位及立法路径》，载《当代法学》2019 年第 5 期。

[2] 参见管洪彦：《农村集体经济组织法人的特别性论纲》，载《法学家》2023 年第 5 期。

[3] 参见赵新龙：《合作社决议效力规则的立法构造及其适用》，载《农业经济问题》2018 年第 3 期。

[4] 参见陆雷、赵黎：《共同富裕视阈下农村集体经济的分配问题》，载《当代经济管理》2022 年第 10 期。

[5] “一肩挑”，是指村党组织书记、村民委员会主任和村级集体经济组织、合作经济组织负责人由同一人担任。

空间,影响农村集体经济组织独立地作出决议,甚至强制性预判决议的结果。

二、民法典时代农村集体经济组织决议的规制现状

农村集体经济组织决议是集体成员权的主要行使方式,[1]也是农村集体经济组织法人治理的主要工具。个别农村集体经济组织在治理过程中存在以集体决议之名侵害集体成员权益之实的情况,这亦为司法实践所证实。对此,规制农村集体经济组织决议行为与规范农村集体经济组织法人治理逐渐为学界关注并重视,不少学者对农村集体经济组织决议效力展开了深入研究。实际上,农村集体经济组织决议主体、程序、事项、效力等基本规范不足、散乱、抽象等问题都可能成为规制农村集体经济组织决议困局之根源。因此,梳理农村集体经济组织决议的规制现状是规制农村集体经济组织决议行为与规范农村集体经济组织法人治理的必要前提。

(一)农村集体经济组织决议主体

农村集体经济组织决议是由表决主体通过行使表决权,统一以决定主体的名义作出并由执行主体实施的代表农村集体经济组织法人的集体意思。因此,关于农村集体经济组织决议主体的规制,主要由以下两个方面构成:

一方面,关于农村集体经济组织决议表决主体的确定。农村集体经济组织决议表决主体的确认与成员资格紧密相连,而成员资格确认不仅在立法规定中较模糊,[2]在实践认定中也极具复杂性与自治性。例如,在"孙某与西安市长安区太乙宫街道四皓村村民委员会、西安市长安区太乙宫街道四皓村村民委员会第四村民小组农村集体经济组织收益分配纠纷案"中,四皓村村民委员会认为出嫁女不享有集体收益分配权的成员资格,未给出嫁女颁发表决票,直接剥夺出嫁女(实际上仍为集体成员)的表决权。[3] 又如,在"刘某与浑河

---

〔1〕 参见王雷:《农民集体成员权、农民集体决议与乡村治理体系的健全》,载《中国法学》2019年第2期。

〔2〕 参见《农村集体经济组织法(草案)》第12条。

〔3〕 孙某与西安市长安区太乙宫街道四皓村村民委员会、西安市长安区太乙宫街道四皓村村民委员会第四村民小组农村集体经济组织收益分配纠纷案,陕西省西安市长安区人民法院(2010)长民初字第609号民事判决书。

站东街道办事处集体成员资格确认纠纷案”中，法院以成员资格认定属于农村集体经济组织自治范畴为由判决驳回诉讼。〔1〕 因此，成员资格认定的复杂性与自治性也导致了决议表决主体的不确定性。另外，《农村集体经济组织（草案）》有关成员代表大会对成员代表尤其是妇女代表的规定模糊，加之成员代表大会的存在必然会排斥绝大部分成员参与和表决，〔2〕进一步加深了决议表决主体的不确定性。

另一方面，关于农村集体经济组织决议权力主体和执行主体的确定。这关系到决议的决定和实施。理论上，决议的权力主体和执行主体应为成员（代表）大会、理事会。但实际上，村民委员会或村民小组替代农村集体经济组织作出决议不仅有法律上的明确规定，如《民法典》、〔3〕《村民委员会组织法》、〔4〕《农村集体经济组织法（草案）》，〔5〕还得到绝大多数农民的支持，〔6〕更为司法实践所证实。〔7〕

（二）农村集体经济组织决议事项

梳理有关农村集体经济组织决议事项的规定，〔8〕发现《农村集体经济组织法（草案）》对农村集体经济组织决议事项的规定较为周延，并通过限定成员代表大会的决议权限，将农村集体经济组织决议事项间接性分类。值得注意的是，关于决议事项的分类，相比《农村集体经济组织法（草案）》通过限定

〔1〕 刘某与浑河站东街道办事处集体成员资格确认纠纷案，辽宁省沈阳市中级人民法院(2020)辽01行终254号行政裁定书。

〔2〕 参见谢鸿飞：《论农村集体经济组织法人的治理特性——兼论〈农村集体经济组织法（草案）〉的完善》，载《社会科学研究》2023年第3期。

〔3〕 参见《民法典》第101条。

〔4〕 参见《村民委员会组织法》第24条。

〔5〕 参见《农村集体经济组织法（草案）》第65条。

〔6〕 参见高飞：《论农村集体经济组织是农民集体的组织形式》，载《政法论丛》2023年第5期。

〔7〕 村民委员会、村民小组与农村集体经济组织职能的交叉，以致司法实践中集体经济组织决议纠纷也主要表现为村民委员会决议、村民小组决议纠纷。

〔8〕 参见《民法典》第261条第2款，《村民委员会组织法》第24条，《农村土地承包法》第19条，《农村集体经济组织示范章程（试行）》第16条，《农村集体经济组织法（草案）》第27条，以及省级地方性法规，如《四川省农村集体经济组织条例》第15条、第16条，《黑龙江省农村集体经济组织条例》第16条、第17条等。

主体决议权限区分决议事项,《村民委员会组织法》并未直接区分村民会议与村民代表会议的决议权限,也没有限制村民代表会议的决议权。例如,针对“征地补偿方案”同类决议事项,在“陕西省西咸新区空港新城北杜街道办成任村第一村民小组、成某侵害集体经济组织成员权益纠纷案”中,征地补偿方案则由村民代表统一通过。[1] 而《农村集体经济组织法(草案)》限制成员代表大会的决议权,要求该类事项只能由成员大会作出。除此之外,《农村集体经济组织示范章程(试行)》直接将决议事项区分为一般事项和重大事项,并明确两者表决规则不同。

基于此,通过对决议事项的规范与实践分析,可大体将农村集体经济组织决议事项分为一般事项与重大事项(见表1)。前者侧重于农村集体经济组织日常运营管理等常规内容,与农村集体经济组织正常运行、日常管理相关的均可纳入一般事项范畴;后者偏向于成员身份确认、集体成员利益实现、集体资产处置、农村集体经济组织法人合并分立解散等重要内容。[2]

表1 农村集体经济组织决议事项类型化

决议事项	具体类型	决定主体
一般事项	1. 制定、修改农村集体经济组织内部管理制度; 2. 选举、罢免理事会成员、监事会成员(监事); 3. 审议理事会和监事会(监事)工作报告; 4. 决定理事会成员、监事会成员(监事)的报酬及主要经营管理人员的聘任、解聘和报酬; 5. 批准农村集体经济组织集体经济发展规划、业务经营计划、年度财务预决算、收益分配方案等事项; 6. 其他集体经济组织日常运营管理等事项	1. 成员(代表)大会; 2. 村民会议(村民代表会议)

[1] 陕西省西咸新区空港新城北杜街道办成任村第一村民小组、成某侵害集体经济组织成员权益纠纷案,陕西省咸阳市渭城区人民法院(2023)陕0404民初2340号民事判决书。

[2] 《民法典》第261条,《农村集体经济组织法(草案)》第27条第1项、第3项、第8项、第9项、第11项,《农村集体经济组织示范章程(试行)》第15条第1项、第3项、第9项、第10项。

续表

决议事项	具体类型	决定主体
重大事项	1. 农村土地承包,宅基地使用,集体经营性建设用地使用权出让、出租等,集体经营性财产收益权份额量化等; 2. 土地补偿费等的使用、分配办法; 3. 对外投资等重大事项; 4. 制定、修改章程; 5. 集体经济组织成员资格认定等; 6. 集体经济组织的合并、分立、解散等重大事项	1. 成员大会(《农村集体经济组织法(草案)》《农村集体经济组织示范章程(试行)》); 2. 成员代表大会(《农村集体经济组织示范章程(试行)》); 3. 村民会议(村民代表大会)(《村民委员会组织法》)

(三)农村集体经济组织决议程序

《农村集体经济组织法(草案)》公布之前,农村集体经济组织决议程序处于法律真空状态。[1] 当前农村集体经济组织决议程序规则仍呈现分散状态,以下几个方面为典型:

一是《农村集体经济组织法(草案)》(二次审议稿)[2]与《村民委员会组织法》[3]对同类决议事项的表决规则均有规定。例如,村民会议决议要求1/2以上村民或2/3以上户的代表到会,且经1/2以上到会人员同意;而农村集体经济组织成员(代表)大会决议则要求2/3以上成员到会且经2/3以上成员同意,或者多于20人的成员代表到会且经2/3以上到会成员代表同意。虽然村民委员会主要负责公共事务及公益事业,与农村集体经济组织主要负责经济事务不同,但实践中仍普遍存在农村集体经济组织内部的重要事项由村民委员会决定,《农村集体经济组织法(草案)》(二次审议稿)的规定与村民(代表)会议、村民小组会议表决规则规定并不一致。[4]

二是有关农村集体经济组织决议程序的显性规则主要分布于《农村集体

---

〔1〕 参见崔宝玉、高歌:《农村集体产权制度改革会影响集体行动吗?——兼论村股份合作社的价值》,载《中南财经政法大学学报》2023年第5期。

〔2〕 参见《农村集体经济组织法(草案)》(二次审议稿)第28条、第29条。

〔3〕 参见《村民委员会组织法》第22~28条。

〔4〕 参见谢鸿飞:《论农村集体经济组织法人的治理特性——兼〈农村集体经济组织法(草案)〉的完善》,载《社会科学研究》2023年第3期。

经济组织法(草案)》《农村集体经济组织示范章程(试行)》,二者均对成员(代表)大会的表决程序作出了规定。例如,前者要求成员(代表)大会的决议事项需由2/3以上成员通过;后者要求一般事项需由1/2以上成员(代表)通过,重大事项需由2/3以上成员(代表)通过。相比较而言,《农村集体经济组织法(草案)》的规定更严苛。

三是各地方农村集体经济组织相关立法对农村集体经济组织决议程序均有规定,但都有区别。例如,《黑龙江省农村集体经济组织条例》[1]与《四川省农村集体经济组织条例》[2]对于参加成员(代表)大会的成员比例要求不同。[3] 又如,《农村集体经济组织法(草案)》对成员(代表)大会的到会成员比例规定为2/3以上,《黑龙江省农村集体经济组织条例》则要求成员(代表)大会的到会人员比例为1/2以上。

值得注意的是,既有规则侧重表决程序的规制,对决议的召集程序、通知程序、公布讨论决议的事项及实施决议情况等程序性规定仍存有缺漏。[4]

(四)农村集体经济组织决议效力

当前直接规制农村集体经济组织决议效力的显性规则较少,司法实践普遍对农村集体经济组织决议效力持消极不审查的态度。当前关于农村集体经济组织决议效力,主要有如下类型:

一是农村集体经济组织决议无效。司法实践认定农村集体经济组织决议无效的依据主要为《民法典》第265条第2款、《村民委员会组织法》第27条第2款,且认定决议无效存在直接性与间接性认定两种方式。一方面,法院直接认定农村集体经济组织决议无效的情形。例如,在"徐某等人与被告金秀瑶族自治县桐木镇桐木村民委解放街第三村民小组侵犯集体组织成员权益案"中,法院依据原《中华人民共和国物权法》第63条第2款(现《民法典》物权编第

---

〔1〕 参见《黑龙江省农村集体经济组织条例》第17条。

〔2〕 参见《四川省农村集体经济组织条例》第16条、第17条。

〔3〕 前者要求"成员大会应当有超过半数具有选举权的成员参加,成员代表大会应当有超过三分之二的成员代表参加";后者要求成员(代表)大会应当有2/3以上具有表决权的成员(代表)参加。

〔4〕 参见王雷:《民商法学视野中的决议行为》,法律出版社2023年版,第42页。

265条第2款)的规定,认为“以村民会议决议的形式剥夺集体成员的收益分配权益,是对该成员合法权益的侵害”,故认定该决议内容无效。[1] 又如,在“永州市冷水滩区凤凰街道谷源社区周塘居民小组与熊某承包地征收补偿费用分配纠纷案”中,法院依据《村民委员会组织法》第27条第2款、《妇女权益保障法》第32条、第33条的规定,认定村民小组作出的土地征收款分配方案侵害了集体成员的合法权益,也违背了国家政策,属于无效条款。另一方面,法院也存在间接认定农村集体经济组织决议无效的情形。例如,在“凌某、李某等侵害集体经济组织成员权益纠纷案”中,法院认为村民小组作出外嫁女不得参与分配的决定剥夺了外嫁女正当、合法的权益,与《妇女权益保障法》相抵触,但其并未直接认定该决定无效,而是作出该决定“不能作为被告拒绝分配的理由”,间接性否定了该决定的效力。[2]

二是农村集体经济组织决议可撤销。法院认定农村集体经济组织决议可撤销的依据主要为《民法典》第265条第2款。例如,在“史某与南京市六合区程桥街道河南村村民委员会、南京市六合区程桥街道河南村史西村民小组侵害农村集体经济组织成员权益纠纷案”中,一审法院根据原《中华人民共和国物权法》第63条第2款(现《民法典》物权编第265条第2款)规定认为“村民小组作出的土地流转款分配方案侵害了史某的合法权益”,故撤销该决定。[3] 此外,对于决议是否撤销,法院往往根据《村民委员会组织法》第27条第2款规定认为决议是村民自治的范畴,进而不审查决议的效力。例如,在“唐某诉伍家岭村委会等侵害集体经济组织成员权益纠纷案”中,法院认为原告要求撤销《白沙河组村民制度》的诉求,属于村民自治范畴,未审查决议是否可

[1] 徐某等人与金秀瑶族自治县桐木镇桐木村民委解放街第三村民小组侵犯集体组织成员权益案,广西壮族自治区金秀瑶族自治县人民法院(2011)金民初字第269号民事判决书。

[2] 凌某、李某等侵害集体经济组织成员权益纠纷案,广东省始兴县人民法院(2023)粤0222民初952号民事判决书。

[3] 史某与南京市六合区程桥街道河南村村民委员会、南京市六合区程桥街道河南村史西村民小组侵害农村集体经济组织成员权益纠纷案,江苏省南京市中级人民法院(2021)苏01民终1226号民事判决书。

撤销。[1]

值得注意的是,当前司法实践对农村集体经济组织决议不成立的认定极少,且对农村集体经济组织决议效力的审查有消极不作为趋势。例如,在“张某、陕西省延安市宝塔区桥沟街道二十里铺村村民委员会侵害集体经济组织成员权益纠纷案”中,一审、二审法院均未对“剥夺出嫁女成员资格的村委会决议”进行合法性审查,直接依据该决议认定该案出嫁女丧失成员资格。[2] 同时,《村民委员会组织法》的“村民自治条款”似乎成为司法实践拒绝认定农村集体经济组织决议效力的通用规则。[3]

三、民法典时代农村集体经济组织决议面临的规制困境

(一)农村集体经济组织决议的规制路径不明

当前规制农村集体经济组织决议的规则分散、凌乱,规制农村集体经济组织决议的路径并不明晰,难以统一路径形成体系化、系统性的决议行为规制方案。有学者认为,农村集体经济组织决议“可参酌采用《民法典》第278条业主共同决定事项的议事规则,以避免决议僵局”;[4]还有学者认为,“农村集体经济组织应在营利法人定位的基础上,以企业法的特殊规则加以调整”。[5] 事实上,民法典及营利法人规则都具有一定的局限性。首先,《民法典》中的行为法规则有局限。《民法典》确立的民事法律行为的一般性规则无法有效涵摄农

[1] 唐某诉伍家岭村委会等侵害集体经济组织成员权益纠纷案,湖南省长沙市开福区人民法院(2014)开民一初字第01730号民事判决书。

[2] 张某、陕西省延安市宝塔区桥沟街道二十里铺村村民委员会侵害集体经济组织成员权益纠纷案,陕西省高级人民法院(2023)陕民再184号民事裁定书。

[3] 例如,在“阙某、何某等侵害集体经济组织成员权益纠纷案”广东省梅州市梅县区人民法院(原广东省梅县人民法院)(2023)粤1403民初2329号民事判决书、“王某、李某等侵害集体经济组织成员权益纠纷案”浙江省仙居县人民法院(2023)浙1024民初2730号民事判决书、“丁某1、马某1等侵害集体经济组织成员权益纠纷案”青海省西宁市中级人民法院(2023)青01民终3168号民事判决书中,法院均以“决议属于村民自治范畴”为由,未对侵害集体成员合法权益的决议进行效力审查。

[4] 谢鸿飞:《论农村集体经济组织法人的治理特性——兼论〈农村集体经济组织法(草案)〉的完善》,载《社会科学研究》2023年第3期。

[5] 郭洁:《论农村集体经济组织的营利法人地位及立法路径》,载《当代法学》2019年第5期。

村集体经济组织决议作为集体意思的特别性。加之,《民法典》仅在物权编设置了集体决议效力可撤销条款,[1]将农村集体经济组织特别法人决议的效力问题置于民法典物权编所有权分编的第五章之下,在体系上与其他法人决议行为的规定相互割裂,在内容上很难形成规制决议行为的共通性规则。[2] 其次,营利法人规则有限。在农村集体经济组织决议行为的规则缺位的情况下,实务上多主张类推适用既有的公司决议行为规则。但据上文对农村集体经济组织决议行为特别性的阐述,农村集体经济组织决议行为主体、决议权配置、决议事项、决议程序等都与公司决议存在本质性区别,不能直接类推适用公司决议行为规则。总言之,需结合农村集体经济组织决议行为的特别性及立法、司法有关集体决议行为规制的实践现状,探寻农村集体经济组织决议行为的规制路径。

(二)农村集体经济组织决议程序的适用混乱

既有规则侧重对农村集体经济组织决议表决程序的规定,但仍存在表决规则不一致的立法现象,极易导致规则适用混乱。例如,上文提到的成员(代表)大会与村民会议表决规则规定不一致。虽然村民委员会与农村集体经济组织的职能逐渐分离,但实践中仍存在农村集体经济组织内部的重要事项由村民委员会决定的情形,《农村集体经济组织法(草案)》规定与村民(代表)会议、村民小组会议表决规则的矛盾将导致规则适用混乱。[3] 除此之外,农村集体经济组织决议的召集程序、通知程序、公布讨论决议事项程序及实施决议情况等程序规定缺位。例如,"田某与重庆市江北区复盛镇华山村第8农村集体经济组织合作社侵害集体经济组织成员权益纠纷案"中,法院直接以表决程序正当合法认定重新作出的集体资产分配方案合法有效,对于重新作出的集体资产方案是否仍履行完整的召集、通知、公布决议等程序,法院并未

[1] 《民法典》总则编第85条、第94条第2款分别规定了营利法人及非营利法人(具体为捐助法人)决议行为的效力瑕疵制度。而对于特别法人的决议行为,总则编并未提及。

[2] 参见房绍坤、张泽嵩:《农村集体经济组织决议效力之认定》,载《法学论坛》2021年第5期。

[3] 参见谢鸿飞:《论农村集体经济组织法人的治理特性——兼〈农村集体经济组织法(草案)〉的完善》,载《社会科学研究》2023年第3期。

审查。[1] 又如,某村党支部书记通过召开村民议事会决定使用村集体资金实施集体项目,但在决议实施过程中,在未公布实施决议的情况下,该村党支部书记未经村民议事会议擅自作出决策。[2] 因此,完整的决议程序缺失可能会侵害集体成员参与表决权,影响决议的公正性与民主性,甚至诱发村级组织负责人不经召开会议径行作出决议等恶果。

(三)农村集体经济组织决议效力的判断分歧

囿于农村集体经济组织决议效力规则尚未建立,决议效力类型、效力认定的显性规则较少,司法实践对于农村集体经济组织决议效力的判断呈现混乱局面。例如,上文提到的"史某与南京市六合区程桥街道河南村村民委员会、南京市六合区程桥街道河南村史西村民小组侵害农村集体经济组织成员权益纠纷案",原《中华人民共和国物权法》第63条第2款(现《民法典》物权编第265条第2款)认定以出嫁女为由拒绝向具有成员资格的集体成员分配承包地收益的决议侵害集体成员合法权益,应予撤销。[3] 然而,针对同类型集体成员收益分配的决议,同样依据原《中华人民共和国物权法》第63条第2款(现《民法典》物权编第265条第2款)却认定为无效。如上文的"徐某等人与金秀瑶族自治县桐木镇桐木村民委解放街第三村民小组侵犯集体组织成员权益案",法院认为集体决议侵犯成员享有的同等收益分配权利,进而认定该决议部分内容无效。[4] 值得注意的是,对于农村集体经济组织决议效力的判断很少有"不成立"的认定情形,司法裁判往往忽视农村集体经济组织决议成立的事实判断,径行对决议进行价值判断,故而呈现农村集体经济组织决议行为效力形态并不完全、判断存在混乱的困局。

---

〔1〕 田某与重庆市江北区复盛镇华山村第8农村集体经济组织合作社侵害集体经济组织成员权益纠纷案,重庆市江北区人民法院(2019)渝0105民初18644号民事判决书。

〔2〕 参见崇州市纪委监委:《崇州市怀远镇共和村原党总支书记杨崇斌在工作中违反组织纪律问题》,载清廉蓉城网2020年8月13日,https://chongzhou.ljcd.gov.cn/show-678-13399-1.html。

〔3〕 史某与南京市六合区程桥街道河南村村民委员会、南京市六合区程桥街道河南村史西村民小组侵害农村集体经济组织成员权益纠纷案,江苏省南京市中级人民法院(2021)苏01民终1226号民事判决书。

〔4〕 徐某等人与金秀瑶族自治县桐木镇桐木村民委解放街第三村民小组侵犯集体组织成员权益案,广西壮族自治区金秀瑶族自治县人民法院(2011)金民初字第269号民事判决书。

（四）农村集体经济组织自治与司法保护两难困局

司法实践对于农村集体经济组织决议纠纷普遍遵循"集体决议属于村民自治范畴，司法不干涉"的原则，以"村民自治"直接切断决议行为的司法保护，以致不断涌现的集体决议纠纷陷入村民自治的循环怪圈。例如，在"王某、李某等侵害集体经济组织成员权益纠纷案""田某、李某等侵害集体经济组织成员权益纠纷案""杨某等侵害集体经济组织成员权益纠纷案"中，法院认为集体成员资格认定的决议、涉成员重大利益的福利费发放决议均属于村民自治的事项，司法权不予干预。[1] 同样的案例还有，"唐某诉伍家岭村委会等侵害集体经济组织成员权益纠纷案"，法院径行认定村委会拒不支付原告征地费行为系侵害集体经济组织成员合法权益行为，对村委会作出的决议程序是否合法、理据是否充分等前置性问题未作理会，直接以村民自治为由排除司法的适用。[2] 值得注意的是，司法实践还存在诸多类似案例，普遍以《村民委员会组织法》第 27 条规定作为其前置处理程序，直接以村民自治排除司法适用。决议纠纷是农村集体经济组织治理纠纷的主要类型，司法实践对集体决议纠纷的态度趋于消极的不作为，从而使农村集体经济组织治理问题难以彻底解决，成员权益无法得到有效保护。

四、民法典时代农村集体经济组织决议法律规制的完善

农村集体经济组织决议是农村集体经济组织法人自治的体现、治理的重要工具；农村集体经济组织决议行为规则是农村集体经济组织法人治理法治化的重要保障。在剖析农村集体经济组织决议行为的规制困境基础上，本文从农村集体经济组织决议行为规制的路径、决议主体、决议程序、决议效力等多维度，提出有效破解之策，完善民法典时代农村集体经济组织决议的法律规

---

〔1〕 王某、李某等侵害集体经济组织成员权益纠纷案，浙江省仙居县人民法院（2023）浙1024 民初 2730 号民事判决书；田某、李某等侵害集体经济组织成员权益纠纷案，辽宁省沈阳市中级人民法院（2023）辽 01 民终 6533 号民事裁定书；杨某等侵害集体经济组织成员权益纠纷案，辽宁省沈阳市中级人民法院（2023）辽 01 民终 6537 号民事裁定书。

〔2〕 唐某诉伍家岭村委会等侵害集体经济组织成员权益纠纷案，湖南省长沙市开福区人民法院（2014）开民一初字第 01730 号民事判决书。

制,促进农村集体经济组织法人治理法治化、现代化。

(一)明晰农村集体经济组织决议的规制路径

明晰农村集体经济组织决议的规制路径,有助于形成系统性、体系化的集体决议行为规则。农村集体经济组织决议的特别性,决定了其应由农村集体经济组织法专门调整的必然性。《民法典》对有关民事法律行为及决议行为的一般规定无法涵摄农村集体经济组织决议行为作为集体意思的特别性,《中华人民共和国公司法》的营利法人规则不能照搬适用。农村集体经济组织法是落实农村集体经济组织特别法人治理顶层设计的必经路径,规范法人治理是农村集体经济组织法作为私法中组织法的核心内容,[1]而农村集体经济组织决议是农村集体经济组织特别法人治理的重要工具,必然离不开农村集体经济组织法这一顶层设计路径。因此,农村集体经济组织法理应成为规制农村集体经济组织决议的路径选择。对此有以下建议:

其一,农村集体经济组织法总则应设立农村集体经济组织决议效力条款。在农村集体经济组织法人治理中,实现集体成员权利、发展集体经济、达成集体行动等都与决议的效力状态相关。虽然当前《农村集体经济组织法(草案)》第四章专设农村集体经济组织机构,明确了农村集体经济组织三会的具体职能及议事规则,但有关农村集体经济组织决议行为效力的规定却并未提及。故农村集体经济组织法作为规范法人治理的专门法,有必要在其总则中设立决议效力条款。其二,明确农村集体经济组织决议的主体规则。一方面,明确表决主体的基本要求及其与成员资格的关系,以此保障集体成员的参与权、表决权及决策权。另一方面,明晰决定主体规则,以此解决当前农村集体经济组织决议涉及的主体交叉、混乱等问题。其三,统一农村集体经济组织决议的程序规定。针对当前《农村集体经济组织法(草案)》中成员(代表)大会与《村民委员会组织法》中村民会议的表决程序冲突等问题,亟须统一农村集体经济组织决议程序规定,以便程序规则的统一适用。

(二)完善农村集体经济组织决议的主体规则

农村集体经济组织决议主体规则的完善,可从以下两个方面入手:一方

---

[1] 参见谢鸿飞:《论农村集体经济组织法人的治理特性——兼论〈农村集体经济组织法(草案)〉的完善》,载《社会科学研究》2023年第3期。

面，完善农村集体经济组织决议的表决主体规则。除上文提到的明确表决主体的基本要求，如行为能力要求、成员资格要求等外，尤其需明确以“户”为单位的表决主体规则。“户”为表决主体往往会排斥大多数成员参与和表决，故户的代表性、户的数量、户的代表主体要求等需要明晰。另一方面，明晰农村集体经济组织决议的决定主体规则。伴随“四议两公开”机制、[1]村级负责人“一肩挑”的全面实施，当前集体内部存在集体决议程序前置、村级负责人直接主导决议、村级负责人未经开会径行以农村集体经济组织或村民委员会的名义直接作出决定的现象，成员(代表)大会决议主体地位有被架空之趋势。因此，有必要明确农村集体经济组织负责人、农村集体经济组织内部各主体在决议决策中的地位，并建立参与农村集体经济组织决议行为的责任追究机制。[2] 此外，《农村集体经济组织法(草案)》有关成员代表大会与成员大会、村民代表会议与村民会议的关系模糊，极易造成成员代表大会、村民代表会议架空成员大会、村民会议的可能；且成员代表大会的代表人数规定过于固化，妇女代表人数规定又过于模糊，实践可操作性不强。因此，成员大会与成员代表大会、村民会议与村民代表会议的关系，成员代表大会代表人数及妇女代表的规定需进一步明晰。

(三)完善农村集体经济组织决议的程序规则

农村集体经济组织决议的程序规则亟须重视并完善。决议程序对决议行为的法律效力具有重要影响。尽管农村集体经济组织决议对程序合法性的要求并非像公司那样严苛，但当前农村集体经济组织决议程序的规则散乱、不统一及过于灵活的实践做法，不断加重着农村集体经济组织治理与司法裁判忽略决议程序的倾向。例如，在上述“田某与重庆市江北区复盛镇华山村第8农村集体经济组织合作社侵害集体经济组织成员权益纠纷案”中，农村集体经济组织重新作出的集体资产分配方案忽视决议程序，直接安排

---

[1] 村党组织提议、村党组织和本社理事会会议商议、党员大会审议、集体成员(代表)大会决议，决议公开、实施结果公开。

[2] 参见张崇胜、万国华：《农村集体经济组织治理：问题分析与制度完善》，载《农业经济与管理》2021年第4期。

他人代原告作出表决,进而侵害成员决策参与权。[1] 此外,实践中也存在公告代替表决、他人代为表决、伪造会议记录充当决议等诸多不遵循决议程序的情形。因此,有必要从农村集体经济组织决议的召集程序、通知程序、表决程序、公布讨论决议事项程序及决议事项实施情况等方面完善。尤其针对上述成员(代表)大会与村民会议表决规则规定不一致情形,立法亟须统一并明确,以防规则适用混乱。但需要注意的是,农村集体经济组织囿于地域结构、成员构成、经济能力等因素的影响和制约,在规范农村集体经济组织决议程序的基础上,也需强调其灵活与包容性。例如,哪些程序可以简化、哪些为必须程序都需明确。

(四)构建农村集体经济组织决议的效力规则

亟须构建农村集体经济组织决议的效力规则,以此破解司法实践有关农村集体经济组织决议效力判断的困局。在参酌既有决议效力规则及农村集体经济组织决议特别性的基础上,结合司法实证案例,可从以下三个方面把握农村集体经济组织决议效力规则:

其一,农村集体经济组织决议不成立及审查。司法实践对不成立的农村集体经济组织决议认定较少,而直接进入决议效力的价值判断,割裂了决议成立与效力之间的逻辑关系。农村集体经济组织决议成立虽不应像公司决议成立那样苛求程序的合法性,[2] 但需重视审查重大决议事项程序的合法性,尤其是直接涉及集体成员合法权益的重大事项,须严格审查决议是否成立。其二,农村集体经济组织决议可撤销及事由。一方面,以《民法典》第265条第2款关于侵害集体成员合法权益决定可撤销的规定为基础,明晰集体成员合法权益的内涵,以此回应当前针对同一条款认定为不同效力的问题。另一方面,适当扩充可撤销事由,例如"程序违法的决议""内容违反集体章程的决议"等应否撤销,亟须明晰并类型化。其三,农村集体经济组织决议无效及事由。作为农村集体经济组织决议效力瑕疵的主要类型,农村集体经济组织决议无效

[1] 田某与重庆市江北区复盛镇华山村第8农村集体经济组织合作社侵害集体经济组织成员权益纠纷案,重庆市江北区人民法院(2019)渝0105民初18644号民事判决书。

[2] 参见房绍坤、张泽嵩:《农村集体经济组织决议效力之认定》,载《法学论坛》2021年第5期。

事由亟须规则化、类型化。例如，明晰侵害农村集体“三资”[1]的决议无效。[2] 在上述“永州市冷水滩区凤凰街道谷源社区周塘居民小组与熊某承包地征收补偿费用分配纠纷案”中，法院认定决议排除集体成员分配村集体资金为无效决议。农村集体经济组织作为集体所有权的代表行使主体，真正的受益主体应是集体成员，农村集体经济组织不得以决议之名行非法侵占、处置、私分农村集体三资之实。[3] 又如，明晰非法剥夺或者变相剥夺成员资格的决议无效，尤其是变相剥夺成员资格的决议。在“芦某与河南省新乡市开发区东杨村民委员会侵害集体经济组织成员权益纠纷案”中，村委会以保证书的形式要求成员放弃获得征地补偿费用的权利，而宪法、土地管理法明确规定土地被征收对象享有征地补偿的法定权益，非法剥夺成员享有的基本权利属于变相剥夺成员资格，因此该决议无效。[4] 此外，应将“违反法律、行政法规的效力性强制性规定或者内容违反公序良俗的决议无效”作为无效事由的兜底条款，确保法律规制的周延性。

（五）明确司法权介入“集体自治”的合理界限

明确司法权介入“集体自治”的合理界限，有助于矫正集体自治偏差。当前司法实践普遍以“村民自治”直接切断决议的司法保护，不断涌现的集体决议纠纷陷入“村民自治”的循环怪圈。因此，除法律法规、章程、村民规约等规范农村集体经济组织决议之外，司法也有介入农村集体经济组织决议的必要，但又需避免司法过度干预集体自治。司法权介入“集体自治”必然存有边界，而边界的量化较为困难，可从以下两个方面把握：一方面，需明晰农村集体经济组织治理中哪些属于“村民自治领域”，哪些属于“普通民事领域”。[5] 以

---

[1] 农村集体“三资”，是指集体资金、集体资产及集体资源。

[2] 参见房绍坤、张泽嵩：《农村集体经济组织决议效力之认定》，载《法学论坛》2021 年第 5 期。

[3] 永州市冷水滩区凤凰街道谷源社区周塘居民小组与熊某承包地征收补偿费用分配纠纷案，湖南省永州市中级人民法院（2022）湘 11 民终 3915 号民事判决书。

[4] 芦某与河南省新乡市开发区东杨村民委员会侵害集体经济组织成员权益纠纷案，河南省新乡市中级人民法院（2008）新中民一终字第 545 号民事判决书。

[5] 参见王勇：《村民自治的规范与法理——兼论村民自治规范体系的完善》，载《法制与社会发展》2022 年第 4 期。

本文检索的大量司法实证案例来看,有关集体成员权益纠纷案件的案由基本都为"民事案由",因此这类决议本应属于普通民事领域,司法有权介入,不应以自治为由拒绝司法保护。另一方面,司法权介入"集体自治"应适度,能够通过集体自治解决的问题,司法不应干预;只有当集体内部治理不能够解决的,司法权方能介入。[1] 例如,当前《民法典》《农村集体经济组织法(草案)》仅规定农村集体经济组织及其负责人作出的决定可撤销,农村集体经济组织决议不成立、无效均未涉及,故可以明确决议不成立、无效之诉,予以集体成员司法救济。

五、结语

决议是农村集体经济组织的重要治理方式,也是关涉集体成员权益实现的重要载体,更是健全乡村治理体系的重要环节。当前农村集体经济组织决议在规则方面存在规制路径不明、既有规则适用混乱、司法效力判断分歧、农村集体经济组织自治与司法保护两难等诸多困境,考虑到农村集体经济组织决议的特别性,农村集体经济组织法作为规制农村集体经济组织的专门性立法,农村集体经济组织立法亟须明晰农村集体经济组织决议的主体规则、完善决议程序、构建决议效力规则、明确司法权介入"集体自治"的合理界限,打破集体决议纠纷陷入"村民自治"的循环怪圈,以此完善民法典时代农村集体经济组织决议的法律规制,促进农村集体经济组织法人治理法治化、现代化。

---

〔1〕 参见杨青贵:《集体土地所有权实现的价值目标、基本原则与制度框架》,载《西北农林科技大学学报(社会科学版)》2016年第1期。

农产品质量保障

食用农产品侵权责任分配的困境及改革路径

阙梦怡[*]　冉　杰[**]　郑贵澎[***]　李晓文[****]

摘　要:食用农产品作为国民餐桌上食物的主要源头,其质量安全问题一直备受社会关注。区别于一般的食品,食用农产品兼具食品和农产品的双重特性,其侵权责任也呈现复杂性和特殊性。当前我国农业发展水平再上新台阶,但仍存在食品安全风险,种种情形证明食用农产品侵权责任已有制度的建构已不合时宜。故此应当结合实践,正确认识保障消费者权益与推动农业发展两者关系,制定新的侵权责任制度框架,平衡好消费者与生产者利益保护,最终在法治轨道上助推我国农业实现高质量发展。

关键词:食用农产品　侵权责任　归责原则　利益衡量

随着中国式现代化的不断进步,当前我国社会的主要矛盾已经转化成人民日益增长的美好生活需要和不平衡不充分的发展之间的矛盾,基于该背景,"餐桌上的问题"也已经从群众吃得饱不饱转化为群众吃得好不好的问题。自2022年起,我国农业农村部持续推进食用农产品"治违禁、控药残、促提升"的3年行动计划,查处了一批农产品质量安全案件,并从中选取了10个典型案例

---

* 西南政法大学经济法学院硕士研究生。

** 西南政法大学经济法学院硕士研究生。

*** 西南政法大学经济法学院硕士研究生。

**** 西南政法大学经济法学院硕士研究生。

予以宣传警示。可见,食用农产品的安全问题事关人民群众的生命健康安全,事关我国的重要粮食安全,事关社会发展全局。因此,有必要从理论上对食用农产品安全问题展开研究。目前,我国关于食用农产品的研究尚存在一些不足:一是多集中于农产品侵权责任相关问题,而对具备食品和农产品双重属性的食用农产品侵权责任的研究相对薄弱;二是对农产品致人损害的法律适用众说纷纭,部分观点与司法和执法实践存在差异;三是在已有的关于食用农产品侵权责任分配的利益衡量的研究中多借鉴域外做法,脱离我国具体国情。鉴于此,有必要从理论角度对食用农产品侵权责任进行深入研究,以期能为我国食用农产品侵权责任相关立法提供参考,有所裨益。

一、食用农产品侵权责任相关前置性问题的廓清

研究食用农产品侵权责任,其逻辑起点是界定食用农产品的内涵与外延。在法律规定与现实实践中,囿于市场监管部门对于不同客体的监管标准以及具体要求的不同,首要解决的问题就是区分食用农产品与食品、农产品、产品,正确界定它们的类别关系。

(一)食用农产品与食品、农产品、产品的界分

食用农产品是维系人类生存的重要部分,同时在农产品中占比最大。我国相关法律法规对其概念已有规定。《中华人民共和国食品安全法》[1](以下简称《食品安全法》)第2条规定,可供食用的源于农业的初级产品称为食用农产品。应当说明的是,该法所规定的食用农产品的概念是较为模糊的。仅什么程度才能视为初级加工这一项标准,学者们便存在不同观点,主要包括以下几种:第一,自身原有形态和组成成分是否改变是判断初级农产品的重要因素;第二,以工艺属性为区分标准,包括生熟之分和性状之分,未进行熟制加工之前的生制品和性质或性状未发生改变的一般为初级产品。在"卢某与江门市某超市产品责任纠纷案"中,[2]原告在该超市购买了花菇等产品,涉案超市对产品进行了包装,并在包装袋上注明了产品的功效和特性。原告认为该产

[1] 《中华人民共和国食品安全法》(2021年)第2条。

[2] 参见卢某与江门市某超市产品责任纠纷案,广东省江门市中级人民法院2016粤07民终2918号民事判决书。

品属于预包装食品且该包装标签不合乎《食品安全法》的规定，遂提起诉讼，要求原告返还货款并10倍赔偿。被告则辩称该产品属于食用农产品，应适用《中华人民共和国农产品质量安全法》（以下简称《农产品质量安全法》）。法院经审理认为，涉案产品属于食用农产品，不属于预包装食品，因此应适用《农产品质量安全法》的规定，不适用《食品安全法》关于食品标签的规定。最终依据《农产品质量安全法》第2条、第28条作出判决。而在"王某与某贸易商行等产品责任纠纷案"中，[1]原告在该商行购买了藏红花等产品，同样，被告对产品进行了包装和标签，原告认为该产品标签不符合《食品安全法》的规定，遂提起诉讼并要求10倍赔偿。在这一案件中，法院认为藏红花属于预包装食品，应当适用《食品安全法》的规定。最终依据《食品安全法》第67条、第148条作出判决。

两案均为消费者从销售者手中购买可供食用的农产品所致产品责任纠纷，而法院却依据不同的法律条文作出了判决，根本原因在于上述法院对消费者购买的产品是否属于食用农产品存在不同的界定。由此可见，食用农产品的概念和范围会直接影响案件的审理依据，对法律适用至关重要。

之后，原农业部（现更名为农业农村部）在相关文件[2]中也对食用农产品概念作出阐述：食用农产品，是指在农业相关活动中所获得的、供人食用的植物、动物、微生物及其产品。"农业活动"，除了耕种、施肥、收割、捕捞等传统农业活动，也包括休闲农业、绿色农业、观光农业等现代农业。随后一段时间内，食品药品监管总局[3]也作出了类似规定。可以看出，以上两个规章不仅进一步对"农业活动"作出翔实的界定，同时指出食用农产品应直接来源于农业活动，即便加工，也不能改变产品的自然性状和化学性质，而只能经过混合、分离、干燥等物理加工。但是，对于人为养殖的法律法规禁止食用的国家保护

〔1〕 参见王某与某贸易商行等产品责任纠纷案，重庆市巴南区人民法院(2022)渝0113民初22301号民事判决书。

〔2〕《农业部 食品药品监管总局关于加强食用农产品质量安全监督管理工作的意见》（农质发〔2014〕14号）。

〔3〕《食品药品监管总局关于食用农产品市场销售质量安全监督管理有关问题的通知》（食药监食监二〔2016〕72号）。

动物,如"娃娃鱼"等是否也属于食用农产品,若食用后发生健康问题应当适用何种法律,以上规章仍未作出回答。

2023年6月,国家市场监督管理总局对此部分问题进行了回应:食用农产品,具体是指可以食用的,来源于农、林、牧、渔业的初级产品,产品范围包括植物、动物、微生物及其产品,但不包括法律法规禁止食用的野生动物产品及其制品。[1] 应当指出,该规定尽管未对"农业活动""初级加工"的概念作出明确阐释,却已注意到食用农产品的概念适用盲区并作出排除性规定。

结合以上法律法规所作规定可以总结出,食用农产品,是指在农业活动中所获得的供人食用的初级产品,不包括法律法规禁止食用的动物产品及其制品。食用农产品的外延主要包括两类:一是通过农业活动所获取,直接可供食用的农产品,如香蕉、蜂蜜等;二是通过对农业活动中获得物进行初级加工后得到的产品,如面粉、冻肉等,但对于法律法规禁止食用的动物产品及其制品应予排除。

在对食用农产品概念进行明确界定后,还应当理解其独有特征,以此为基础明晰食用农产品侵权责任新的发展可能。首先,区别于食品。食品,具体是指可供人食用、饮用的成品与原料,也包括那些兼具药效的中药材物品,但并不包括以治疗为目的的物品。[2] 食用农产品与食品之间应当是种属关系。相较于法律法规要求其他食品生产与经营主体应当具备一定的市场资质,限于食用农产品生产、销售主体的普遍性与其文化程度等各方面素质参差不齐,适用于食品的监管规定并不当然适用于食用农产品,如对于食品销售者要求其具备销售证,而对于食用农产品销售者并不适用此要求。其次,区别于农产品。农产品,是指在农业相关活动中所获取的初级产品。[3] 食用农产品与农产品之间同样为种属关系,但食用农产品由于其可食用性,对消费者人身、健康具有一定的风险性,监管要求应当高于农产品。再者,区别于产品。产品,是指经过加工、制作,用于销售的产品,可分为初加工产品与深加工产品或者

---

〔1〕《食用农产品市场销售质量安全监督管理办法》(2023年6月30日公布,2023年12月1日施行)第49条。

〔2〕《食品安全法》第150条第1款。

〔3〕《农产品质量安全法》第2条第1款。

工业加工产品。[1] 因此食用农产品与产品之间应当为交叉关系，即经过初级加工的食用农产品属产品之列，而农业活动中直接获取的食用农产品并非产品。因此对于产品，法律一般规定为严格责任，而若针对食用农产品同样实行严格责任，将严重打击生产者、销售者等各环节市场主体积极性，对于我国食用农产品市场发展极为不利。通过以上论述可以得出，食用农产品与食品、农产品、产品三者存在紧密联系，但由于食用农产品具有来源普遍性、可食用性、事关农业发展三个特点，对于食用农产品的监管同样应当特殊处理，而非简单适用某一类的监管规定。

（二）食用农产品侵权责任的基本认知

关于食用农产品侵权责任的概念，我国法律并无明确界定。但可以肯定的是，食用农产品侵权责任是侵权责任中的一种特殊侵权责任，该侵权责任的产生多是因食用农产品存在质量问题。质量问题总体上包括两种，一种是缺陷；另一种是瑕疵。关于缺陷，《中华人民共和国产品质量法》（以下简称《产品质量法》）第46条[2]作出了明确规定，其主要是指产品存在不合理危险，关注的是产品的安全性。具体而言，缺陷又存在两种情况：一是缺陷已经导致了他人人身或其他财产损失，也就是损害后果已经出现了；二是缺陷被证明存在，但还没有引起他人人身或其他财产损失。关于第一种情况，因出现了侵权责任法中规定的损害后果而当然属于侵权责任；在第二种情况中，虽然经过科学技术验证该产品存在缺陷，但此时的缺陷仍是一种风险，尚未导致实际损害后果，此时因缺乏侵权责任构成要件中的损害后果而不构成侵权责任。因此，本文所述缺陷排除第二种情况。关于瑕疵，《产品质量法》未给出明确

---

〔1〕《产品质量法》第2条第2款。

〔2〕《产品质量法》第46条规定："本法所称缺陷，是指产品存在危及人身、他人财产安全的不合理的危险；产品有保障人体健康和人身、财产安全的国家标准、行业标准的，是指不符合该标准。"

定义,仅在第40条[1]中列举了三种常见的情形:不具备应有的使用性能;不符合表明的产品标准;不符合表明的质量状况。由此可以看出,产品瑕疵关注的是产品的适用性。因此,若产品的质量问题仅体现在使用性能上,即影响正常使用,则属于瑕疵;若产品的质量问题已经危及人身或财产安全,则属于缺陷。[2] 经营者、生产者或销售者对缺陷或瑕疵产品应承担的民事责任,《产品质量法》也给出了不同规定。对于瑕疵产品,销售者主要承担“三包”责任,即修理、更换、退货。这是一种典型的违约责任,即销售者不全面履行合同义务应当承担的民事责任。对于缺陷产品,产品的生产者和销售者应当承担连带责任,这是一种典型的侵权责任承担方式。由此可见,食用农产品侵权责任,是指食用农产品因存在缺陷造成人身或其他财产损害所应承担的特殊侵权责任。

在明确食用农产品侵权责任内涵的基础上,通过将其与产品责任、食品安全责任、农产品质量安全责任作比较来明晰其外延。首先,区别于《产品质量法》中的产品责任,产品责任是产品质量责任中的一种,是指因产品存在缺陷造成人身或其他财产损失所应承担的一种民事侵权责任。它们两者虽都是侵权责任,但因食用农产品和产品的范围不同,其所导致的侵权责任的范围也有所不同。产品责任不包括初级食用农产品因缺陷致人损害所应承担的民事责任。其次,区别于《食品安全法》中的食品安全责任。根据《食品安全法》第九章规定可知,食品安全责任是一种综合责任,包括了民事、行政和刑事责任。导致食品安全责任的原因多种多样,食品存在缺陷只是原因之一,除此之外,还包括未取得生产经营许可证,标签、说明书不符合规定,未按规定建立食品安全管理制度等。最后,区别于《农产品质量安全法》中的农产品质量安全责

[1]　《产品质量法》第40条第1款、第2款规定:“售出的产品有下列情形之一的,销售者应当负责修理、更换、退货;给购买产品的消费者造成损失的,销售者应当赔偿损失:(一)不具备产品应当具备的使用性能而事先未作说明的;(二)不符合在产品或者其包装上注明采用的产品标准的;(三)不符合以产品说明、实物样品等方式表明的质量状况的。销售者依照前款规定负责修理、更换、退货、赔偿损失后,属于生产者的责任或者属于向销售者提供产品的其他销售者(以下简称供货者)的责任的,销售者有权向生产者、供货者追偿。销售者未按照第一款规定给予修理、更换、退货或者赔偿损失的,由市场监督管理部门责令改正。”

[2]　参见朱珺:《三个法律要点　带您区分“产品瑕疵”和“产品缺陷”》,载《中关村》2022年第4期。

任。根据《农产品质量安全法》第七章可知,农产品质量安全责任同样是一种综合责任,其责任承担形式包括了民事、行政和刑事责任。导致农产品质量安全责任的原因,除了农产品存在缺陷,还包括农产品生产经营场所或设备不符合规定,未按规定建立农产品质量安全管理制度等。

二、食用农产品侵权责任分配的立法现状及其困境

鉴于食用农产品兼具食品和农产品的双重属性,除《中华人民共和国民法典》(以下简称《民法典》)侵权编中的一般侵权规定外,《农产品质量安全法》《食品安全法》中均存在涉及食用农产品侵权责任的规定。是故,探讨食用农产品侵权责任立法现状的前提便是要厘清上述法律对于食用农产品的规制关系,进而明确食用农产品侵权责任规定的分布情况。

与《民法典》相比,《食品安全法》《农产品质量安全法》属于特别法,故其中对于食用农产品的规定应当优先适用。而《食品安全法》《农产品质量安全法》关于食用农产品的规制界限可以从法律规定以及法理分析两个方面来予以明确。早期食用农产品的法律适用问题一直存有争议。为明确二法之间的适用界限,2015 年修订的《食品安全法》第 2 条第 2 款[1]作出了具体规定。从法条上来进行分析,由但书规定可知,食用农产品原则上应适用《农产品质量安全法》的规定,而对于四个特殊领域则应当适用《食品安全法》的规定,即"市场销售""质量安全标准的制定""安全信息的发布""农业投入品"。从法理上来进行分析,《食品安全法》《农产品质量安全法》都有关于上述四个方面的规定,但"食用农产品"相较于"农产品"而言具备了可食用的特性,故此时对"食用农产品"的销售、农业投入品控制、质量安全标准等方面适用《食品安全法》中更为严格缜密的规定,更符合保障消费者的立法理念。

厘清上述法律适用关系后,便可进一步明确食用农产品侵权责任的规定分布情况。在适用《食品安全法》的四种特殊情形中,与民事责任相关的仅有

---

〔1〕《食品安全法》第 2 条第 2 款规定:"供食用的源于农业的初级产品(以下称食用农产品)的质量安全管理,遵守《中华人民共和国农产品质量安全法》的规定。但是,食用农产品的市场销售、有关质量安全标准的制定、有关安全信息的公布和本法对农业投入品作出规定的,应当遵守本法的规定。"

"市场销售"。结合《食用农产品市场销售质量安全监督管理办法》中关于食用农产品"市场销售"的定义界定可知,"市场销售",是指将产品或服务出售给最终消费者的行为,包括批发、零售等销售途径。

结合上述两点的分析可知,食用农产品原则上应当适用《农产品质量安全法》的规定,但如果是通过批发市场和零售市场、商场、超市、便利店等销售食用农产品的,就应当优先适用《食品安全法》的规定。换言之,食用农产品的销售者侵权责任主要适用《食品安全法》的规定,而食用农产品生产者的责任则应当主要受制于《农产品质量安全法》的规定。在我国当前食用农产品侵权责任架构设计中,主要困境存在于生产者以及销售平台的侵权责任制度之中。

(一)食用农产品生产者侵权责任分配的立法现状及其困境

1. 归责原则方面

《农产品质量安全法》将农产品生产者依据类型不同分为农户、农产品生产企业以及农民专业合作经济组织三种。三种主体的性质不同,故立法选择了"从严要求与区别对待相结合"的策略,对农户重在引领和督促,对组织化程度较高的主体则重在完善运营制度,健全行为规范。[1] 然而在民事侵权责任上,却并没有区分不同主体以适用不同的归责原则,而是"一刀切"地适用统一的归责原则。

我国食用农产品生产者侵权责任的归责原则的主要判断依据为《农产品质量安全法》第79条。[2] 可见,食用农产品生产者承担侵权责任仍以"违反本法规定"为前提,即此时应认为生产者存有一定过错。因此,可以明确我国目前立法中对食用农产品生产者采取的是过错责任原则。

关于农产品生产者的归责原则探讨一直存有争议,各国对此的立法模式也都存有不同。例如,德国、日本等国家将未经加工的初级农产品均排除于产品范围以外,用以明确对该类产品不适用无过错责任原则。但是,美国则主张初级农产品侵权责任依然应属于产品责任范畴,在归责原则上理所应当适用

[1] 参见《农业部负责人就〈农产品质量安全法〉答记者问》(2006年4月29日)。

[2] 《农产品质量安全法》第79条第1款规定:"违反本法规定,给消费者造成人身、财产或者其他损害的,依法承担民事赔偿责任。生产经营者财产不足以同时承担民事赔偿责任和缴纳罚款、罚金时,先承担民事赔偿责任。"

严格责任原则。[1] 但无论如何,法律制度终究离不开社会基础,对食用农产品生产者的侵权行为适用何种归责原则,从根本上看,是由一国农业发展水平决定的,也是生产者和消费者在进行利益博弈后立法者进行利益取舍的结果。[2] 而我国对农产品侵权责任采取过错责任原则,通常基于以下几点理由:一是我国农业尚是一个亟待扶持和发展的产业;二是我国农业生产者具有小规模性和分散性等特点,受害者寻找农产品生产者更具艰难性,即使对其采用无过错责任也不具有现实意义;三是农业生产容易受许多不可控制的自然因素以及其他客观因素影响,如气温、降水、风力等,会时常面临洪涝、寒潮、高温等自然灾害。此外,农产品具有化学特性,易腐败易耗值。农业生产者已然不易,天然地处于不利地位,不宜再加重其责任。[3]

上述理由固然具有其合理性。然而,随着近年来我国农业科技水平的提高和大规模农业生产模式的发展,我国农业客观情形也已发生改变,就食用农产品领域而言,传统"一刀切"地对食用农产品生产者适用过错责任已难以有效契合我国的农业发展需求。首先,扶持和发展农业生产力固然重要,但消费者需求亦是刺激农业生产力增长的重要动力,这在电子经济时代显得尤为明显。目前我国所追求的不再仅仅是农业的高速发展,更要追求农业高质量发展。食用农产品直接关涉人体健康,涉及消费者重大利益,若不强化生产者责任以保障食用农产品质量安全,将会打击消费者的消费欲望进而不利于我国农业生产力的发展。其次,虽然我国农业发展水平尚未实现高度现代化、机械化,但同时不可否认的是,我国农业生产情况总体上保持了稳定增长的态势,农产品供给日益充足,农业科技水平越来越高,农业产业结构实现多元化。虽然由分散农户生产经营食用农产品依然是我国农业经营的基本形态,但已经涌现了一批具有较大规模性、现代化水平较高的农产品生产企业,消费者与这些生产者相比将处于弱势地位;此外,伴随着我国农产品追溯制度的不断发

[1] 参见李迎宾:《对〈农产品质量安全法〉有关问题的再思考》,载《农产品质量与安全》2011年第3期。

[2] 参见王吉林:《食用农产品侵权责任法律性质辨析》,载《天津大学学报(社会科学版)》2014年第1期。

[3] 参见卢代富:《农产品致人损害的民事责任制度探讨》,载《现代法学》1996年第6期。

展,实现食用农产品生产者追溯并非难事。最后,食用农产品的生产既受自然因素的影响也受人为因素的影响,并且随着农业科技的不断发展,食用农产品的生产过程能够避免很多自然因素的影响,其中的人为因素含量越来越高。[1]

另外,食用农产品的过错责任原则也不利于体现保障消费者利益的立法理念。一方面,食用农产品作为大多数食品之源头,一旦具有质量安全问题将会严重危害广大人民群众的身体健康甚至剥夺生命,引起大规模的侵权事件发生。另一方面,食用农产品致人损害往往具有结果延时性以及原因复杂性,消费者可能难以及时有效地发现食用农产品中所蕴含的潜在质量问题,并且也并不熟悉导致其安全质量问题的原因,难以有效对食用农产品生产者的过错进行举证。

2. 惩罚性赔偿制度方面

惩罚性赔偿,具体是指由法院作出一定赔偿的决定,且该数额超出实际因侵权行为所损害数额的赔偿,该制度的功能除补偿受害人所受损失外,还在于惩治、威慑和阻遏不法行为。[2] 正所谓“民以食为天”,食品是人们赖以生存的必需品,而食用农产品作为食品源头,能够对广大消费者的健康以及生命法益造成深远的影响,甚至可以引发大规模的恶性侵权事件,进而造成重大社会影响。为有效保障食品生产以及销售中的质量安全,《食品安全法》第148条对食品生产者和经营者规定了惩罚性赔偿金制度,倘若生产者生产并不符合法律所规定的食品安全标准的食品或者经营者经营明知是不符合法律所规定的食品安全标准的食品,消费者除可以要求赔偿已受损失以外,还可以向生产者或经营者主张支付原价款10倍或者所受损失3倍的惩罚性赔偿金,以此严厉打击食品生产者以及经营者的恶意行为。但正如前文所述,食用农产品生产者的民事责任并不适用《食品安全法》的相关规定,而在《农产品质量安全法》也未规定有惩罚性赔偿制度,若无法律明文规定且有受害人请求,法官亦不得随意扩大适用惩罚性赔偿的情形范围。因此,我国目前只有食用农产品

---

〔1〕 参见柳芃:《论初级农产品侵权责任的归责原则》,载《烟台大学学报(哲学社会科学版)》2017年第1期。

〔2〕 王利明:《惩罚性赔偿研究》,载《中国社会科学》2000年第4期。

的经营者可能因其恶意经营行为而承担惩罚性赔偿责任，而食用农产品生产者则被落于惩罚性赔偿的适用范围之外。

虽然食品与食用农产品同样会对广大群众的身体健康造成重大影响，却仅对食品生产者适用惩罚性赔偿，其制度设计考量与食用农产品过错责任的设计考量大体相同，皆是出于保护作为弱势群体一方的农产品生产者，鼓励其推动我国农业生产水平的发展等考虑。然而此种立法考量的滞后性也在上文中展开了具体分析。对于部分生产规模大且经济实力强的大型食用农产品的生产者，其综合实力并不弱于一般经营者，因此没有理由将该类食用农产品生产者与经营者区别对待，亦没有理由将其与食品生产者进行区别对待。

（二）销售平台侵权责任分配的立法现状及其困境

近年来，在深入实施“乡村振兴”战略，以直播带货方式销售农产品的形式逐渐兴起且蓬勃发展。2021年6月29日，叮咚买菜在纽约证券交易所上市；6月25日，每日优鲜登陆美国纳斯达克。根据《2022中国农产品电商发展报告》显示，2021年我国农村地区网络零售额总额达20,500亿元，相比2020年增长14.23%；农产品物流总额首次超过50,000亿元；农产品进出口贸易总额已经突破3000亿美元大关，达到3041.7亿美元。截至2021年9月，我国的淘宝村已达到7023个，淘宝镇已达到1598个。2021年第一、二季度，我国农村地区快递收投量已超200亿件，日均超1亿件包裹在农村地区进出。[1] 从上述数据可以看出，通过线上销售平台形式促销食用农产品已然成为当前我国食用农产品市场一大重要销售渠道。

然而，伴随这一模式如火如荼兴起的是市场上的良莠不齐、泥沙俱下，如虚假宣传、不退不换、涉嫌假货、产品重大缺陷等问题。比较而言，传统食用农产品销售大多采取散户与农产品批发市场相结合的形式，现行《农产品质量安全法》明确规定了农产品批发市场的市场监管者责任，既包括抽查检测责任，也包括报告责任。农产品批发市场应对进场销售农产品相关质量安全状况进行抽查检测，检测机构可以按照法律规定自行设立，也可以委托第三方担任；一旦发现不符合农产品质量安全标准的食品，应要求销售者立即停止销售，随

---

〔1〕 参见《2022中国农产品电商发展报告》。

后向其所在地市场监督管理主管部门和农业农村等相应部门报告。而在通过直播带货形式销售食用农产品模式下,对于销售平台的相应法律责任却并无类似具体规定。以《中华人民共和国电子商务法》(以下简称《电子商务法》)规制农产品直播是当前学界比较统一的观点,然而该法对于电商平台监管职责与法律责任的承担多为概括性规定,对市场主体并未起到明显的指引作用,主要体现为:对于直播间食用农产品销售者并未进行销售资质审查而允许其开播销售;直播过程中以样品做虚假宣传而消费者所购产品与宣传不符;通过虚假刷单或者公众平台虚假"种草"进行不正当竞争;直播间销售者通过引流方式绕过平台管理;直播软件客户端并无录像功能导致消费者固定证据困难。[1]

进言之,在通过直播带货形式销售食用农产品这一模式中,以电商平台赋能食用农产品销售的同时,由于线上销售的非"一对一"性增加了食用农产品销售质量安全问题的隐蔽性,对于电商平台也未压实类似农产品批发市场入场抽检、随时报告的监管主体责任,从而导致消费者陷入维权困境。

三、食用农产品侵权责任分配的考量因素

食用农产品侵权责任的分配应是一国在特有政治经济条件下,综合考量国内农业发展水平、消费者利益保护现状等多因素的结果。在食用农产品侵权责任的分配中,应当注重消费者权益保护和农业发展这一对利益的平衡,任何的厚此薄彼和片面强调都将导致分配不公和利益失衡,最终与食用农产品侵权责任的立法目的相违背。

(一)根本因素:立法上的利益衡量

人作为一种社会存在,总会有不同程度的需要来满足自身的生存和发展,这种需要即表现为利益。但法律上的利益并不等同于生活中所有的利益,它侧重于人与人之间的关系、人与社会之间的关系。[2] 进入现代社会,人的需求呈现多样性和复杂性,这也使利益纷争呈现多元性、复杂性和斗争性。"人

---

〔1〕 参见莫程城:《农产品直播带货的法律问题及规制》,载《经济研究导刊》2022年第22期。

〔2〕 参见张新宝:《侵权责任法立法的利益衡量》,载《中国法学》2009年第4期。

的需求的无限性和自然资源及社会资源的有限性的矛盾,使得立法需要在利益衡量这一核心理念的支配下来实现双方之间的利益平衡。"[1]法律之所以能够发挥定分止争的作用,其背后的逻辑在于立法是一个利益衡量的过程。相关利益主体通过法定程序进行利益博弈,立法者对各种利益进行平衡,从而实现利益调节和社会资源的合理分配,满足不同主体和阶层的利益需求,缓解人际关系矛盾,实现社会和谐发展。

在侵权责任法中,权益保护与行为自由这一对矛盾需要平衡。在侵权法律关系中,双方主体身份的平等性和可变性使角色可能出现互换。在这一侵权案件中的受害人可能成为另一侵权案件的侵权人。因此任何人都不能被预先定位为受害人或者侵权人,[2]对二者的利益应当立足于现实发展需要。食用农产品问题是重要民生问题,而在食用农产品侵权责任分配制度中,涉及利益主体应当是在食用农产品种植养殖、运输、仓储、销售、消费等各个环节的组织与个人,包括生产者、销售平台、消费者三个直接主体。因此我们要处理好生产者及其他主体和消费者之间的利益衡量问题。一方面,立法需要保护农业发展。食用农产品生产为国民餐桌提供了主要食品原料,事关民众吃饱问题。近年来,我国国际地位及国际话语权的提升与我国100%的口粮自给率是分不开的,[3]农业发展的重要性不言而喻。若对生产者等主体规定过于严格的责任,可能会打击农户、农产品企业等主体生产、经营的积极性,最终影响农业发展。另一方面,立法也需要保护消费者利益。首先,食用农产品问题给消费者带来的不仅有财产风险,还有人身安全风险,食用农产品安全紧密关系民生福祉。其次,食用农产品受自然因素影响较大,存在较多不可控因素。再者,我国尚无完备的社会保险制度填补消费者所遭受的损害。若为保护农业发展而要求消费者承担过多风险,可能会带来对消费者利益保护不足,公众利益弃之不顾的问题。

---

〔1〕 张斌:《现代立法中的利益衡量——以个体主义方法论为研究视角》,吉林大学2005年博士学位论文,第13~15页。

〔2〕 参见张新宝:《侵权责任法立法的利益衡量》,载《中国法学》2009年第4期。

〔3〕 参见刘慧:《我国谷物自给率超95%以上　口粮自给率超100%》,载光明网,https://m.gmw.cn/baijia/2020-11/01/1301747250.html。

食用农产品侵权责任,关系食用农产品缺陷致人损害时不同主体的法律责任承担以及举证责任分配等问题。因此关于食用农产品侵权责任的新的具体规定,应当和其他损害赔偿补偿制度一样,以经济社会发展现状为主要依据,之后再作适当调整,使各种制度之间能够相辅相成,相互促进,提高社会资源配置效率,更加公平公正地保障受害人合法权益。

(二)决定因素:一国农业发展水平

经济基础决定上层建筑,食用农产品消费者和生产者之间的法律关系归根结底也是由该国农业发展水平决定的。食用农产品侵权责任的分配表面上表现为食用农产品生产者与消费者之间的利益平衡,实质是一国农业发展水平起到了决定性因素。[1] 在传统农业社会中,科技落后,生产力低下,农业极不发达,农产品很大程度上受自然因素的影响和制约。在这种"靠天吃饭"的阶段,人们追求的仅是食用农产品的数量能够满足基本生存需要,对食用农产品质量安全问题不会过多关注,此时难以对食用农产品生产者科以严格责任。在步入近现代社会后,农业技术的广泛开发与应用极大地提高了农业生产效率,生产者对不利自然条件的克服能力也日益增强,食用农产品的质量很大程度上掌握在了生产者手中。因而消费者对食用农产品也提出了更高要求,不再停留于满足基本生存需要。为了满足消费者日益增长的利益需求,立法者逐渐对生产者科以质量安全上的责任。在农业发展水平不同的国家或地区,归责原则也分别呈现过错责任(一般过错或过错推定)、严格责任等多种形式。

(三)参考因素:食用农产品自身的特殊性

食用农产品自身有其特殊性。一方面,食用农产品具有食品特性。区别于其他农产品,食用农产品作为食品的一种,其带来的损害具有特殊性,关系的不仅仅是财产安全,更直接涉及身体健康权,甚至关系生命安全。更甚,随着现代化工产品的介入,食用农产品造成的安全事故不仅仅是食用人员的伤亡,食用农产品中的有害物质可能渗入人体基因中进行遗传,影响下一代的生长发育。此外,初级农产品损害具有潜伏性、不可预知性。一般的侵权损害具

---

〔1〕 参见于华江:《论我国农产品损害赔偿责任的归责原则——以利益衡量为视角》,载《经济与管理研究》2010年第7期。

有显性,即损害结果立马可见,损失也能精确计算。而食用农产品对人体的损害是渐进的、逐步的,损害结果的最终爆发可能需要很长的周期和量的不断积累。不仅如此,由于人体机能和化学物质的复杂性,损害结果的严重程度在初期阶段也无法预测。这就使食用农产品侵权具有潜伏性、隐蔽性、不可预知性。

另一方面,食用农产品又兼具农产品特性。农产品生产具有以下特点:一是受自然因素影响较大,存在较多不可控因素。虽然随着现代科技的发展,农产品生产者对农产品品质的掌控能力逐渐增强,但土壤、光照、气候、降水等自然因素对农产品的品质仍发挥着很大影响,且现代社会环境污染较为严重,这些使农产品的潜在缺陷难以完全由生产者控制。如果将所有农产品质量问题归结于生产者,明显失之偏颇。二是农产品生长周期长。区别于工业产品的机械化生产,农产品需要在自然环境中萌芽、生长、成熟,需要较长的生长周期。这就使农产品生产者在时间方面投入了较多成本,但农产品附加值较低,导致其价格一直处于一个较低水平,成本和收入呈现不完全对等的状态。[1]

(四)重要因素:促进农业生产

农业是保障人类生存和发展的基础性产业。农业强国是社会主义现代化强国的根基,可以说满足人民美好生活需要、实现高质量发展、夯实国家安全基础都离不开农业发展。农业的重要性不言而喻。食用农产品领域的立法及食用农产品侵权责任的分配应有助于农业的发展,符合国家政策取向。我国是一个农业大国,但还算不上农业强国。在食用农产品生产中还存在以下问题:一是农业科技创新能力不强。截至 2022 年,我国农业创新技术贡献率首次超过 60%,[2]我国农业科技进步贡献率虽有所提升,但还存在较大进步空间。二是我国农业生产组织化程度低。我国目前的农业生产组织形式主要有个体农户、农民专业合作社、"公司 + 农户"以及近几年兴起的社会资本流转农民承包地。随着农业生产的集约化发展进程渗透全球,分散的个人、家庭农业

〔1〕 参见于华江:《论我国农产品损害赔偿责任的归责原则——以利益衡量为视角》,载《经济与管理研究》2010 年第 7 期。

〔2〕 参见宋雅娟、张蕃:《"十三五"期间,我国农业科技进步贡献率超过 60%》,载光明网,https://m.gmw.cn/baijia/2021-11/25/35337968.html。

生产组织形式和小规模的合作社越来越不能适应全球化社会大分工的要求。如何建立高效率的农业生产组织形式成为亟须解决的问题。三是我国农业发展的自然条件较为恶劣。我国气候复杂多样,自然灾害频繁,仅2022年,我国农作物受灾面积便高达12,071.6千公顷。[1] 由此可见,我国农业发展还存在许多不利客观因素,而农业领域的法律法规应当为农业的健康发展保驾护航,食用农产品侵权责任的分配也应当有利于农业生产。

(五)重要因素:消费者利益保护

因食用农产品缺陷的受害者不仅是侵权责任法上的被侵权人,还是经济法中的消费者。在经营者与消费者这一对法律关系中,消费者因经济实力不对等、信息占有不对称、市场结构不均衡、争讼成本外部转嫁能力弱等原因处于劣势地位,因此国家法律对消费者这一群体进行了特殊保护,科以了经营者和消费者不对等的权利义务。在农产品侵权责任的分配中,也应当考虑被害人在食用农产品流通链条中已经处于弱势地位的因素。此外,还应当考虑消费者对于整个食用农产品市场发展的决定性意义,按照马克思对生产与消费关系的论述:生产决定消费,消费对生产起着重要的作用。消费所形成的新的需要对生产的转型升级起着指引作用;消费是生产的目的,只有生产出来的产品被消费了,这个产品的生产行为才算最终完成;消费是生产的动力,一个新的消费热点的出现往往能带动一个产业的萌芽和发展;消费为生产创造出新的劳动力,能提高劳动力的质量和劳动者积极性。[2] 由此可见,食用农产品作为食品生产中最基础的原料,如果消费者对于国内食用农产品质量安全失去信任,那么就会逐步减少相应消费而采取其他替代品,如此一来生产将失去目的与动力,紧接着,会产生市场萎缩、产业滞后、劳动力过剩等一系列市场不良反应,现代农业发展严重受阻。

我国脱贫攻坚取得胜利并初步巩固,农业集约化、机械化生产走上正轨,以农村合作社、乡镇企业、农产品经营公司等形式开展生产的模式逐渐普及,

---

〔1〕 参见北京日报客户端:《应急管理部发布2022全国自然灾害基本情况》,载百度网2023年1月13日,https://baijiahao.baidu.com/s?id=1754881218851513664&wfr=spider&for=pc。

〔2〕 参见韦建桦主编:《马克思恩格斯文集》(第2卷),中共中央马克思恩格斯列宁斯大林著作编译局编译,人民出版社2009年版,第15页。

电商平台销售使农业生产者销售渠道拓宽，国家粮食安全得到一定保证。而在农业迅速发展的同时，群众餐桌上的问题却日益突显。根据国家市场监督管理总局2020年1月1日~2022年12月31日在其网站持续发布的国家食品安全监督抽检的公告显示，食用农产品类的抽检不合格率近3年间在逐渐升高，由2020年的2.23%逐渐上升至2021年的3.15%，再到2022年的3.63%。其中，导致食用农产品抽检不合格率升高的因素有许多，如生产者为保证农作物和畜禽肉的产量和品质，滥用农药、兽药，直接导致农兽药残留超标；在农产品加工和储藏中，由于生产环境未达到卫生标准或生产技术不达标，导致食用农产品出现微生物污染，超范围、超限量使用食品添加剂，质量指标不达标，有机物污染和重金属等元素污染等情况。[1] 食用农产品类逐渐升高的不合格率敲响了食品安全的警钟。结合上述对食用农产品侵权责任分配设计的影响因素，在此背景下，对于食用农产品侵权责任的立法倾向应当逐步倾斜于消费者保护，这既是对身为市场弱势群体的消费者维权能力有限的实践回应，更是对净化食用农产品市场环境呼声的有力响应。

四、食用农产品侵权责任分配的改革进路

食品安全事关国之大计，正如习近平总书记所指出："能不能在食品安全上给老百姓一个满意的交代，是对我们执政能力的重大考验。"[2]然而，目前我国食用农产品安全问题却仍然严峻。老坛酸菜的"土坑酸菜"事件、叮咚买菜平台以死鱼冒充活鱼进行销售……而随着乡村振兴战略的逐步落实，我国农产品产销模式也正在悄然转型。在生产方面，传统的以农户生产为主的分散型生产正逐渐演变为以农民专业合作社以及农产品生产企业为主导的规模化生产。在销售方面，传统的农产品销售模式在农产品地域性的制约之下通常以农产品批发销售为主，而在互联网科技以及物流网的赋能之下，农产品得以摆脱地域限制并销往全国各地，这也使电商平台逐渐成为诸多农产品的主

〔1〕 参见席金忠等：《2020—2022年国家食品安全监督抽检不合格情况分析》，载《食品工业科技》2023年11月16日。

〔2〕 中共中央党史和文献研究院编：《习近平关于国家粮食安全论述摘编》，中央文献出版社2023年版，第116页。

要销售渠道。是故,有必要及时对我国食用农产品侵权责任分配进行适当改革,以契合我国现有农业发展态势。

(一)完善食用农产品生产者侵权责任分配

作为上层建筑的法律是由一国经济基础所决定的,而一国法律对食用农产品侵权责任采用何种归责原则也与其农业发展状况紧密联系。在农业发展初期,农业生产水平较低,且生产者主要以零散的农户为主,为推动农业发展,各国一般采用过错原则,以避免打击农户生产积极性。而随着农业生产水平的逐步提高以及生产模型的转型升级,人们对食用农产品的要求从"吃得饱"转变为"吃得好",食用农产品的质量安全问题以及消费者的市场信心也逐渐成为影响一国农业发展的重要因素。于是,在综合衡量各种影响因素的基础之上,农业发达国家开始逐渐转向适用无过错责任原则。然而,各国的法律历史发展既有一定的共性,也存有个性。故本文认为,在研究食用农产品生产者责任时,可以适度借鉴国外有益经验并应结合本国实际情况,推动我国食用农产品侵权责任制度的发展。

自党的十八大以来,我国农民合作社的数量快速增长,并且农业农村部也提出,到2025年,我国将具有2000多家重点龙头企业,500多个重点联合体。[1] 因此,从整体的战略部署来看,以集体组织形式为主的生产模式将是未来农业发展的基本方向。而对待集体农业生产主体,既要确保其合法合规生产,又要合理引导、培育壮大该类主体。与此同时,应当清晰地认识到我国目前的食用农产品生产者仍然是以零散农户为多数,呈现个体生产者与集体生产者齐头并进的格局,并且这种格局仍将持续较长时间。鉴于个体生产者与集体生产者所存在的重大差异性,在设计食用农产品生产者侵权责任时,应区分个体生产者与集体生产者,从而有针对性地对不同类型生产者适用不同的归责原则。其中,对待个体生产者仍应保留过错责任原则,而对待集体生产者可以考虑采用过错推定责任原则。

对待个体生产者保留适用过错责任原则,既符合我国农业发展历史,也符

[1] 参见《农业农村部关于促进农业产业化龙头企业做大做强的意见》(农产发〔2021〕5号)。

合我国现有农业格局。首先,作为个体生产者的农户,在农业生产经营销售全链条中处于弱势地位。在种植养殖到产出的全流程中,个体农户所获收益普遍较低,这也使其经济实力偏低以及风险抵御能力较弱。在这种情况下,对其适用以转移社会风险为目的的无过错责任原则显然不合理。其次,对个体农户采用过错推定责任原则也不具有现实性。大多数个体农户尚未能实现现代化生产,而基于自身管理能力的有限性,其难以在农业生产环节中进行记录留证工作,无法充分履行举证义务。除此之外,在食用农产品生产利益不高的情况下,仍然对个体生产者分配较重的责任,会极大地打击其生产积极性,这不仅不利于农户生存,也不利于农业发展。

而对待集体生产者采取过错推定责任原则,符合我国当前农业发展现状的做法。当前我国农业集体生产主要有农民专业合作社和农产品生产企业两类主体。农民专业合作社是农户主体以自愿联合为原则,以农村家庭承包经营为基础,以民主管理为组织形式的互助性经济组织。其设立的主要目的是提高农业生产生活的组织化程度,免除农户分散经营的弊端,提高农业生产效率与土地资源利用率。而农产品生产企业是以生产加工农产品为主要经营活动的企业组织。农产品生产企业通常采取组织化的方式来对资本、技术等生产要素进行整合,提高生产效率的同时开展高度规范化的农业生产。作为独立的法人组织,农民专业合作社和农产品生产企业等集体生产者相对于个体生产者而言具有更大的生产规模以及更强的经济实力、责任承担能力,故多数农业发达国家都倾向于加重其法律责任,甚至对其适用严苛的产品责任。但于我国而言,现在对食用农产品集体生产者采取无过错责任原则是不合时宜的,毕竟我国农业水平尚处于发展阶段。而在农业发展的重要时期,若过早地对作为未来农业生产主力军的集体生产者适用严苛的无过错责任,将会严重打击其生产积极性,进而阻碍我国农业发展速度。因此,可以考虑让其承担过错推定责任。一方面,从客观方面来看,在现代化农业生产模式之下集体生产者对食用农产品质量有更强的把控力,并且适用过错推定原则也能够倒逼其更加注重日常生产管理中的安全工作。另一方面,从主观方面来看,集体生产者也理应具备更为强烈的食用农产品质量保障意识,因为在企业经营中,企业品牌、市场名声等无形资产往往具有较高的经营效益,而这些又是与企业的生产质量紧密联系的,若出现食用农产品质量问题,将会给企业声誉、公司收益带来沉重打击。同时,对集体生产者适用过错推定原则也能够刺激其自觉提升食用农产品质量保障意识,由此从企业责任层面上保障我国食用农产品的生产安全。

综上所述,本文认为有针对性地对集体生产组织采取过错推定归责原则且保留个体生产者的过错责任原则的双层归责原则是符合我国农业发展现状的。该设计,一方面能够在一定程度上遏制食用农产品市场质量安全问题的继续恶化,保障消费者合法权益;另一方面也能够在法治的轨道上推动我国规模农业实现高质量发展。

(二)构建食用农产品生产者的惩罚性赔偿制度

近年来,我国生产有毒有害食用农产品的相关案例不在少数。例如黑龙江哈尔滨李某某等制售伪劣食品案,2023年李某某等在黑龙江尚志县设立多个窝点,向蜂蜜中非法添加糖浆、色素等生产伪劣蜂蜜,自行设计包装冒充优质蜂蜜对外销售。[1] 又如2022年四川广元的大型伪劣农药系列案,许多食用农产品生产者明知是伪劣农药而予以使用。[2] 鉴于仍存在部分食用农产品生产者为了提高自身利润而恶意生产不符合质量安全标准的食用农产品,进而严重危害广大人民群众的身体健康以及生命安全。因此对该类生产者,有必要设立惩罚性赔偿制度,从经济上对其施以震慑效用,遏制有毒有害食用农产品的蔓延,激励消费者积极维护自身合法权益,推动我国农业高质量发展。

构建食用农产品惩罚性赔偿制度既是保障消费者合法权益的要求,也是推动《食品安全法》与《农产品质量安全法》理念协调的重要举措。一方面,食用农产品的质量安全事关公众生命健康。其作为大多数食品的源头,产销数量巨大且在网络平台的助力之下往往销售范围广泛,并且其中牵涉多种食品

---

〔1〕 参见公安部网站:《公安机关依法严打“两超一非”食品犯罪和危害药品安全犯罪取得阶段性成效》,载中华人民共和国中央政府网2023年8月17日,https://www.gov.cn/lianbo/bumen/202308/content_6898725.htm。

〔2〕 参见局综合执法科:《广元市2023年农业综合行政执法典型案例》,载广元市农业农村局官网2023年11月14日,https://nyncj.cngy.gov.cn/New/show/20231114165533096.html。

的生产加工环节,涉及消费者群体十分庞大。而能够批量供应食用农产品的,往往是农产品生产企业等农业集体生产者,若其中出现管理纰漏或者违规生产行为,将引发大规模危害事件。故有必要对此类食用农产品集体生产者适用惩罚性赔偿制度,以对其进行严厉震慑,从而有效预防食用农产品恶性事件发生,保障消费者生命健康权益。另一方面,通过案例检索发现,目前司法实践中已存在法院支持对食用农产品销售者适用惩罚性赔偿的判决,其所依据法律为《食品安全法》的惩罚性赔偿规定。但根据该规定,对生产不符合食品安全标准的食品或者经营明知是不符合食品安全标准的食品,不分情况一律适用惩罚性赔偿。这种参照适用则是极易对责任承担能力较弱的个体生产者课以过重的责任风险,不利于当前我国农业发展。故此,应当在《食品安全法》惩罚性赔偿的基础上,围绕食用农产品特点和意义构建具有食用农产品特色的惩罚性赔偿制度。

在具体的制度设计上,仍然应当坚持兼顾农业发展与消费者权益保护的理念指导,在结合我国现有农业发展情势的基础之上,有针对性地将惩罚性赔偿的适用主体限定于食用农产品集体生产者。惩罚性赔偿制度的主要功能是在弥补损害的基础上对食用农产品生产者进行进一步的惩戒威慑,以督促其充分履行自身的生产注意义务,但同时应当警惕惩罚性赔偿给其适用对象所带来的经济冲击影响,以免打击食用农产品生产者的生产积极性。而这两种作用对于集体生产者和个体生产者而言,会存在不同程度的反应。对于食用农产品生产企业等集体生产者来说,其可能会出于牟取更高利润的目的而恶意生产不符合质量安全标准的食用农产品,进而大范围地危害广大消费者的身体健康和生命安全。针对这类生产者,设立惩罚性赔偿制度是有必要的,需要通过经济上的制裁对其予以震慑,从而有效遏制有毒有害食用农产品的生产与传播。并且对于这类生产者而言,其所具有的经济实力也足以使其承担惩罚性赔偿的高额赔付,不至于丧失基础经营能力。然而对于农户等个体生产者来说,惩罚性赔偿制度的适用往往会对他们数年的生产回报造成毁灭性打击甚至导致其负债累累,进而威胁农户基本生存。此外,由于个体生产者的产量有限且销售渠道较为单一,故也难以引发大规模食用农产品损害事件,其社会威胁性相对较低。是故,在综合考虑惩罚性赔偿制度对二者的积极影响以及消极打击的基础之上,仅对食用农产品生产企业等集体生产者适用惩罚性赔偿更能契合我国现有农业发展样态,实现推动农业发展与保障消费者权益的协调统一。

(三)完善销售平台责任承担机制

根据中国消费者协会2020年3月所发布的数据显示,[1]我国超六成消费者对直播购买的商品存在担忧心理,担忧的内容主要集中在产品质量、商品真伪和主播宣传的真实性上。目前电商平台已成为许多食用农产品的主要销售渠道,而鉴于平台管理机制尚未完善,电商平台所销售的许多食用农产品来源鱼龙混杂。许多以直播带货模式销售的食用农产品存在质量参差不齐的问题,并且消费者在购物之后可能面临难以取证、责任追究困难等问题,所以应当对作为销售中介的电商平台进行一定的责任分配,以督促其履行质量把控义务。

电商平台中的直播带货销售模式逐渐成为当今时代产品推销的一种主流方式,随之而来的便是诸多直播带货中的违法违规问题,并且这些问题都对现有法律制度提出了挑战。目前我国主要以《电子商务法》《中华人民共和国广告法》等法律对直播带货问题加以规制,而在2021年5月国家互联网信息办公室、商务部等七部门也发布了《网络直播营销管理办法(试行)》对直播带货作出更进一步的规定。但由于该规定尚处于试行阶段,规定体系尚未完善,且表述高度概括、笼统,其中关于电商平台民事责任的相关规定仅表述为:造成损害的依法承担民事责任;构成犯罪的依法追究刑事责任;尚且不构成犯罪的,由网信办等主管部门依据职责根据有关法律法规进行处理。这也导致司法实践中对于如何追究电商平台民事责任存在一定的争论分歧。为更好地保障消费者的合法权益,保障食用农产品网络销售中的质量安全,有必要强化直播带货模式下的食用农产品质量安全的规范力度,设定具体且可操作的质量安全标准,以在清晰界定权利、义务以及责任边界的基础之上营造可预期、可持续的良好市场环境,进而为食用农产品网络销售行业的发展保驾护航。[2]

---

[1] 参见中国消费者协会:《直播电商购物消费者满意度在线调查报告》(2020年4月)。

[2] 参见宋亚辉:《网络直播带货的商业模式与法律规制》,载《中国市场监管研究》2020年第8期。

在义务设置方面,应对平台施加食用农产品安全保障义务,要求其履行审核与备案职责,以期有效把控平台内销售的食用农产品质量安全。食用农产品不同于其他产品,鉴于行政管理的困难,我国目前并未以具备相应证件作为食用农产品开展销售的前提条件,但其所具有的可食用性、大范围流通性等特点,却极易造成规模性消费者损害事件。因此在把控食用农产品质量的流程中,作为网络销售主体的电商平台是重要的一环。电商平台有关人员对农业专业知识不一定熟悉,并且平台主要采取线上运营模式,往往难以实际接触在平台上销售的相关产品,故电商平台难以尽到实质审查义务,尽到形式审查义务即可。综合考虑上述因素,要求电商平台采用事前审核与备案的方式对食用农产品网络销售展开监督是较为可行的一种方式。所谓事前审核,是指平台通过形式审核的方式确定食用农产品来源、具体责任人信息、集体组织生产者的法人许可证件以及抽检报告。而事后备案,则是要求直播商户将主播信息以及销售食用农产品信息向平台进行备案并加以公示,以便消费者维权。

除此之外,还可以建立直播黑名单制度,对未按照规定虚报信息或者瞒报信息的销售者进行禁播处理,并向市场监督管理局进行报告;还可以在直播过程中采取人工巡查与大数据甄别的方式对食用农产品带货直播进行监督。另外,还应当有针对性地设立食用农产品直播专区,以便充分起到警示作用。直播卖货通常具有实时性,而食用农产品的采摘环节、加工环节与销售环节的联系非常紧密。当前,开始流行现采现卖的消费潮流,从生产到消费各个环节流通非常之快,甚至在电商平台与监管部门都来不及介入其中的情况下,交易就已经完成。在此种情况下,围绕食用农产品直播销售设立专区,并在专区主页中针对其中的风险以及相关救济方法加以提示说明,能够有效增强消费者的警惕性以及培养维权意识。

在归责原则方面,对电商平台采取过错推定责任能够保障受损消费者的合法权益得到有效救济。其一,电商平台往往具有较高经济实力,相比网购消费者而言具有更强的证据收集能力,并且其履行管理职责大多以线上形式进行,相关的证据一般能够以电子形式予以保存,从中调取相关证据予以证明自身已尽到管理审核职责并非难事。而消费者对于平台内部管理规则并不了解,并且也难以收集关于平台内部管理情况的相关证据,故在此意义上要求消费者进行举证,证明平台存在过错可能存在较大困难。其二,许多电商平台已经具备了准公共空间的属性,往往具有较大的社会影响力,理应承担一定的公共管理职能。并且其销售的食用农产品覆盖范围较广、受众群体十分庞大,倘若其直播带货的食用农产品出现质量问题,将产生较大的社会影响。因此应当对其科以相对于过错责任而言更为严格的过错推定责任,以充分督促其履行质量保障义务。其三,若对其适用无过错归责原则,对于电商平台来讲可能过于苛刻。电商平台并非食用农产品生产者,其对于食用农产品质量安全只能尽到一定程度上的审核备案义务,损害事件的出现可能会存在平台方的过错,但平台终究并非最终责任人,要求其承担无过错责任并不合理。另外,电商平台销售的食用农产品种类繁多,数量庞大,并且对于食用农产品的质量审核又涉及农业、化学等专业知识,故其所能履行的审核义务只能是一定程度上的形式审查,故以无过错原则追究其侵权责任显然是不合适的。

五、结语

党的二十大报告明确提出“推进健康中国建设”“把保障人民健康放在优先发展的战略位置”。党和国家高度重视食用农产品安全问题,坚持把解决好14亿多人口的饭桌问题当成国家治理的首要大事,坚持完善食用农产品责任机制,落实国家粮食安全战略,保障重要农产品的稳定安全供给,以更好地满足人民群众日益多元化的食物消费需求。而随着我国的农业经济不断发展,提高农业综合生产水平和推动农业高质量发展成为我国农业发展新战略,“一刀切”式地采用相对宽容的食用农产品生产责任已经难以契合新时代农业发展需求,应当正确认识保障消费者权益和推动农业发展之间的协调关系,并在此基础之上完善健全食用农产品责任机制,才能在法治轨道上助推农业实现高质量发展。

目前我国已经涌现一批具有规模性和现代化特征的农产品生产组织,其不同于分散和处于弱势地位的传统农户,应当以相对严格的责任分配制度和增设惩罚性赔偿制度规范其农业生产,保障人民群众的粮食安全。而随着平台经济的发展壮大,电商平台销售也逐渐成为食用农产品销售的新型模式,而在我国农产品追溯制度健全完善之前,有必要补充电商平台的责任主体地位,并对其适用过错责任推定原则,以此倒逼平台经营者更好地履行审查义务,严格把控食用农产品质量安全。

乡村振兴视阈下绿色农业生态补偿法律机制的完善

李雪纯*

摘　要：绿色农业要实现突破，须立足于生态补偿。绿色农业生态补偿法律机制对推动我国绿色农业实现长效发展，助力乡村振兴步入“快车道”具有重要意义。然而，现阶段来看，我国绿色农业生态补偿法律机制存在补偿义务主体范围过窄、补偿方式单一、补偿标准不合理、法律体系不健全等情况。鉴于此，为促进乡村振兴战略实施与完善绿色农业生态补偿的法律保障，我国应以科学理念为指导，通过建立多元化绿色农业生态补偿融资渠道，设计多样化绿色农业生态补偿方式，制定合理的绿色农业生态补偿标准，完善绿色农业生态补偿法律体系，进一步助力我国绿色农业长效发展和乡村振兴提质增效。

关键词：乡村振兴　绿色农业　生态补偿　法律机制

绿色农业是具有满足可持续发展的生物多样性、生态恢复力和生产性农业系统等多重属性的，并需要在合理范围内发展的一种新型农业模式。[1] 绿色农业既是新时代绿色发展理念的重要组成部分之一，也是实现乡村全面振兴和农业现代化的有力之举。与传统农业相比，绿色农业在生产环节严格执

---

* 浙江农林大学文法学院环境与资源保护法学硕士研究生。

〔1〕 See Parviz Koohafkan et al., *Green Agriculture: Foundations for Biodiverse, Resilient and Productive Agricultural Systems*, International Journal of Agricultural Sustainability, Vol. 10, p. 61 – 73 (2012).

行技术标准和操作流程,有助于改善生态环境,促进资源的节约和再利用。[1]绿色农业对生态环境的改善、植被的保护、水土流失的防护等方面的贡献是无偿的,[2]其具有显著的正外部性,而这正外部性的背后则暗含着绿色农业生产者为保护生态环境所投入的大量生态成本。因此,需利用绿色农业生态补偿政策将其外部成本内部化。党的十九大报告中曾提到,要"建立市场化、多元化生态补偿机制",党的二十大报告进一步强调,要"完善生态保护补偿制度"。农业生态补偿作为生态保护补偿制度的重要组成部分,已成为我国农业功能区生态环境保护的一项极为迫切的战略任务,[3]党的十九大报告和二十大报告为农业生态补偿提供了政策支持和指导方向。现阶段来看,我国学者针对生态补偿机制的研究成果较多,但其中专门针对绿色农业生态补偿方面的研究较少,现有文献主要表现为对绿色农业生态补偿困境与对策分析,[4]

---

〔1〕 See Sven Wunder, *Payments for Environmental Services: Some Nuts Andbolts*, Cifor Occasional Paper No. 42.

〔2〕 See L. G. Horlings & T. K. Marsden, *Towards the Real Green Revolution, Exploring the Conceptual Dimensions of a New Ecological Modernization of Agriculture that Could Feed the World*, Global Environmental Change Vol. 21, p. 441 – 452(2011).

〔3〕 参见周颖等:《绿色发展背景下农业生态补偿理论内涵与定价机制》,载《中国农业科学》2021 年第 20 期。

〔4〕 例如,钟婧指出,现阶段我国绿色农业生态补偿仍然面临补偿依据不明确、相关要素界定不清晰和监管体系不完善的困境,提出建立权威的绿色农业生态补偿法律规范,拓宽生态补偿的融资渠道,健全绿色农业生态补偿的监管体系的对策(参见钟婧:《生态补偿促进绿色农业发展的机制与对策分析》,载《农业经济》2022 年第 8 期)。王宾则在论述绿色农业生态补偿政策相关理论基础上,梳理了国内外有关绿色农业生态补偿政策的文献,指出现有研究的不足,并提出未来研究趋势(参见王宾:《中国绿色农业生态补偿政策:理论及研究述评》,载《生态经济》2017 年第 3 期)。田苗等人探讨了绿色农业生态补偿居民支付意愿影响因素(参见田苗等:《绿色农业生态补偿居民支付意愿影响因素研究——以湖北省武汉市为例》,载《南方农业学报》2012 年第 11 期)。何伟等人从绿色农业生态补偿的内涵入手,着重论述了该政策的财政金融支持的充分条件,探讨了财政金融支持绿色农业生态补偿的资金筹措、制度建设和机制构建等路径选择(参见何伟、严立冬:《绿色农业生态补偿的财政金融支持》,载《学术论坛》2012 年第 4 期)。

以及实施效果评述。[1] 考虑到"绿色兴农"是实现乡村振兴战略的重要目标,有关绿色农业生态补偿的相关激励措施及法律机制建设也应置于乡村振兴的整体框架之中。因此,本文基于乡村振兴的视角,通过梳理乡村振兴与绿色农业生态补偿之间的内在逻辑,指明现阶段我国绿色农业生态补偿机制面临的挑战,提出乡村振兴视阈下绿色农业生态补偿法律机制的完善之策。

一、乡村振兴视阈下绿色农业生态补偿的逻辑锚定

(一)乡村振兴目标与传统农业补贴间的逻辑阙略

当前,我国农村基本经营制度不断巩固完善,农村集体产权制度改革不断深化,城乡融合发展体制机制和政策体系不断健全,以"产业兴""乡村美""农民富"三大目标为牵引,乡村振兴制度总体上较为完整。[2] 其中,"产业兴"是乡村振兴的核心,"乡村美"是坚持走可持续发展道路的体现,"农民富"是客观实现的效果。[3] 一直以来,传统农业补贴在乡村振兴背景下有其专门的意义和使命,[4]其不仅要在农业相关法律中形成立法理性的自洽,还要与全面实现乡村振兴的价值期待保持高度融合。这种使命决定了传统农业补贴向农

---

[1] 例如,李红兵等人以西安市蓝田县某村落整治项目为例,结合DEA算法对绿色农业生态补偿绩效进行了评价分析(参见李红兵等:《基于DEA模型的绿色农业生态补偿绩效评价研究——以西安市蓝田县某村落整治项目为例》,载《华中师范大学学报(自然科学版)》2018年第4期)。邓远建等人分析了绿色农业产地环境生态补偿政策的实施效果(参见邓远建、肖锐、严立冬:《绿色农业产地环境的生态补偿政策绩效评价》,载《中国人口·资源与环境》2015年第1期)。田苗等人对绿色农业生态补偿从理论和实践方面进行了分析(参见田苗、邓远建、夏庆利:《绿色农业生态补偿理论研究与实践应用探析》,载《金融与经济》2012年第6期)。

[2] 参见雷明、于莎莎、何琳:《治理视域下全面乡村振兴的制度建设》,载《行政管理改革》2022年第6期。

[3] 参见尚希文:《乡村振兴视阈下绿色共享金融法律制度研究》,载《河南社会科学》2021年第2期。

[4] 农业补贴主要通过降低生产成本、提高生产资料投入,进而改善农业生产条件,提高农业生产效率,增加粮食产量,保障我国粮食安全,促进农业发展。参见公茂刚、李汉瑾:《中国农业补贴政策效果及优化》,载《学术交流》2022年第3期。

业绿色补贴[1]位移时,难免会与乡村振兴三要点存在逻辑阙略。“产业兴”是乡村振兴的物质基石,[2]农村产业兴的实现需要从农业现代化和农业产业化两方面共同推进。长期以来,我国农业补贴对提升农业生产技术水平和农业产业发展具有立竿见影的推动作用。然而,农业产业化的发展对融资的数量和质量都提出了更高要求,[3]但当前我国财政补贴对农业扶持的补贴方式主要是通过财政直补与价格支持等方式进行的,农业补贴或多或少有影响农业发展市场化进程的副作用,亦有加剧市场扭曲现象的风险。[4]“乡村美”意味着农业发展要“坚持人与自然和谐共生”的先进理念,不可再走牺牲生态环境的老路,但从目前的实践来看,农业补贴对农业生态环境及农业的可持续发展都有一定影响。例如,农业补贴中的“黄箱”政策[5],虽然可以鼓励农民种粮积极性,实现农业增产与农民增收的目标,但在农作物种植过程中,往往可能出现有的农民为获得更多补贴,盲目扩大生产、不断扩大耕地面积、开垦更多土地的情况,从而可能导致水土流失、生物多样性减少、原有生态系统失衡。[6]“农民富”是实现乡村振兴的根本目的与最终落脚点,这意味着农民经济收入的大幅度提升,以及乡村社会文明程度的提高。现阶段来看,我国农业

---

〔1〕农业绿色补贴一般是指生态补偿类绿色补贴:一方面对采纳农业环保技术进行补贴以分摊其成本,对积极改善环境的举措进行奖励(创造正外部性的补贴),另一方面对消减污染物的使用所造成的经济损失进行补偿(减轻负外部性的补贴),这两类补贴举措都是对农户环保成本的补偿。See Madhu Khanna, Murat Isik & David Zilberman, *Cost Effectiveness of Alternative Green Payment Policies for Conservation Technology Adoption with Heterogeneous Land Quality*, Agricultural Economics, 2002(2), p. 157.

〔2〕参见傅琳琳等:《乡村振兴背景下浙江省绿色农业发展评价研究——基于农业资源综合利用的视角》,载《中国农业资源与区划》2020年第12期。

〔3〕参见张峰:《中国农业产业化融资体系研究》,经济科学出版社2016年版,第59页。

〔4〕比如,最低收购价政策实际上演变成了托市收购政策,在一定程度上对农产品价格形成扭曲,影响了市场作用的发挥。个别补贴实行目录管理,干预了市场主体的自由决策和公平竞争。参见汤敏:《中国农业补贴政策调整优化问题研究》,载《农业经济问题》2017年第12期;卢宇:《特色农业产业发展与农业补贴政策——以辽宁为例》,载《地方财政研究》2019年第3期。

〔5〕“黄箱”政策,是指政府对农产品的直接价格干预和补贴,妨碍农产品自由贸易的政策措施,包括对种子、化肥、灌溉等农业投入品补贴,对农产品营销贷款补贴等。参见现代管理词典编委会编:《现代管理词典》(第3版),武汉大学出版社2012年版,第346页。

〔6〕参见张铁亮、周其文、郑顺安:《农业补贴与农业生态补偿浅析——基于农业可持续发展视角》,载《生态经济》2012年第12期。

机械化水平不高,农民的收入水平仍普遍偏低,农业补贴虽能在短时间内起到增加农民收益的作用,但由于我国现行的农业补贴政策有很大一部分都是间接补贴,[1]加之我国人均耕地较少,农业人口众多,现有的耕地能够为农民创造的经济收入仍然相对较少。[2] 再者,农业补贴中的"绿箱"政策[3]主要针对国有经济主体和集体经济主体,针对私营、农民个体的补贴有限。[4]

综上所述,传统农业补贴陷入了在经济利益与生态利益中摇曳而逐渐失衡的困境,存在乡村治理体系中农业治理局部失灵的风险,其经济化与生态化的理念异质的逻辑阙略,进一步导致传统农业补贴无法满足全面实现乡村振兴目标的现实诉求。因此,当下需优化传统农业补贴,使其合理表达经济理念与生态理念,符合合理有序的制度逻辑,[5]准确表达乡村振兴视阈下农业生产者和农业消费者对经济化与生态化的规范诉求。

(二)绿色农业生态补偿有效推动乡村振兴目标的实现

为契合乡村振兴三大目标,优化传统农业补贴政策,可对绿色农业进行生态补偿,推进农业转型升级,激励农村地区发展绿色农业,从而推动全面乡村振兴的实现。首先,绿色农业生态补偿是助力我国农村地区实现"产业兴"的加速工具。产业兴旺是解决农村长远发展和许多现实问题的重要前提。农村产业兴旺蓬勃,能够充分发展农村生产力,为农业农村现代化提供有力支撑,

---

〔1〕 据统计,我国每年花费在粮油等中间流通环节的补贴就占据国家财政补贴总额的50%左右,并且给予城镇居民的消费补贴占了很大一部分。我国农业补贴方式使大量的补贴资金流入国有粮食企业及城市居民。参见周怡岑、陈晓亮、彭文武:《我国农业补贴政策的问题与改进建议》,载《农业经济》2017年第3期。

〔2〕 参见吴冰彬:《乡村振兴背景下我国绿色农业补贴制度建构研究》,载《农业经济》2019年第11期。

〔3〕 "绿箱"政策,是指成员方政府通过服务计划提供的,没有或仅有最微小的贸易和生产扭曲作用,费用由纳税人负担而不是从消费者转移而来的支持措施,以及不具有给生产者提供价格支持作用的补贴措施。参见陈亚平主编:《WTO与农产品贸易法律制度》,华南理工大学出版社2006年版,第184页。

〔4〕 参见周怡岑、陈晓亮、彭文武:《我国农业补贴政策的问题与改进建议》,载《农业经济》2017年第3期。

〔5〕 参见张琪、张忠民:《"双碳"目标下能源法律因应的逻辑锚定和规范承载》,载《中国地质大学学报(社会科学版)》2023年第3期。

也是乡村振兴的重要体现。[1]《农业现代化规划(2016—2020年)》对农业可持续发展提出了目标:可持续发展是第一要务,要延伸农业产业链、提质增效,探索农业产业化、品牌化经营。[2] 对绿色农业进行生态补偿,不仅可以刺激绿色农产品产量的增加,加快绿色农业标准化、透明化、规范化管理,更有利于提高绿色农产品的品质,[3]推动农业生产主体参与绿色化、产业化经营,[4]从而提升社会对绿色农产品的认知度,更大范围地推广绿色农业。其次,绿色农业生态补偿是实现"乡村美"的关键手段,是生态振兴的重要内容。对于农村地区而言,基于"乡村美"目标所提出的严格环保要求,不仅不会成为禁锢农村地区农业发展的镣铐,相反可成为其转化器,即通过对绿色农业实施生态补偿,要求农业生产经营者更加注重环境友好、生态保育,扭转农业生态环境恶化的趋势,从而有效解决多年来农业发展中"重产出、轻生态"的问题,加快农业生产方式的深层次变革。[5] 最后,绿色农业生态补偿是实现"农民富"的可行方法。农民富裕是乡村振兴的根本目的与最终落脚点,其实现途径包括以发展当地产业为依托的"家家入股、人人劳动、户户分红"的产业收益,通过经常性的生产经营活动而取得的经营性收入,以拥有的动产和不动产出租、出让或自然增值的财产性收入以及农民受雇于单位与个人所获得的工资性收入等。[6] 众所周知,农民在传统农业生产中需要多耕种、多产出才能获得更多的经济收入,而在具有生态补偿机制加持的绿色农业中,通过改变传统农业

---

〔1〕 参见雷明、于莎莎、何琳:《治理视域下全面乡村振兴的制度建设》,载《行政管理改革》2022年第6期。

〔2〕 参见汤维祺、鲁政委:《兴业研究:乡村振兴打开绿色发展新空间》,载中国金融信息网2018年3月1日,http://www.cnfin.com/greenfinance.xinhua08.com/a/20180301/1750733.shtml。

〔3〕 农业绿色发展生态补偿是支持和推广绿色生产方式的一种政策手段,针对生态环境保护者在绿色技术应用过程中产生外溢效益及减少外溢成本的行为给予合理报酬和奖励,其目的是激励生产者环保行为并提高农产品质量。参见周颖等:《绿色发展背景下农业生态补偿理论内涵与定价机制》,载《中国农业科学》2021年第20期。

〔4〕 参见周宏春:《乡村振兴背景下的农业农村绿色发展》,载《环境保护》2018年第7期。

〔5〕 参见李晓乐:《绿色发展理念下农业生态补偿机制的优化分析》,载《农业经济》2019年第5期。

〔6〕 参见李晓乐:《绿色发展理念下农业生态补偿机制的优化分析》,载《农业经济》2019年第5期。

“多劳多得”的供给激励机制,生态保护的正外部性可以内部化。此时,农民不仅可以通过农业生产获得更多收入,甚至可以通过以生态保护为前提的“不生产”获得收入。[1] 更重要的是,对绿色农业生产者因治理生态环境所付出的成本给予补偿,可以进一步促进收入公平分配。[2]

综上所述,绿色农业生态补偿虽面向农业生产经营者,但受益群体涵盖社会各个阶层和群体。绿色农业生态补偿将分化高额的成本并利于生态价值的经济转化,调节绿色农业在投入和收益上的失衡,[3]推广绿色农业生产模式,提高农业生产者的收入,实现绿色农产品与常规农产品的公平竞争,从而促进农业的可持续发展。

二、我国绿色农业生态补偿的现有法律机制

如果社会经济系统对农业生态系统只是一味地索取生态价值而没有对应补偿,那么这种非循环式的系统关系将会导致农业生态系统服务功能退化,进而导致农业可持续发展能力减弱。因此,为保证农业生态系统与社会经济系统的良性互动,必须建立社会经济系统对农业生态系统的生态补偿机制,促使农业生态系统的间接服务功能得到恢复与保持,实现农业生态系统与社会经济系统之间价值流的循环互动。[4] 近年来,我国基于农业绿色发展的要求,在资源要素层面、产业层面、农业废弃物资源化利用层面等逐步建立与完善生态补偿机制,以增加利于农业绿色发展的制度供给,为农业绿色发展提供良好的制度环境。[5]

随着我国生态文明建设和乡村振兴战略的深入推进,一些地方陆续开展

---

〔1〕 参见钟婧:《生态补偿促进绿色农业发展的机制与对策分析》,载《农业经济》2022年第8期。

〔2〕 See Alston J. M. et al., *The Economic Returns to U. S. Public Agricultural Research*, American Journal of Agricultural Economy, Vol. 93:5, p. 1257 – 1277.

〔3〕 See J. P. Reganold & J. W. Wachter, *Organic Agriculture in the Twenty-first Century*, Nature Plants, p. 1 – 8(2016).

〔4〕 参见高旺盛主编:《农业宏观分析方法与应用》,中国农业大学出版社2009年版,第197页。

〔5〕 参见王美玲等主编:《乡村振兴探索与实践》,宁夏人民出版社2020年版,第93页。

了绿色农业生态补偿实践,并出台了许多推动农业绿色发展的生态补偿政策措施。江苏省走在绿色农业生态补偿实践的前列,把生态作为苏州现代农业的重要功能,深入推进绿色苏州建设,森林资源总量迅速增长;苏州市于2010年出台农业生态补偿机制,[1]在全省率先实施农业生态补偿制度,明确对基本农田、水源地、重要湿地及生态公益林给予生态补偿。[2] 2016年,福建省泉州市人民政府出台了《关于健全生态保护补偿机制的实施意见》,明确表示要健全耕地生态保护补偿机制。[3] 2017年,陕西省发布了《健全生态保护补偿机制实施意见的通知》,[4]该省在探索绿色农业生态补偿机制建设实践中主要以退耕还林补贴、耕地地力保护补贴、发展循环农业补偿、畜禽粪污资源化利用补偿为举措,推动农业向绿色生态转变。[5] 黑龙江省作为我国最大的商品粮生产基地,于2018年发布了《关于印发哈尔滨市、绥化市和肇州县、肇源

---

〔1〕 为了更好地敦促《苏州市生态补偿条例》的执行,苏州市人大在2015年开创了生态补偿专项问询制度,征求社会各界对于生态补偿工作的意见与建议,进一步加强了对农业生态补偿的社会监督。参见张甜甜:《让生态保护补偿真正落到实处》,载《苏州日报》2015年8月27日,第1版。

〔2〕 参见张国平:《苏州都市型现代农业的理论与实践探索》,吉林人民出版社2021年版,第95~96页。

〔3〕 福建省主要采取了以下措施,一是完善基本农田保护补偿制度,二是建立耕地保护激励机制,三是加强土壤环境保护,四是探索建立以绿色生态为导向的农业生态治理补贴制度。参见《泉州市人民政府关于健全生态保护补偿机制的实施意见》,载泉州市人民政府官网2017年8月21日,http://www. quanzhou. gov. cn/zfb/xxgk/zfxxgkzl/zfxxgkml/srmzfxxgkml/hjbhggws/201708/t20170821_523370. htm。

〔4〕 该通知明确提出要完善耕地保护补偿制度,健全耕地质量监测体系,建立以绿色生态为导向的农业生态治理补贴制度。对在地下水漏斗区、生态脆弱区、自然资源限制区等实施耕地轮作休耕和在重金属污染区调整种植结构的农民给予补助。逐步将25度以上陡坡地退出基本农田,纳入新一轮退耕还林还草补助范围。研究制定鼓励减用化肥农药和施用有机肥料、低毒生物农药及使用高效施药机械的补助政策。参见《陕西省人民政府关于印发健全生态保护补偿机制实施意见的通知》,载陕西省人民政府官网,http://www. shaanxi. gov. cn/zfxxgk/fdzdgknr/zcwj/nszfbgtwj/szbf/202208/t20220808_2235638. html。

〔5〕 参见张蚕徽、苏焕:《乡村振兴战略下陕西生态农业生态补偿问题探讨》,载《湖北农业科学》2019年第S2期。

县秸秆综合利用三年行动计划的通知》,[1]通过将市场化运作和政府补贴方式相结合,改善耕地质量,促进农业可持续发展。2023年10月,黑龙江省发布《秸秆综合利用工作实施方案(暂行)》,通过政府引导扶持,吸引社会资本和农民积极参与,开展秸秆还田作业补贴、秸秆离田补贴、秸秆根茬残余物还田补贴、秸秆重点县专项工作任务补贴,依法依规探索将耕地地力保护补贴发放与黑土地保护责任落实挂钩机制,充分调动农民积极性,提高财政资金使用效益。[2]

综上所述,我国绿色农业生态补偿法律机制应用范围在不断扩大,但总体上尚未形成全面且成熟的补偿方案,很多补偿措施其实是对过去财政补贴的延续,重点用于解决农业生产突发问题,[3]无法为绿色农业提供可持续发展的内生动力。

三、我国绿色农业生态补偿法律机制面临的挑战

(一)绿色农业生态补偿义务主体应为多元主体

任何一国的环境保护都离不开政府的作用,离开了政府的作用,环境保护工作自身将无法运行。无论是国内的生态补偿实践,还是生态补偿的国际交流与合作,都需要政府的参与和推动。政府在生态补偿实践的作用主要体现在制定法律法规与政策支持、提供技术与资金保障、进行宏观调控以解决市场失灵等问题上。[4] 从我国开展农业生态补偿的实践来看,政府一直是生态补

[1] 黑龙江省充分发挥政府投资撬动作用,吸引社会资金投入秸秆综合利用领域,提高资金使用效益。市县两级统筹整合相关渠道资金,有效保障秸秆综合利用资金。参见《黑龙江省人民政府办公厅关于印发哈尔滨市、绥化市和肇州县、肇源县秸秆综合利用三年行动计划的通知》,载黑龙江省人民政府官网2018年9月14日,https://www.hlj.gov.cn/hlj/c107991/201809/c00_30645243.shtml。

[2] 参见黑龙江省人民政府办公厅:《黑龙江省人民政府关于印发〈黑龙江省秸秆综合利用工作实施方案(暂行)〉的通知》,载黑龙江省人民政府官网2023年10月26日,https://www.hlj.gov.cn/hlj/c108373/202310/c00_31678987.shtml。

[3] 参见周颖等:《绿色发展背景下农业生态补偿理论内涵与定价机制》,载《中国农业科学》2021年第20期。

[4] 参见刘爱军主编:《生态文明研究》第3辑,山东人民出版社2013年版,第110页。

偿的最重要的主体。[1] 现阶段，我国尚未有针对绿色农业外部性补偿的金融支持，而绿色农业需要更高成本投入。由于缺乏有效的激励机制，绿色农业投融资机制存在直接融资占比低、外资利用规模小、民间资本参与少等问题，导致融资难、融资贵，难以满足绿色农业发展的资金需求。[2] 并且，由于我国绿色农业生态补偿的主要资金来源是国家财政支持，但国家财政支持的力度有限，加之不同地区地方政府的经济水平有所差异，较落后地区的地方财政在绿色农业生态补偿方面存在"心有余而力不足"的问题。再者，虽然由政府对为发展绿色农业作出牺牲和贡献的农业生产者给予生态补偿具有一定的合理性，但是基于我国"谁受益谁补偿、谁破坏谁恢复、谁污染谁治理"的补偿原则，[3]"破坏者"和"受益者"理应成为绿色农业生态补偿的补偿主体，倘若持续由政府承担生态补偿责任，不对其他破坏者和受益者[4]进行收费，这显然有失公平，更会进一步加重地方政府的财政负担，不利于绿色农业的发展。绿色农业生态补偿法律机制的根本目的绝不是希望仅由政府承担生态补偿义务，而是在政府主导下多元主体积极参与。

（二）绿色农业生态补偿方式应多元化

"如何补偿"是绿色农业生态补偿实践过程中需重点考虑的问题之一，多元化的补偿方式可以有效满足不同主体的需求，如补偿主体可以通过土地补偿、财政补偿、农业科学技术补偿等方式[5]对受偿主体进行有效补偿。现阶

---

〔1〕 参见于法稳：《中国农业绿色转型发展的生态补偿政策研究》，载《生态经济》2017 年第 3 期。

〔2〕 参见李建英、刘婷婷：《国外金融机构农业生态补偿的做法与借鉴》，载《武汉金融》2017 年第 3 期。

〔3〕 参见何伟、严立冬：《绿色农业生态补偿的财政金融支持》，载《学术论坛》2012 年第 4 期。

〔4〕 具体到绿色农业生态补偿行为，生态效益的贡献者、受益者却很难界定。环境产权所有权界定的不明确，造成政府财政投入难以有效引导社会资本投向绿色农业，从而无法发挥财政生态补偿投入的"杠杆作用"，这与绿色农业生态环境大量的建设资金需求不相适应，致使绿色农业生态补偿实际运作举步维艰，不利于绿色农业的可持续发展。参见何伟、严立冬：《绿色农业生态补偿的财政金融支持》，载《学术论坛》2012 年第 4 期。

〔5〕 参见王豪杰：《我国绿色农业的生态补偿研究》，云南师范大学 2019 年硕士学位论文，第 28 页。

段,我国针对绿色农业的生态补偿方式主要表现为直接的资金补贴,该补偿方式名为生态补偿,实为经济补偿。单一且直接的经济补偿虽能短时间内增加农民收入,但从长远来看,对有助于促进绿色农业发展的产业扶持、技术援助、人才支持等方面进行补偿也是至关重要的。并且,从本质上而言,这是“授人以鱼”和“授人以渔”的区别。简言之,我国在绿色农业生态补偿方面应向“造血式”补偿(如政策补偿、智力补偿和技术补偿)措施转变,单一的“输血式”补偿不能将外部补偿转化为自我积累和自我发展能力,也不能从根源上解决农业生态环境恶化的问题,〔1〕还不利于我国绿色农业的可持续发展。

(三)绿色农业生态补偿标准应更合理

补偿标准是补偿机制的决定性因素,也是关乎补偿机制顺利实施和持续运行的核心问题。〔2〕从我国目前开展的绿色农业生态补偿情况来看,补偿方式的单一性、补偿标准的科学性还不足。一般而言,农业生态价值包括农业生态建设和保护的额外成本和发展机会成本的损失。其中涉及的不仅仅是经济利益,更包括无形的农业生态利益和农村社会利益,但后两者计算甚为困难,补偿标准在技术层面还难以解决。〔3〕而且,现有的生态补偿机制主要通过定性抽象描述,均实行补偿方和受偿方普遍认可的补偿价格,定价的科学性不强。加之补偿标准制定得不完善,缺少生态环境修复成本等内容,〔4〕这都将直接减损生态保护的效果。此外,由于我国地域辽阔,农业发展类型多种多样,对于生态补偿的需求也有所差异。然而,现有的生态补偿标准并未对不同地区的经济状况、环境状况、社会状况等因素进行科学的评估,这有可能进一步加大区域不公平,也难以落实地方配套的补偿措施,进而显现出绿色农业生态补偿标准的可操作性不强。不合理的绿色农业生态补偿标准难以体现我国对绿色农业生态补偿的目标和要求,无法真正保障绿色农业发展过程中农业

〔1〕参见严立冬主编:《农业生态经济学》,武汉大学出版社2015年版,第203页。

〔2〕参见黄锡生、陈宝山:《生态保护补偿标准的结构优化与制度完善——以“结构—功能分析”为进路》,载《社会科学》2020年第3期。

〔3〕参见曾向东、唐启国:《现代农业财政支持体系研究》,东南大学出版社2013年版,第220页。

〔4〕参见吴红、陈俊红、赵姜:《京津冀农业绿色发展成效、问题及对策》,载《北方园艺》2020年第17期。

生产者之间的利益平衡，也无法充分保障绿色农业生态补偿制度的合理性。

（四）绿色农业生态补偿法律体系应更健全

完善的法律体系是建立绿色农业生态补偿法律机制的基础，也是开展绿色农业生态补偿工作的法律支撑。目前，我国的环境资源开发利用和保护立法体系已基本确立，部分法律文件中对生态补偿有所规定，但是这些法律法规涉及绿色农业生态补偿的规定零散，[1]甚至有的内容出现法律空白，缺乏内在的协调性和统一性。简言之，顶层设计中关于绿色农业生态补偿的法律法规存在不足。[2] 从现阶段来看，《中华人民共和国农业法》《中华人民共和国清洁生产促进法》《中华人民共和国循环经济促进法》等虽与农业生态保护相关，[3]但并未对绿色农业生态补偿的具体内容作出明确规定。一般而言，补偿是多个利益主体（利益相关者）之间的一种权利、义务、责任的重新平衡过程，实施补偿首先要明确各利益主体之间的身份和角色，并明确其相应的权利、义务和责任内容。目前涉及生态保护和生态建设的法律法规，都没有对利益主体作出明确的界定和规定，对其在生态环境方面具体拥有的权利和必须承担的责任仅限于原则性的规定，强制性补偿要求少而自愿补偿要求多，导致各利益相关者无法根据法律界定自己在生态环境保护方面的责、权、利关系。[4] 例如，《中华人民共和国环境保护法》第31条的规定过于原则性，缺乏具体的可操作性，需要相应的下位法将其具体化和可操作化，并辅之以配套的制度和技术性规范。[5] 显然，仅有上位法的原则性规定，缺乏下位法的具体辅助和执行，这样的绿色农业生态补偿制度是不完善的，也难以实现上位法的法律效果。因此，基于我国农业转型发展的要求，我国亟须完善绿色农业生态

---

〔1〕 参见陈克亮、张继伟、陈凤桂主编：《中国海洋生态补偿制度建设》，海洋出版社2015年版，第14页。

〔2〕 参见卜晓颖：《绿色发展视野下农业生态补偿法律机制建设》，载《农业经济》2019年第4期。

〔3〕 参见李晓乐：《绿色发展理念下农业生态补偿机制的优化分析》，载《农业经济》2019年第5期。

〔4〕 参见刘江宜：《可持续性经济的生态补偿论》，中国环境科学出版社2012年版，第127页。

〔5〕 参见陈克亮、张继伟、陈凤桂主编：《中国海洋生态补偿制度建设》，海洋出版社2015年版，第50页。

补偿法律体系,建立长效的绿色农业生态补偿法律机制。

四、我国绿色农业生态补偿法律机制完善路径

(一)建立多元化的绿色农业生态补偿融资渠道

破除仅将政府作为绿色农业生态补偿义务主体的传统思维是完善我国绿色农业生态补偿法律机制的重要内容。促进生态补偿市场化、多元化是党的十八大以来我国生态治理变革的基本趋向。[1] 因此,建立多元化的绿色农业生态补偿融资渠道需要着重发挥市场主体的作用,即扩展补偿资金市场化融资渠道。市场机制作为全球范围内普遍的运行机制,是生态补偿机制运行的关键。市场机制可以解决政府运作所产生的一些弊端,通过调动市场力量参与绿色农业生态补偿,也可以有效将绿色农业生态成本内部化。拓宽绿色农业生态补偿融资渠道可以从以下几个方面进行:一是向农业生产经营者收取生态补偿保证金。[2] 收取生态补偿保证金意味着对可能导致生态环境损害的经营主体要求其缴纳一部分资金,作为恢复被损害地区的生态环境所用。该制度既可以有效约束相关主体的行为,也可以为国家补偿绿色农业生产者提供资金来源。二是建立绿色农业生态补偿基金。我国目前已经建立了"中国绿色碳汇基金会",这是一家以增汇减排和应对气候改变为宗旨向社会募集资金的国家性基金会。[3] 绿色农业生态补偿基金的资金来源除了政府拨款,还可以接受来自企业的捐助以及基金运行过程中获得的利息收入和投资收益,这一基金的设立有助于鼓励企业承担起环境责任。三是发行生态彩票。

---

〔1〕 参见王彬彬、李晓燕:《基于绿色农业的市场化直接补偿方式研究》,载《农村经济》2019年第6期。

〔2〕 环境绩效保证金债券是一种重要的财务保证计划,在进行可能造成污染或有风险的活动之前,向监管机构(在肯尼亚的情况下是国家环境管理局)支付可退还的款项,构成良好环境实践的适当担保。环境绩效保证金是重要的经济激励工具,旨在确保矿业公司或可能造成污染的企业为健全的环境做法提供急需的财政保证。它们提供了新的资金资源,政府可以利用这些资源进行适当的开垦、修复和恢复矿区关闭期间以及关闭后期间的管理。See Geoffrey Omedo et al., *Theories and Practices on Deposit Bonds Use for Environmental Management and Sustainable Development in Kenya's Titanium Mining Project*, The Journal of Sustainable Development Law and Policy, 2022.

〔3〕 参见林秀群:《生态文明之碳均衡》,冶金工业出版社2019年版,第144页。

生态彩票,是指国家为支持社会环保事业而特许专门机构垄断发行,人们自愿选择和购买,并事前公布规制,公众取得中奖权利而国家进行筹款的有价凭证。[1] 要实现绿色农业的大规模发展,不仅需要政府和企业助力,也需要社会公众在内的广大利益相关者积极推动。彩票作为一种公众所熟悉的投资和娱乐方式,已经为我国的福利和体育事业发展提供了大量资金。因此,通过发行生态彩票也可以为我国绿色农业的发展提供新的融资渠道。总之,多元化的绿色农业生态补偿融资渠道可以极大地缓解政府的财政压力,进而保证我国绿色农业生态补偿资金的稳定投入。

(二)设计多样化的绿色农业生态补偿方式

实施绿色农业生态补偿若仅采取直接的现金补贴是远远不能满足我国绿色农业发展需求的,选择合适的补偿方式是决定我国绿色农业生态补偿"如何补偿"问题的关键,是补偿得以实现的形式。[2] 因此,在补偿方式上,应适用资金补偿与技术补偿相结合、连续补偿与一次性补偿相结合的方式。首先,在对绿色农业实施生态补偿的过程中,除需要常规资金的补偿外,技术和智力方面的补偿更重要,即中央和当地政府以技术扶持的形式对在发展绿色农业过程中引发的生态环境问题给予支持。具体内容表现为:对补偿主体开展技术服务,提供无偿技术咨询和指导,培训受补偿地区的技术人才和管理人才,提高受补偿者的生产技能、技术含量和组织管理水平。[3] 也就是说,在绿色农业生态补偿制度建立的初期阶段,主要以提供给受偿者生产机械和货币资金为主;在补偿机制逐步成熟之后,主要采取提高受偿者科学文化素质,科学指导受偿者应用现代农业生产方式以及发展生态农业和循环农业等补偿方式。[4] 其次,由于治理绿色农业发展过程中引发的生态环境问题并非一蹴而就,恢复农业生态环境是一个循序渐进的过程,因此,需采用连续补偿与一次

---

〔1〕 参见张智光等:《绿色中国:绿色共生模式的运作》(第3卷),中国环境科学出版社2011年版,第103页。

〔2〕 参见严立冬主编:《农业生态经济学》,武汉大学出版社2015年版,第153页。

〔3〕 参见朱文玉、宋妍:《我国生态农业政策和法律研究》,黑龙江人民出版社2010年版,第100页。

〔4〕 参见沈满洪等:《完善生态补偿机制研究》,中国环境科学出版社2015年版,第154页。

性补偿相结合的方法。一方面,在对绿色农业实施生态补偿过程中,为了保障农业生产者的利益,维持其最基本的生计,国家和政府需要连续几年内对该主体进行补偿,[1]从而推动绿色农业稳步发展。另一方面,对于一些生态环境已经特别恶劣的地方,且该地区已不宜耕种,需以"生态移民"的方式解决生态环境问题,即一次性发放移民费用,再给予承包土地或就业的机会,[2]鼓励其到适宜地区开展绿色农业生产经营活动。在具体实施绿色农业生态补偿政策时,应组合利用多种补偿方式,提升绿色农业生态补偿的实效性,在更大程度上促进农村生态环境保护和绿色农业的科学发展。

(三)制定合理的绿色农业生态补偿标准

农业生态补偿标准是在一定社会经济条件下,依据社会公平原则,农业生态补偿支付的依据。农业生态补偿标准解决"补多少"的问题,这是农业生态补偿中的关键问题,直接关系补偿的效果。制定生态补偿标准的时候,主要应考虑农业生态价值因素、成本因素、机会成本损失因素,同时还应考虑补偿主体的支付能力。而且,在制定生态补偿标准的时候应该遵循公平原则、适当原则和可行原则。[3] 绿色农业生态补偿标准将直接关系生态补偿所产生的实际效果,也将直接关系农民是否愿意配合的程度。[4] 绿色农业生态补偿标准的制定与绿色农业生态系统服务价值评估、绿色农业生态损害评估关系紧密,绿色农业生态补偿标准需要把握的一个问题就是如何最大限度地补偿绿色农业生态保护工程花费的成本、绿色农业发展地区内农民的损失,以及修复农业开发利用活动造成农村生态损害的成本。[5] 因此,制定合理的绿色农业生态补偿标准可从以下两个方面展开。

---

〔1〕 参见王欧、宋洪远:《建立农业生态补偿机制的探讨》,载《农业经济问题》2005年第6期。

〔2〕 参见朱文玉、宋妍:《我国生态农业政策和法律研究》,黑龙江人民出版社2010年版,第116页。

〔3〕 参见严立冬主编:《农业生态经济学》,武汉大学出版社2015年版,第154页。

〔4〕 参见王宾:《中国绿色农业生态补偿政策:理论及研究述评》,载《生态经济》2017年第3期。

〔5〕 参见陈克亮、张继伟、陈凤桂主编:《中国海洋生态补偿制度建设》,海洋出版社2015年版,第87页。

其一，制定该补偿标准可基于不同类型采用不同支付标准，即对于绿色农业开发利用活动补偿采用绿色农业生态服务价值评估和生态修复成本评估相结合的方法，对绿色农业保护区生态补偿采用绿色农业生态服务价值评估和发展机会成本评估相结合的方法，并且，将绿色农业生态服务价值和转变农业生产方式的机会成本分别作为补偿的上限和下限。[1] 其二，根据实际情况制定国家标准和地方标准，国家标准应当适用于全国范围内发展绿色农业地区的生态补偿，而不同地区又可依据当地的经济发展水平和农业生态功能价值在不违反国家标准的情况下，通过了解农民对生态补偿的差异性诉求，制定高于或严于国家标准的地方标准，进一步细化国家标准，绿色农业生态补偿标准从而得到灵活、科学的设计。

（四）完善绿色农业生态补偿法律体系

任何制度的实施最终都需要落实到法律的层面；生态补偿机制的运行，必须要有法律的保障和相应的配套制度、政策支持。[2] 法律是规范和保障绿色农业生态补偿行为的利器，打造良好的绿色农业生态补偿环境有赖于法律资源的优化配置。因此，可通过分析已有的涉及农村、农业以及环境相关的法律法规和政策，对其中有关绿色农业生态补偿的法律资源进行整合，然后在此基础上完善绿色农业生态补偿法律机制，从而实现绿色农业生态补偿法律法规的资源互补和相互融合，满足涉及生态补偿类型及生态补偿的实际需要。[3]

综上所述，在乡村振兴视阈下，完善绿色农业生态补偿法律机制对于实现农业绿色发展、助推农业生态文明具有重要意义。当前，我国绿色农业生态补偿法律机制在补偿主体、补偿方式和补偿标准等多方面仍需要不断完善。因此，要紧扣乡村振兴战略部署，创新优化绿色农业生态补偿法律机制，从而实现我国绿色发展、农村生态环境保护、农村绿色经济发展，以及农民收益大幅度提升的和谐统一。

---

〔1〕 参见田苗等：《绿色农业生态补偿居民支付意愿影响因素研究——以湖北省武汉市为例》，载《南方农业学报》2012 年第 11 期。

〔2〕 参见刘爱军主编：《生态文明研究》第 3 辑，山东人民出版社 2013 年版，第 66 页。

〔3〕 参见卜晓颖：《绿色发展视野下农业生态补偿法律机制建设》，载《农业经济》2019 年第 4 期。

农用地制度探索

论土地经营权入股的基本原则*

谭贵华**

摘　要：土地经营权入股是用活土地经营权、促进适度规模经营的有效形式和重要途径。为了实现土地经营权入股的健康发展，需要着重遵循以下三项基本原则（处理好三组关系）：一是确保农民权益基础上平等保护各方合法权益；二是坚持市场决定作用基础上更好发挥政府作用；三是放活土地经营权基础上强化入股的风险管控。

关键词：土地经营权入股　基本原则　农民权益　市场作用　风险管控

土地经营权入股是用活土地经营权、促进适度规模经营的有效形式和重要途径。继2015年原农业部决定在黑龙江省桦南县等7县（市、区）开展土地经营权入股发展农业产业化经营试点后，2018年农业农村部等6部门联合出台意见，决定在全国范围内进一步开展相应试点。[1] 根据《关于开展土地经营权入股发展农业产业化经营试点的指导意见》（以下简称《土地经营权入股意见》），开展土地经营权入股发展农业产业化经营，总体上需要把握四个原则：一是落实"三权分置"，严守政策底线；二是遵循市场规律，发挥政府作用；

* 本文系国家社会科学基金项目"土地经营权入股的风险管控与制度构造研究"（19BFX148）和重庆市教育委员会人文社会科学研究基地项目"农村集体经济组织促进共同富裕实现机制研究"（23SKJD007）的阶段性成果。

** 西南政法大学经济法学院副教授、硕士生导师，中国农村经济法制创新研究中心研究员，法学博士、博士后。

〔1〕 参见农业农村部、发展改革委、财政部、中国人民银行、税务总局、市场监管总局联合印发的《关于开展土地经营权入股发展农业产业化经营试点的指导意见》（农产发〔2018〕4号）。

三是因地制宜推进,循序渐进发展;四是强化风险管控,维护农民利益。综合审视其有关内容,可进一步提炼,推动土地经营权入股需要着重遵循以下三项基本原则:一是确保农民权益基础上平等保护各方合法权益;二是坚持市场决定作用基础上更好发挥政府作用;三是放活土地经营权基础上强化入股的风险管控。

一、确保农民权益基础上平等保护各方合法权益

自20世纪70年代末农村改革以来,为了提高广大农民的生产积极性和生活水平、促进农业农村经济发展,我国摒弃了长期实行的人民公社体制,确立了以家庭承包经营为基础、统分结合的双层经营体制,并将其确立为我国必须长期坚持的农村基本经营制度。[1] 步入中国特色社会主义新时代,党的十八大继续强调"坚持和完善农村基本经营制度",党的十九大、二十大进一步重申"巩固和完善农村基本经营制度"。

坚持、巩固农村基本经营制度的一项基本要义是坚持家庭承包经营的基础性地位,而坚持家庭承包经营的基础性地位首要意味着需切实保障和实现农户依法承包集体土地的基本权利,任何组织和个人都不能剥夺和非法限制。[2] 改革开放以来,我国农村土地制度改革总体上循着"赋能强权"这一主线推进,[3]即在保持集体所有权不变的基础上,不断赋予农民更多的承包地权能、更加充分的财产权益,[4]不断强化农民的土地产权保护。这不仅着眼于维护农民个体利益,如增加农民收入,亦着眼于增进社会整体利益,如保持农村社会和谐稳定,顺应"完善产权制度和要素市场化配置"的改革要求,推进

---

〔1〕 例如,党的十七届三中全会通过的《中共中央关于推进农村改革发展若干重大问题的决定》特别指出,"以家庭承包经营为基础、统分结合的双层经营体制,是适应社会主义市场经济体制、符合农业生产特点的农村基本经营制度,是党的农村政策的基石,必须毫不动摇地坚持"。

〔2〕 参见《中共中央　国务院关于保持土地承包关系稳定并长久不变的意见》(2019年)。

〔3〕 参见谭贵华:《"三权分置"背景下土地承包经营权转让管理制度的调适》,载刘云生主编:《中国不动产法研究》2017年第1辑,法律出版社2017年版,第194页。

〔4〕 例如,党的十八届三中全会《中共中央关于进一步全面深化改革　推进中国式现代化的决定》进一步提出,"赋予农民对承包地占有、使用、收益、流转及承包经营权抵押、担保权能,允许农民以承包经营权入股发展农业产业化经营"。党的二十大报告指出,"深化农村土地制度改革,赋予农民更加充分的财产权益"。

农地资源优化配置，助推中国特色农业现代化发展和乡村振兴战略的实施。[1] 正是基于维护农民个体利益和增进农业农村整体利益的综合考量，在“引导农地有序流转、发展适度规模经营”已成为当下客观要求或必然趋势的背景下，中央文件始终特别强调坚持家庭承包经营基础地位不动摇，土地流转须以确保农民权益为前提（见表1）。

表1 2013～2023年中央1号文件有关农民土地权益的论述

年份	论述摘要
2013	土地流转不得搞强迫命令，确保不损害农民权益
2014	土地流转和适度规模经营要尊重农民意愿，不能强制推动
2015	土地经营权流转要尊重农民意愿，不得硬性下指标、强制推动
2018	把维护农民群众根本利益、促进农民共同富裕作为出发点和落脚点
2019	坚持保障农民土地权益
2020	因地制宜，尊重农民意愿
2021	坚持家庭承包经营基础性地位不动摇
2023	赋予农民更加充分的财产权益

在国家政策层面推动土地经营权入股试点中，确保农民权益亦被确立为一项重要的原则。具体来看，在土地经营权入股中确保农民权益主要体现在以下三个方面：

其一，坚持农民主体地位，尊重农民意愿。农村土地承包法明确规定土地经营权流转须遵循自愿原则，任何组织和个人不得强迫或者阻碍流转。[2] 作为土地经营权流转的一种形式，土地经营权入股亦当遵循有关规定。《土地经营权入股意见》特别强调“不搞强迫命令、盲目攀比和‘一刀切’”，彰显了尊重农民意愿、不强制推动入股的基本精神。此外，《土地经营权入股意见》强调遵循市场规律、坚持市场在资源配置中的决定性作用，也蕴含了坚持农民主体地位、尊重农民土地入股自主权的精神，即由农民依法自主决定是否入股、选择何种入股形式和损益分配规则。

---

[1] 参见《中共中央 国务院关于保持土地承包关系稳定并长久不变的意见》（2019年）。

[2] 参见《农村土地承包法》第10条、第17条、第38条。

其二,严格保护农户的土地承包权。农民对农地流转尤其是以入股形式进行流转最为担忧的一点是永久失去土地。毕竟按照传统意义上的入股理论,入股将导致产权关系的深刻变化。以往农村土地承包法对土地承包经营权入股予以严格限制,亦主要在于担心农户失去承包地。[1] 我国推行承包地"三权"分置,虽然核心目标是"放活土地经营权",但制度前提是"稳定农户承包权"。[2] 之所以强调土地经营权流转不影响农户的土地承包权,很大程度上是为了打消农民的农地顾虑。《土地经营权入股意见》也特别强调严格保护农户承包权,不能非法剥夺和限制农户的土地承包权。《农村土地经营权流转管理办法》更是进一步明确规定,"公司解散时入股土地应当退回原承包方"。

其三,保障农民的土地入股收益权。只有切实保障农民的入股收益,方能有效吸引农民以土地经营权入股。按照传统的入股分红机制,分红乃以有可分配盈余为前提。[3] 囿于农业经营风险和农民弱势地位,农民普遍对传统的入股分红机制感到担忧,害怕收益无法获得保障,从而对入股持抵触心理,包括担心管理层隐瞒收益而不分或少分利润。客观来讲,这种顾虑并非杞人忧天的想象。就此,《土地经营权入股意见》特别指出,"鼓励实行'保底收益+按股分红',让农民特别是贫困户在土地经营权入股中有稳定收益""完善土地经营权入股相关政策措施,确保农民的知情权、参与权、监督权和收益权"。其中对农民知情权、参与权、监督权的重视,很大程度上也是为了降低委托代理风险,特别是管控"管理层隐瞒收益而不分或少分利润"之类的风险,从而确保农民的收益权。此外,政策上积极推动土地股份组织和入股农民建立紧密的利益联结机制,让农民更多分享产业增值收益,这也体现了对农民入股收益的重视保障。

当然,确保农民权益并不意味着忽视其他利益相关者的权益,而是需要立足利益衡平妥善兼顾各方合法权益。现实中针对弱势群体的倾斜保护可能失

---

〔1〕 参见王宗非主编:《农村土地承包法释义与适用》,人民法院出版社2002年版,第110页。

〔2〕 参见房绍坤等:《土地承包经营权益实现机制研究》,法律出版社2023年版,第50页。

〔3〕 参见甘培忠:《企业与公司法学》(第8版),北京大学出版社2017年版,第306页。

度,从而促成"弱势权威"现象。[1] 为了尽量避免农民权益保护领域出现这种情况,需要特别强调在确保农民权益基础上平等保护各方合法权益。此中所谓"平等保护各方合法权益"主要体现在以下两个方面:

第一,顺应农地资源市场化配置改革要求,依法平等保护其他市场主体的权益。《土地经营权入股意见》将"尊循市场规律"确立为一项基本原则。尊循市场规律、发挥市场"决定性"作用的基本要义是平等对待各类市场主体,[2] 尊重市场主体之间基于意思自治配置各自的权利义务。

现实中,据笔者调研了解的情况,有意愿流转土地的农民不少,在他们看来将土地流转出去总比抛荒要好,但问题是承接者(受让方)不多。这有多方面原因,其中一个重要原因是承接者对土地权益能否获得充分保护存有顾虑。实践中也存在有的农民坐地起价、[3] 毁约要地、不当干扰经营的现象,[4] 地方政府可能为了维护农村稳定,以保障农民的基本生存、生活为由,对农民权益倾斜保护失度,从而导致农业经营者尤其是外来投资者维权困难、经营成本高。若不能有效保护土地经营权流转受让方的合法权益,并合理兼顾流转双方的利益,农地资源市场化配置将难以实现,农地流转(包括入股)也将处于"有价无市"的局面。

鉴于此,《土地经营权入股意见》对"平等保护"各方权益亦作了特别强

---

[1] "弱势权威",即以社会地位之弱来获得个人地位之强,往往表现为一个个体不以强者面目而是以自己是弱者为借口来导致强者对自己的顺从,获得以"柔弱胜刚强"的效果。参见翟学伟:《人情、面子与权力的再生产》(第2版),北京大学出版社2013年版,第272页;甘强:《重识"消费者"的法律地位》,载《政治与法律》2016年第12期。在农地流转领域,农民也可能形成"弱势权威"来实现自己利益最大化。参见尹亚军:《通过合同的治理——克服农地流转困境的助推策略》,载《社会科学研究》2019年第6期。

[2] 例如,《中共中央 国务院关于加快建设全国统一大市场的意见》(2022年)指出,"坚持对各类市场主体一视同仁、平等对待""加快营造稳定公平透明可预期的营商环境"。《中共中央 国务院关于新时代加快完善社会主义市场经济体制的意见》(2020年)指出,"完善物权、债权、股权等各类产权相关法律制度,从立法上赋予私有财产和公有财产平等地位并平等保护"。

[3] 参见袁贻辰:《一场"两败俱伤"旅游扶贫背后的失与得》,载《中国青年报》2017年6月15日,第6版。

[4] 参见郑某某、田某某与四川省万源市白沙镇猫儿坝村三组、四川省万源市白沙镇青龙嘴村一组土地承包经营权入股合同纠纷案,四川省万源市人民法院(2015)万源民初字第1094号民事判决书。

调,如着眼“放活土地经营权”,指出要“依法平等保护经营主体依流转合同取得的经营权”;针对“更好发挥政府作用”,指出要完善相关政策措施,“平等保护各方合法权益”。

此外,我国有关农业政策特别强调在农民和农业经营主体之间要建立更加紧密的利益联结机制(见表2)。虽然其基本的出发点是让农民“更多”分享产业增值收益,但其中的“联结”“合理”“分享”等关键词同样蕴含了需要兼顾各方利益的精神。对于“保底收益+按股分红”这样一种更利于保障农民收益的入股分配方式,《土地经营权入股意见》也只是表达了“鼓励实行”的意愿,是否采用此种方式以及实行何种分配方式,则根本上尊重当事人平等协商、意思自治。

表2　2013~2019年中央1号文件有关利益联结的论述

年份	论述摘要
2013	推动龙头企业与农户建立紧密型利益联结机制,采取保底收购、股份分红、利润返还等方式,让农户更多分享加工销售收益
2014	鼓励发展混合所有制农业产业化龙头企业,推动集群发展,密切与农户、农民合作社的利益联结关系
2016	完善农业产业链与农民的利益联结机制
2018	大力开发农业多种功能,延长产业链、提升价值链、完善利益链,通过保底分红、股份合作、利润返还等多种形式,让农民合理分享全产业链增值收益
2019	健全农村一二三产业融合发展利益联结机制,让农民更多分享产业增值收益。完善“农户+合作社”“农户+公司”利益联结机制

第二,基于农地的特殊性,需要在维护私利和保障公益之间求得平衡。土地经营权入股(流转)不仅要重视流转当事人之间的私利平衡问题,还要考虑农地承载的特殊功能而着力保障公益。此中“公益”,从一般意义上来讲,可以理解为社会公共利益或社会整体利益;[1]在农地流转语境中,则主要体现为土地经营权入股不得改变土地的农业用途,不得破坏农业综合生产能力和农业生态环境。

---

〔1〕　参见卢代富:《经济法对社会整体利益的维护》,载《现代法学》2013年第4期。

我国《农村土地承包法》明确将不得改变土地的农业用途，不得破坏农业综合生产能力和农业生态环境规定为土地经营权流转应当遵循的基本原则。作为土地经营权流转的一种基本方式，土地经营权入股自当遵循这些原则。立法之所以如此规定的主要考虑是，土地经营权的客体是农业用地，而农业用地承载着国家粮食安全保障、生态环境保护等特殊功能。为此，我国土地管理法明确规定，国家实行土地用途管制制度，严格限制农用地转为建设用地，对耕地实行特殊保护。土地经营权流转（含入股），必须遵循土地用途管制制度。不得破坏农业综合生产能力，旨在强调在利用承包地开展农业生产经营获取收益时，必须确保土地、水等自然资源的可持续利用，从而确保相对稳定的农业综合产出水平；而不得破坏农业生态环境，则旨在贯彻绿色发展理念，防止环境污染、破坏生态。[1]

根据立法精神和司法实践，一般而言，若土地经营权流转（含入股）合同约定改变土地的农业用途，将被认定为无效合同。若土地经营权人擅自改变土地用途、给土地造成严重损害或者严重破坏土地生态环境，承包方可以解除流转（含入股）合同；若承包方在合理期限内不解除的，发包方有权要求终止合同。而且，土地经营权人对土地和土地生态环境造成的损害要承担赔偿责任。

农业本身是一个弱质性产业，受自然条件影响大、前期投资大、经营周期长、比较收益低。为了实现盈利乃至更高收益，土地经营权流转（含入股）容易产生土地和和农业生态环境破坏风险，主要包括两个方面：一是改变土地的农业用途，包括非粮化乃至非农化；二是虽然不改变土地的农业用途但利用不当（如掠夺性使用）而致土地受损和农业生态环境破坏。土地经营权入股发展农业产业化经营，因实施土地规模化流转经营和农业产业化、特色化经营，前期投资更大，回报周期更长，对自然和市场条件要求更高，由此也更加容易出现经营失败的风险。与此同时，出于对利益的追求，相较出租等传统土地流转经营方式，土地经营权入股发展农业产业化经营的土地和农业生态环境破坏风险可能更为突出。就此，需要更加重视在维护私利和保护公益之间求得平衡。

---

〔1〕 参见黄薇主编：《中华人民共和国农村土地承包法释义》，法律出版社2019年版，第164～165页。

二、坚持市场决定作用基础上更好发挥政府作用

从党的十四大提出“建立社会主义市场经济体制”、发挥市场在资源配置中的“基础性作用”,到党的十八届三中全会提出“使市场在资源配置中起决定性作用”,再到党的二十大报告进一步提出“构建高水平社会主义市场经济体制”“充分发挥市场在资源配置中的决定性作用”,充分彰显了我国对市场作用的高度认同。[1]

我国农村改革发展亦是在此宏观环境下深入推进的。党的十八大以来,为深化农村改革、全面推进乡村振兴,中央始终强调要坚持社会主义市场经济改革方向、使市场在资源配置中起决定性作用。[2] 改革开放以来,我国农村土地制度改革层面不断强化农民主体地位,赋予农民更多的承包地权能、更加充分的财产权益,正是顺应市场经济改革方向、深化要素市场化配置改革的结果。

发挥市场在资源配置中的决定性作用,从根本上而言是要提高资源的配置效率。[3] 现实中,农地抛荒闲置、“谁来种地”已成为当前农业农村发展面临的突出问题。针对这个问题,总体上需要“以完善产权制度和要素市场化配置为重点,激活主体、激活要素、激活市场”,[4]从而促进农地流转,盘活农地资源。

党的十八大以来,我国推行承包地“三权”分置改革的初衷是在保护农民对农村土地既得利益的前提下,强化农地资源的市场化配置,保障农地资源的充分利用。[5] 承包地“三权”分置改革强调“放活土地经营权”;“放活”一词

---

〔1〕 参见习近平:《关于〈中共中央关于全面深化改革若干重大问题的决定〉的说明》,载《求是》2013年第22期。

〔2〕 参见2014年中央1号文件《中共中央　国务院关于全面深化农村改革加快推进农业现代化的若干意见》;2018年中央1号文件《中共中央　国务院关于实施乡村振兴战略的意见》;2021年中央1号文件《中共中央　国务院关于全面推进乡村振兴加快农业农村现代化的意见》。

〔3〕 参见黄文川:《怎样理解使市场在资源配置中起决定性作用和更好发挥政府作用——访国务院研究室副主任韩文秀》,载《求是》2013年第24期。

〔4〕 2018年中央1号文件《中共中央　国务院关于实施乡村振兴战略的意见》。

〔5〕 参见许明月:《论农村土地经营权市场的法律规制》,载《法学评论》2021年第1期。

充分体现了要提高农地配置效率的基本改革诉求。为了实现这一目标,此项改革总体上是在稳定农户承包关系、强化保障农户承包(经营)权的基础上,创制出一项"去身份化"新型土地权利——"土地经营权",通过赋予土地经营权独立性和高度流动性,为培育土地经营权市场提供制度保障,从而成为市场化配置农地资源的基本形式。[1]

推进农地资源市场化配置的首要原则便是"市场决定"。[2]《土地经营权入股意见》亦特别将"遵循市场规律"确立为土地经营权入股需要遵循的一项基本原则。综合观之,坚持发挥市场决定性作用至少蕴含了以下两项要求:

其一,尊重各类入股当事人的市场主体地位,以意思自治为土地经营权入股的最基本准则,充分尊重当事人依法自主确定土地经营权入股形式,"按照市场规则协商确定入股各方的权利义务和利益分配"。

其二,平等保护各类入股当事人的产权,以公平为核心原则,平等对待当事人依法自主确定的各类土地经营权入股组织形式。无论是入股合作社还是入股公司,无论是官方(含政府和农村集体组织)主导还是私人主导的土地经营权入股项目(组织),都能做到一视同仁、平等对待。

按照市场决定原则的基本要义,政府干预以存在市场失灵现象为前提;若不存在市场失灵问题,则政府不应干预;即便在市场失灵的场合,政府干预也应恪守谦抑。[3] 换位观之,该原则本身同时蕴含了市场不是万能的,市场"决定作用"不等同于"全部作用",[4]需要实现政府和市场作用互补的理念。2014 年中央 1 号文件亦明确指出,要"加强政府支持保护与发挥市场配置资源决定性作用功能互补"。

土地经营权流转市场不仅与其他市场一样存在垄断、信息不对称、外部性等导致市场失灵的问题,还承载着盘活农地资源、保障国家粮食安全等特殊的

---

〔1〕 参见许明月:《论农村土地经营权市场的法律规制》,载《法学评论》2021 年第 1 期。

〔2〕 参见《中共中央 国务院关于构建更加完善的要素市场化配置体制机制的意见》(2020 年)。

〔3〕 参见《经济法学》编写组:《经济法学》(第 3 版),高等教育出版社 2022 年版,第 68 页。

〔4〕 参见习近平:《关于〈中共中央关于全面深化改革若干重大问题的决定〉的说明》,载《求是》2013 年第 22 期。

社会功能,客观上需要予以必要的干预。[1]《土地经营权入股意见》在强调"遵循市场规律"的同时亦明确要"更好发挥政府作用"。

根据政策精神,在土地经营权入股中,政府干预的主要着力点应在于"完善土地经营权入股相关政策措施",即从一般层面健全土地经营权入股制度安排,而不是过多地介入具体的土地经营权入股项目。完善土地经营权入股制度的核心又在于以发挥市场"决定性作用"为导向,围绕农村产权流转交易市场规范化建设,破除土地经营权入股的制度弊病。这实际上也是近年来我国持续推进农村土地经营权流转交易市场、农村产权流转交易市场建设,深化农村要素市场化配置改革的重要组成部分。[2]

进一步来看,在土地经营权入股中,政府干预的最终落脚点是在确保农民权益基础上平等保护各方合法权益。《土地经营权入股意见》在阐释"更好发挥政府作用"时。特别强调"确保农民的知情权、参与权、监督权和收益权,平等保护各方合法权益"。若市场主体真正处于平等地位,能够通过意思自治、平等协商实现分配正义,通常无须政府干预以保护当事人的权益。不过,在土地经营权入股中,农民通常处于弱势地位,尤其是面对资金、技术、管理等方面均较为强势的工商企业等社会资本,容易因博弈能力不足而遭受利益损害。就此,需要政府适度干预,对入股农民予以倾斜保护,使其能够真正按照市场的平等原则参与博弈,实现当事人之间权益、义务和责任的公平合理配置。从这个角度来看,在土地经营权入股中,政府干预所追求的本质在于实现、恢复当事人的平等地位,使他们在交易中真正实现各得其所。现实中,农民也可能利用其所谓"弱者"身份而过分主张权益,从而出现所谓"弱势权威"问题。[3]针对此种情况,自然不能一味迁就,而是需要着眼"平等"来保护各方的合法权益。析言之,政府在制定土地经营权入股的政策措施时,应兼顾形式公平与实

---

〔1〕 参见许明月:《论农村土地经营权市场的法律规制》,载《法学评论》2021年第1期。

〔2〕 例如,2014年中央1号文件指出"加快健全土地经营权流转市场";2016年原农业部制定了《农村土地经营权流转交易市场运行规范(试行)》;2017年中央1号文件指出"加快农村产权交易市场建设";2019年中央1号文件指出"健全农村产权流转交易市场,推动农村各类产权流转交易公开规范运行";2022年中央1号文件提出"开展农村产权流转交易市场规范化建设试点"。

〔3〕 参见尹亚军:《通过合同的治理——克服农地流转困境的助推策略》,载《社会科学研究》2019年第6期。

质公平,推动利益平衡,由此方能有效引导、促进土地经营权入股,发展农业产业化经营。

三、放活土地经营权基础上强化入股的风险管控

从制度限制颇多的"土地承包经营权入股"到制度环境宽松的"土地经营权入股",我国推行土地经营权入股的基本着眼点是顺应承包地"三权"分置改革的核心诉求——放活土地经营权,激发农地流转活力,盘活农地资源,促进农业适度规模经营。

"放活"首先意味着要减少约束,赋予当事人尤其是农民更多的自主选择权。准许农民采取灵活多样的形式流转土地经营权,对于放活土地经营权具有重要意义。相较以往的土地承包经营权入股,如今的土地经营权入股制度,没有再将入股主体限定为"承包方之间",也未再将入股形式限定为合作或股份合作;土地经营权既可入股合作社,也可入股公司,还可入股到其他类型的经营主体,[1]农民拥有非常充分的入股方式选择权。

结合《农村土地经营权入股合同(示范文本)》,应该说,当事人在土地经营权入股中已享有高度的自主权,对于入股标的物、入股期限、入股土地的利用、入股土地交付时间、股份分红及支付方式、入股土地财政补贴归属、入股土地征地补偿归属、合同变更解除等大量事项,原则上由当事人自主协商确定。

从制度层面来看,对土地经营权入股的既有限制,基本上仅限于国家对土地经营权流转明确规定的五项基本原则,核心是土地用途管制、不得破坏农业综合生产能力和农业生态环境。这些限制旨在保障国家粮食安全等社会整体利益,应该说基本上并没有大的调整空间。

从土地经营权入股实践来看,在"放权"已经较为充分的情况下,若要进一步实现"放活土地经营权"的制度目标,当前重点可能更多在于完善土地经营权入股的风险管控制度。一方面通过强化风险管控,打消或降低相关利益主体的顾虑;另一方面优化管控制度,减少其对"放权"改革的抵消效应。

---

[1] 参见农业农村部和市场监管总局联合制定的《农村土地经营权入股合同(示范文本)》(2021年)。

虽然当前深化农地制度改革的总体方向是推进农地资源的市场化配置，但是农地市场的特殊性决定了其离不开政府干预，尤其是在传统农业向现代农业发展的转型期，农地制度创新更离不开政府作用的发挥。[1] 健全土地经营权流转市场制度，破除土地经营权入股的制度弊病，并不是一味地减少约束，片面地强调减少政府干预，也需要根据新的发展情势而加强必要的政府干预，其中一个重要方面是防范和降低要素市场化配置背景下土地经营权入股蕴含的多重风险。党的十八大以来，在推进全面深化改革过程中，我国愈加重视统筹发展与安全，在"三农"领域亦不断强调加强风险管控能力建设（见表3）。[2]

表3　2013～2023年中央1号文件有关风险管控的论述

年份	论述摘要
2013	适应农业进入高投入、高成本、高风险发展时期的客观要求，必须更加自觉、更加坚定地加强对农业的支持保护
2015	增加农民收入，必须完善农业服务体系，帮助农民降成本、控风险
2016	鼓励发展股份合作……建立健全风险防范机制。完善工商资本租赁农地准入、监管和风险防范机制
2017	尽力降低改革成本，积极防范改革风险
2019	注重发展长效扶贫产业，着力解决产销脱节、风险保障不足等问题
2020	对直接关系农民切身利益、容易引发社会稳定风险的重大决策事项，要先进行风险评估
2022	落实工商资本流转农村土地审查审核和风险防范制度
2023	强化受污染耕地安全利用和风险管控。健全社会资本通过流转取得土地经营权的资格审查、项目审核和风险防范制度，切实保障农民利益

如果说，承包地"三权"分置改革的制度核心在于"放活土地经营权"，[3]

〔1〕参见秦小红：《政府引导农地制度创新的法制回应——以发挥市场在资源配置中的决定性作用为视角》，载《法学评论》2016年第4期。

〔2〕其中，2016年、2017年和2022年的中央1号文件，"风险"一词分别出现了9次、8次、6次。

〔3〕参见房绍坤等：《土地承包经营权益实现机制研究》，法律出版社2023年版，第69页。

那么制度实践的生命力很大程度上在于其风险管控能力。在某种程度上可以说，能否有效管控风险，降低包括农民在内的各方利益相关者的顾虑，对于“放活土地经营权”能否真正实现，具有重要的意义。特别是，我国农地承载着诸多特殊功能，农地流转、利用具有很强的外部性，需要在“放权—放活”和“限权—风控”之间求得平衡，避免“一管就死、一放就乱”[1]现象的发生。

正是因为农地和土地经营权流转市场的特殊性，虽然党的十八大以来我国总体上是以简政放权、要素市场化配置、放活土地经营权为导向深化农地制度改革的，但着眼于农地流转风险管控，我国在农地流转领域又特别新增确立了一项行政许可制度——工商企业等社会资本通过流转取得土地经营权的资格审查、项目审查制度。[2] 这项制度亦适用于土地经营权入股。而且，按照传统理论，土地经营权入股，属于资本化的土地利用方式，[3]尤其需要重视风险管控。

是故，《土地经营权入股意见》也特别强调风险管控，一方面在推进土地经营权入股需要遵循的基本原则层面，明确指出要“强化风险管控”；另一方面将“探索土地经营权入股风险防范措施”明确列为推进土地经营入股试点的三项重点任务之一。[4] 综观《土地经营权入股意见》的内容，政策层面特别关注以下四个方面的风险：

其一，农民土地权益受损风险。现实中，土地经营权入股容易存在权利结构复杂模糊、权利义务责任配置不明确，农民弱势地位、搭便车心理与多层级

---

〔1〕 张效羽：《如何避免“一管就死、一放就乱”》，载《学习时报》2019 年 12 月 25 日，第 2 版。

〔2〕 参见《农村土地承包法》(2018 年)第 45 条；《国务院办公厅关于全面实行行政许可事项清单管理的通知》(国办发〔2022〕2 号)。有关这项制度的解析，可参见谭贵华：《农村土地经营权流转审查审查的立法定位》，载刘云生主编：《中国不动产法研究》2022 年第 1 辑，社会科学文献出版社 2022 年版，第 187 ~ 202 页。

〔3〕 参见全世文等：《论中国农村土地的过度资本化》，载《中国农村经济》2018 年第 7 期；姜岩：《农村土地资本化改革的路径创新》，载《西北农林科技大学学报(社会科学版)》2015 年第 6 期。

〔4〕 参见农业农村部新闻办公室：《土地经营权入股发展农业产业化经营——农业农村部负责人就〈关于开展土地经营权入股发展农业产业化经营试点的指导意见〉答记者问》，载《吉林农业》2019 年第 4 期。

委托代理的权力倾轧、道理风险等问题叠加的情形,[1]使农民的知情权、参与权、监督权、收益权容易受侵害乃至其失去土地(包括变相失地)。遵循"把维护农民群众根本利益、促进农民共同富裕作为出发点和落脚点"的农村工作基本准则,[2]同时着眼于减少农民对风险问题的顾虑、激活土地经营权入股,农民土地权益受损风险是必须首要关注的一类风险。

其二,农村土地生态资源破坏风险。农业、种养业比较效益偏低,农地"非农化""非粮化"利用的内驱力强,而土地经营权入股又是典型的资本化利用方式,经营主体有着更强的"非农化""非粮化"取向。此外,持续经营能力的不确定性容易激发、强化"短期效益"思想,从而导致土地过度利用、生态破坏。是故,《土地经营权入股意见》围绕"强化风险管控"特别指出"入股的土地不能改变土地性质和用途,不能降低耕地的基础地力,严禁入股土地'非农化'"。

其三,农业经营主体的经营风险。从根本上来讲,作为农业经营主体的土地股份组织能否存活、发展壮大,制约着"推进土地经营权入股"的愿景能否真正"落地实现"。现实中,土地股份组织容易出现能人经济效应、代理人权力强制与经营管理失范问题,[3]同时面临农民退股退地、[4]产业空心化和持续盈利、持续资金支持不确定等风险。[5]《土地经营权入股意见》虽然没有像前两种风险那样特别鲜明地强调农业经营主体的经营风险,但是有关"完善土地股份组织运行机制""加强农业保险,增强公司、农民专业合作社抗风险能力"等内容,亦反映出对经营风险的重视。

---

[1] 参见王邦习:《农地经营权入股的法律风险及其防控——基于全国依法公开相关裁判文书的实证》,载《农村经济》2018年第7期;赵宁:《家庭承包经营权入股公司的法律冲突与协调》,载《河南师范大学学报(哲学社会科学版)》2016年第1期;王力理:《城乡统筹发展中土地承包经营权入股公司的法律制度研究》,载《河北法学》2011年第6期。

[2] 参见2018年中央1号文件《中共中央 国务院关于实施乡村振兴战略的意见》。

[3] 参见尹广文、崔月琴:《能人效应与关系动员:农民专业合作组织的生成机制和运作逻辑——一组基于西北地区村域合作社的实地研究》,载《南京农业大学学报(社会科学版)》2016年第2期;陈诗波、李崇光:《我国农民专业合作经济组织的"能人效应"解析》,载《学术交流》2008年第8期。

[4] 参见陶颖:《有效防范土地入股风险》,载《江淮时报》2016年12月6日,第3版。

[5] 参见朱志猛、宋志斌、刘艳霞:《农村产业空心化的不利影响、成因与治理对策——以黑龙江省为例》,载《农业经济与管理》2022年第6期。

其四,政府干预失当风险。若进一步挖掘,基于《土地经营权入股意见》在基本原则层面特别强调“遵循市场规律”“不搞强迫命令”“因地制宜推进,循序渐进发展”,以及在工作部署层面专门设置一部分对强化土地经营权入股的政策保障作出安排,[1]虽然明面上政策强调的是“更好发挥政府作用”,但从另一个角度看也蕴含了需要管控政府干预失当风险的精神。例如,现实中,可能出现有的地方政府不遵循市场、农业产业化发展的一般规律,强行推动、推广项目;有的地方政府引导行为异化与失位,如过度扶持、扶持偏差;有的地方政府推动项目过程中出现信息不公开、不透明等情况。[2] 这些问题不仅有碍土地经营权入股的健康、持续发展,还会衍生其他经济社会问题,如破坏农业经营稳定预期、影响农村社会和谐稳定、损害政府公信力和社会公平正义。是故,对于政府干预失当的风险亦需要加以有效管控。

土地经营权入股是承包地“三权”分置框架下的一个新生法律概念,同时也是一项新型制度设计。从承包地“两权分置”框架下的土地承包经营权入股到“三权分置”框架下的土地经营权入股,蕴含了更好统筹发展和安全的精神。土地经营权入股的总体目标在于,用活土地经营权与激发农地流转活力,促进适度规模经营与增强农业竞争力,壮大乡村产业与促进农民农村共同富裕。为了保障改革目标的顺利实现,需要从宏观上明确推动土地经营权入股需要遵循的基本原则。基于党的十八大以来我国推进全面深化改革的总体背景,结合土地经营权入股的特殊性,本文提出推动土地经营权入股需要着重遵循以下三项基本原则:一是确保农民权益基础上平等保护各方合法权益;二是坚持市场决定作用的基础上更好发挥政府作用;三是放活土地经营权基础上强化入股的风险管控。这些基本原则对于土地经营权入股具有普遍性、基础性的指导作用,其中亦为建立健全土地经营权入股风险管控制度、妥适推进风险管控工作提供基本指引。

---

〔1〕 参见《土地经营权入股意见》之“四、强化土地经营权入股发展农业产业化经营的政策保障”,包括三个方面内容:(一)推进登记颁证;(二)加强指导服务;(三)加大支持力度。

〔2〕 参见刘成良、孙新华:《精英谋利、村社托底与地方政府行为:土地股份合作社发展的双重逻辑》,载《中国农业大学学报(社会科学版)》2016 年第 3 期。

论农民集体成员土地承包经营权的退出*

段程旭**

摘　要:农民集体成员土地承包经营权退出的基本内涵是集体成员自愿向农民集体交回或由农民集体强制收回土地承包经营权。土地承包经营权退出具有调整集体土地权益公平分配、维护集体所有制享有机制的制度功能。在集体成员自愿退出土地承包经营权时,不应施以替代性社会保障的限制,而应尊重其在城镇化进程中对土地承包经营权的选择,相应的退出程序也应当简化。在农民集体强制收回集体成员土地承包经营权时,应当判断集体成员是否丧失成员资格、是否不再依赖集体土地作为基本的生存保障,退出程序也应当以成员资格的取消程序为前置程序,并设置一定的延缓退出机制。

关键词:集体所有制　集体所有权　土地承包经营权退出　集体成员

一、问题的提出

随着我国新型城镇化进程的加快,大量农村人口在未退出农村承包地的同时“携地进城”,并实现了城市身份的转变、取得了城市的社会保障。实践中存在“弃耕不弃地”的现实情况与“人动地不动”的农地资源错配现象。2015年中共中央办公厅、国务院办公厅《深化农村改革综合性实施方案》(以下简

---

* 本文系国家社科基金西部项目“三权分置背景下集体土地所有权实现的法律问题研究”(19XFX007)的阶段性成果。

** 西北政法大学博士研究生。

称《综合方案》)提出,“在有条件的地方开展农民土地承包经营权有偿退出试点”。2016年中共中央、国务院《关于深入推进农业供给侧结构性改革 加快培育农业农村发展新动能的若干意见》(以下简称《农业供给侧改革意见》)提出:“允许地方多渠道筹集资金,按规定用于村集体对进城落户农民自愿退出承包地、宅基地的补偿。”由此可以看出,国家政策意图探索土地承包经营权退出的实施举措与具体办法,发挥土地承包经营权退出制度对承包地的资源调整作用。在总结试点经验的基础上,2018年修订了《中华人民共和国农村土地承包法》(以下简称《承包法》),其中第27条第2款、第3款规定:“……不得以退出土地承包经营权作为农户进城落户的条件。承包期内,承包农户进城落户的,引导支持其按照自愿有偿原则依法在本集体经济组织内转让土地承包经营权或者将承包地交回发包方,也可以鼓励其流转土地经营权。”这正式在立法层面上确定了土地承包经营权的退出制度。但通过对该条文的解读能够清晰地发现,该条文规定的土地承包经营权退出制度存在适用条件不清、规则不明、程序缺乏等问题。而且在土地承包经营权退出的规范指引上使用“引导”“鼓励”等政策性词语存在一定的模糊性,对土地承包经营权退出实践的调整存在一定的缺漏。学界结合承包地退出的实践对这一立法缺漏与土地承包经营权退出制度的完善进行了积极的理论探讨,并提出了诸多智识。但碍于问题本身的复杂性,无论是实践的进一步探索还是学界在土地承包经营权退出的内涵、功能、方式、条件与程序等问题上的观点都尚存争议。为此,本文在分析土地承包经营权退出政策与实践的基础上,提出针对性建议,以期对农民集体成员土地承包经营权退出制度的完善有所裨益。

二、农民集体成员土地承包经营权退出的内涵与功能

(一)农民集体成员土地承包经营权退出的内涵

对农民集体成员土地承包经营权退出内涵的正确理解是对其进行制度规范的基础。“退出”一词并不是法律上的专有名词,学界虽然对土地承包经营权“退出”有丰富的研究成果,但大多数学者疏于对土地承包经营权退出的内涵进行释明。尽管少量的研究成果对土地承包经营权退出的内涵有所界定,但也尚存分歧。有观点对土地承包经营权的退出作扩大理解,认为土地承包

经营权的退出包括集体成员自愿有偿转让土地承包经营权与向农民集体交回土地承包经营权(或者由农民集体收回)两种内涵。例如,有学者认为,“土地承包经营权退出可类型化为法律行为退出和法律事实退出。法律行为退出可包括:土地承包经营权自愿有偿退出、土地承包经营权流转中退出(如‘三权抵押’和土地入股);法律事实退出包括:土地承包经营权强制退出(如长期撂荒、闲置、征收、迁居、婚姻、死亡、自然灾害等)”〔1〕。另有观点将土地承包经营权的退出进行了限缩解释,将土地承包经营权退出关系限定为集体成员与农民集体之间的法律关系,仅指集体成员向农民集体交回土地承包经营权(或由农民集体收回)。例如,有学者认为,“‘退出’包括农民在保留集体成员资格的前提下基于自主意志将集体土地‘三权’转让给集体,以及农民丧失集体成员资格时转让或交回给集体两种情形”〔2〕。还有持类似观点的学者认为:“在土地承包经营权退出的规范表达上,退出权利人是农村承包经营户,义务人为农村集体经济组织,退出的行为包括永久性退出和长期性退出、法律行为退出和事实行为退出等。”〔3〕此类观点主要来源于改革实践。例如《广西钦州城乡融合发展试验区农村土地承包经营权有偿转让退出管理办法(试行)》将土地承包经营权转让与退出进行了分置规定,并在第12条明确将土地承包经营权退出界定为“承包方与发包方”的法律关系。再如《桐乡市关于建立农村土地承包经营权有偿退出机制的实施意见(试行)》(桐农〔2023〕5号)明确提出,“退出农户与村集体经济组织协商一致后,由双方代表人书面签订农村土地承包经营权有偿退出协议书”“村集体经济组织负责统一收回退出土地,并向退出农户兑付退地安置补偿,采取项目入股等方式补偿的,签订入股协议,明确收益标准”。这些地方实践均将土地承包经营权的退出规定为集体成员与农民集体之间的承包地法律关系。

土地承包经营权“退出”一词来源于政策的规定,从文义解释来看,集体成

〔1〕 童彬:《土地承包经营权退出机制的法律困境和制度建构》,载《农村经济》2017年第2期。

〔2〕 高海:《论农民进城落户后集体土地“三权”退出》,载《中国法学》2020年第2期。

〔3〕 李长健、朱公欢:《农村土地承包经营权退出的规范表达与法律构造》,载《经济与社会发展》2021年第5期。

员退出土地承包经营权，即对土地承包经营权的处分、放弃，引起的法律后果为土地承包经营权的丧失。据此，土地承包经营权退出理应包含土地承包经营权的转让、集体收回以及赠与等具体内涵。但实际上，政策赋予的土地承包经营权退出的含义其实就是土地承包经营权的集体收回。2003 年生效的《中华人民共和国农村土地承包法》（以下简称原《承包法》）分别在第 26 条与第 27 条规定了土地承包经营权的集体收回与自愿有偿流转。其中第 26 条第 3 款明确规定："承包期内，承包方全家迁入设区的市，转为非农业户口的，应当将承包的耕地和草地交回发包方。承包方不交回的，发包方可以收回承包的耕地和草地。"此条文规定了土地承包经营权集体收回的适用条件，即当集体农户进入地级市并转为城市户口时，集体便可以收回农户的承包地。而国家在后续推进城镇化与城乡户籍改革的进程中，对土地承包经营权的集体收回进行了限制性的规定。2011 年国务院办公厅颁布的《关于积极稳妥推进户籍管理制度改革的通知》（国办发〔2011〕9 号，以下简称《户籍改革通知》）规定："现阶段，农民工落户城镇，是否放弃宅基地和承包的耕地、林地、草地，必须完全尊重农民本人的意愿，不得强制或变相强制收回。引导农民进城落户要遵守法律法规和国家政策，充分考虑农民的当前利益和长远生计，不能脱离实际，更不能搞强迫命令。"2014 年国务院发布的《关于进一步推进户籍制度改革的意见》（国发〔2014〕25 号，以下简称《户籍改革意见》）规定："不得以退出土地承包经营权、宅基地使用权、集体收益分配权作为农民进城落户的条件。"《户籍改革通知》中规定的集体不得强制收回进城落户农民工的承包地与《户籍改革意见》中规定的不得以退出土地承包经营权作为农民进城落户的条件，这两个连续性的政策规定其实是改变了原《承包法》第 26 条第 3 款集体收回农户承包地的适用条件，同时明确地将集体收回承包地的内涵界定为土地承包经营权的退出。如果说上述政策对土地承包经营权退出是集体收回承包地这一内涵的界定不甚准确，那么在后续的农地改革中，政策将土地承包经营权的转让、承包地的"三权分置"与承包地的退出三种改革举措同时推进；而且《农业供给侧改革意见》明确提出，"允许地方多渠道筹集资金，按规定用于村集体对进城落户农民自愿退出承包地、宅基地的补偿"，此政策明确将土地承包经营权退出的补偿主体认定为"村集体"，这可以明确界分土地承包经营权退出并不包含土地承包经营权的转让,亦不包含承包地“三权分置”下土地经营权的流转。在当前阶段,土地承包经营权的转让与承包地“三权分置”的土地经营权的流转已经在《承包法》的第36~47条进行了详细规定。而在土地承包经营权的集体收回方面并未有完善的法律规范,只是在《承包法》第30条规定了集体成员可以自愿将承包地交回发包方。2019年《中共中央 国务院关于坚持农业农村优先发展做好“三农”工作的若干意见》依然指出:“坚持保障农民土地权益、不得以退出承包地和宅基地作为农民进城落户条件,进一步深化农村土地制度改革。”这也进一步说明,随着承包地“三权分置”改革成果的入法,由农民集体收回集体成员承包地的土地承包经营权退出制度依然是改革未竟之事,尚需在农民城市化的进程中深化农村土地制度改革,不能“一刀切”地将农民集体收回承包地作为农民进城落户、实现城镇化的必要条件。

土地承包经营权退出是土地承包经营权取得的逆向法律关系,是承包地取得制度的相对面,体现为农民集体向集体成员“收权”,归属于集体所有权的自主调整范畴。土地承包关系是在集体所有制下由农民集体与集体成员根据社会主义公有制的分配机制形成的组织关系中的一部分,在我国民事法律规范下被拟制为农民集体与集体成员依据土地承包合同而形成的集体所有权与用益物权法律关系。土地承包经营权的退出在拟制的法律关系中体现为土地承包合同的解除与用益物权回复于集体所有权并使集体所有权归于完整之样态;而在组织关系中土地承包经营权的退出表现为农民集体收回已分配的农业用地并用于集体统一经营或者重新分配之样态。从此角度来讲,土地承包经营权退出法律关系应当是集体成员与农民集体之间承包关系的消灭,其必然引起集体成员曾占有、使用的承包地回归于由农民集体支配的法律后果。这与土地承包经营权的转让有所不同,土地承包经营权的转让是集体成员与受让人之间的法律关系,体现为出让与受让人承包地数量的消灭与增加,最终导致的法律后果是承包合同的继受,农民集体并不因为集体成员的转让行为而得以支配承包地。因此,农民集体成员的土地承包经营权退出,是指集体成员将其享有的土地承包经营权交回农民集体或由农民集体收回的行为。

(二)农民集体成员土地承包经营权退出的功能

我国农村集体土地所有制是“在协作和对土地及靠劳动本身生产的生产

资料的共同占有的基础上,重新建立个人所有制",[1]"是农村一定社区范围的农民通过合作化和集体化对本社区的土地和依靠土地和劳动本身生产的生产资料共同占有基础上重建的个人所有制"。[2] 依此生成的集体土地制度其实是排除农村土地私人所有,但又能够依靠公有制的分配制度保障全部集体成员能够利用土地维持其生存和发展,实现集体成员个人所有制的土地制度。《中华人民共和国民法典》通过规定农民集体所有权制度与集体成员的土地承包经营权制度,将此种公有制实现集体成员个人所有制的方式确定为集体所有权衍生用益物权的法权关系。以农民集体向集体成员设定集体土地地上权利的方式向集体成员分配承包地,实现集体成员对集体土地的占有、使用与收益。但集体土地所有权制度的公有制价值在于保障全部集体成员的土地权益,农民集体需要根据集体社区的人员流动、生老病死对承包地进行一定的调整,即在收回集体土地、调整集体土地以及重新分配集体土地的循环往复中保证集体有限的土地能够保障代际性集体成员的生存和发展,维持集体土地循环保障全部集体成员的生存伦理,实现社会主义公有制下的共同富裕。如果集体成员丧失成员资格依然占而不退,其享有的土地承包经营权不能回复于集体所有权之中,那就影响了新增成员的承包地分配。若集体无法收回承包地并调整、重新分配集体土地保障新增成员的利益,则在集体成员人口更迭的代际过程中将会产生集体土地的私有异化,使土地承包经营权具有永久性效力,最终会导致土地的集中、阶级的分化。集体土地制度对集体成员生存保障作用的发挥,一方面是依赖土地的公有制排除农民对土地的私人所有权,杜绝土地兼并、阶级分化的产生;另一方面是农民集体要根据集体社区的人口变动情况以及社会经济发展情况对集体土地进行调整或者重新分配,保障集体成员的生存和发展。从此角度而言,承包地退出或者集体收回土地承包经营权就是农民集体行使集体所有权的过程,是农民集体根据人口变动与经济社会

---

〔1〕《马克思恩格斯文集(第五卷)》,中共中央马克思恩格斯列宁斯大林著作编译局译,人民出版社2009年版,第874页。

〔2〕韩松:《论农村集体经济组织法人的特别性及其立法意义》,载《中国社会科学院大学学报》2023年第8期。

发展对土地资源进行的重新配置。[1] 那么,土地承包经营权退出的功能其实在于农民集体对承包地资源的调整与重新分配,以此维护集体所有制的内部性,保障集体成员对集体土地的公平享有。这种功能其实蕴含着集体所有制的公法价值,正如有学者所述,依据集体所有制形成的公法秩序为社会成员生存与发展输送了多重价值,其中最重要的是为社会成员提供了分享生存资源的价值。[2] 承包地退出的制度功能其实就是维系此种公法价值的工具,通过收回丧失成员资格农民的土地而进行承包地的调整、重新分配,承包地资源能够在集体社区范围内实现"循环享有",有限的土地资源能够保障世代依赖土地生存的新增集体成员的生活需要。同时,基于城镇化的人口流向,通过土地承包经营权退出制度的调整功能,留在农村从事农业生产的集体成员能够获得更多的土地、提升机械化耕种的水平、获得更多的劳动产出,从而本身处于弱质地位的农业生产也可以成为致富的方式,进而实现全社会的共同富裕。

由于"户籍制度与土地制度是中国城乡二元结构下最重要的制度安排,两种制度存在着天然的耦合关系"。[3] 与农村户籍制度捆绑的集体土地制度,尤其是承包地制度实际发挥着农村基本社会保障的作用;在城乡二元户籍制度下,国家对土地承包经营权退出制度的调控也实际发挥着调整城镇化进程的作用。因此,在土地承包经营权退出制度最初设立之时,其制度功能就因其社会保障属性与调整城镇化的工具属性而被曲解,丧失了其本身的价值功能。具体而言,改革开放至原《承包法》施行前是我国城镇化政策调整的关键期,城镇化成了衡量经济发展的一项重要指标,以及社会主义初级阶段发展经济的重要任务。但碍于城乡二元结构以及人民公社时期对城镇化的影响,我国城镇化初期所面临的问题较为突出,主要表现为大城镇的基础设施差无法容纳大量进城人口,而中小城镇数量较少亟须扩容建制。因此,1980年全国城市规

---

〔1〕 参见王海娟:《农村承包地退出的路径嬗变、实践困境及其制度变革反思》,载《南京农业大学学报》2022年第2期。

〔2〕 参见贺小荣:《权利是权力的价值归属——论公法秩序与私法自治》,载《中国法律评论》2016年第4期。

〔3〕 余晓洋、刘帅、吴迪、郭庆海:《农村土地承包经营权退出的缘起及实践模式比较》,载《新疆社会科学》2020年第3期。

划工作会议提出了“控制大城市规模,合理发展中等城市,积极发展小城市”的城镇化发展方针。[1] 从此以后,我国的城镇化偏向于发展中小城镇,而且带有极强的建设性与开创性,呈现“农民先进城再建城”的特点。但由于我国城乡二元户籍制度的限制,农民转化为市民的标志就成为“农村户口转城镇户口”,因此,国家控制城镇化的基本手段首先就是控制“户籍”制度。而且在二元户籍制度下,承包地是只有具备农村户口的本集体成员才能享有的基本生产资料,农民进城落户会导致承包地的集体“抽回”,农民也会因此丧失承包地对其的社会保障。是故,承包地的退出也会左右农民进城的选择。基于此,户籍政策与承包地退出政策就顺理成章地成为国家调控城镇化的两个基本工具。1997 年国务院批转了公安部《小城镇户籍管理制度改革试点方案》《关于完善农村户籍管理制度意见》两个文件,提出:“允许已经在小城镇就业、居住并符合一定条件的农村人口在小城镇办理城镇常住户口,以促进农村剩余劳动力就近、有序地向小城镇转移,促进小城镇和农村的全面发展。”1998 年《中共中央关于农业和农村工作若干重大问题的决定》提出,“发展小城镇,是带动农村经济和社会发展的一个大战略”。2001 年《国务院批转公安部关于推进小城镇户籍管理制度改革意见的通知》提出:“通过改革小城镇户籍管理制度,引导农村人口向小城镇有序转移,促进小城镇健康发展,加快我国城镇化进程。同时,为户籍管理制度的总体改革奠定基础……小城镇户籍管理制度改革的实施范围是县级市市区、县人民政府驻地镇及其他建制镇。凡在上述范围内有合法固定的住所、稳定的职业或生活来源的人员及与其共同居住生活的直系亲属,均可根据本人意愿办理城镇常住户口。”基于上述的政策文件以及小城镇的建设目标,2003 年施行的原《承包法》第 26 条在第 2 款、第 3 款之上作出了区分性的土地承包经营权退出制度。第 2 款规定:“承包期内,承包方全家迁入小城镇落户的,应当按照承包方的意愿,保留其土地承包经营权或者允许其依法进行土地承包经营权流转。”第 3 款规定:“承包期内,承包方全家迁入设区的市,转为非农业户口的,应当将承包的耕地和草地交回发包方。

〔1〕 国务院批转《全国城市规划工作会议纪要》(国发〔1980〕299 号)规定:“控制大城市规模,合理发展中等城市,积极发展小城市,是我国城市发展的基本方针。”

承包方不交回的，发包方可以收回承包的耕地和草地。”通过对这两款条文的对比解读能够明显地发现，立法其实对进入不同规模城镇的农民的土地承包经营权退出规定不一致，承包地的退出只适用于进入地级市落户的农民，而且规定了自愿无偿交回退出和农民集体强制无偿收回退出两种方式。有学者将此条文解释为土地承包经营权的强制无偿退出，并认为其“体现了城乡二元结构背景下集体成员身份与农村户籍捆绑”。[1] 笔者认为，此条文虽然与户籍捆绑有着密切的关系，但户籍并不完全是此制度形成的根本逻辑。无论农民进入设区的市还是小城镇落户，都是脱离农村户籍的一种表现，如果集体成员资格与农村户籍完全捆绑，那么不应有不同的法条产生。结合国家发展中小城镇的总体规划，此其实并不在于发挥土地承包经营权退出调整承包地资源的应有功能，而是赋予其调整城镇化的工具属性。由此可以得出一个结论，原《承包法》第 26 条规定的土地承包经营权退出制度并不意在处理成员资格（农村户籍）丧失与承包地享有的关系问题，也无意发挥土地承包经营权退出制度对集体土地公平分配的功能与维护集体所有权的调整功能。而是将其当作调整城镇化的工具，借助承包地的经济价值与社会保障作用来引导农民城镇化的选择：如果进入国家政策鼓励的中小城镇，农民可以保留承包地，并继续利用承包地进行收益，而且全家都能顺利取得城市户口，享受城市资源；如果进入国家控制规模的大城市，国家将采取严格的落户条件，同时还要强制收回承包地，农民不仅不能利用承包地继续收益，还无法保有承包地作为城镇化失败的失业兜底保险。在仅有这两个选择的情况下，作为理性经济人的农民更多地会选择进入中小城镇，发展中小城镇的目标也因此得以实现。由此而言，在土地承包经营权退出制度设立之时，立法主要将其发挥的承包地调整功能当作城镇化的调整工具，而忽视集体所有权对土地承包经营权调整与管理的制度功能。而在当前阶段，发展中小城镇的阶段性目标早已实现，应当及时纠正土地承包经营权退出制度的功能异化问题，使土地承包经营权退出制度回归到维护、巩固社会主义公有制与保障集体土地权益公平享有的功能之上。

---

[1] 高海：《论农民进城落户后集体土地“三权”退出》，载《中国法学》2020 年第 2 期。

三、农民集体成员土地承包经营权退出的方式

（一）农民集体成员土地承包经营权的强制退出

原《承包法》第26条规定了土地承包经营权的两种退出方式——自愿无偿交回与集体强制无偿收回。但后续的户籍改革政策与城镇化政策逐步将农民集体强制收回土地承包经营权的退出方式架空。2011年《户籍改革通知》规定："现阶段，农民工落户城镇，是否放弃宅基地和承包的耕地、林地、草地，必须完全尊重农民本人的意愿，不得强制或变相强制收回。"此规定对原《承包法》第26条第3款的内容进行了分解变动，并依此缩小了集体强制收回土地承包经营权的适用范围，在"迁入设区的市的承包方全家"中剔除了农民工家庭。根据严格的文义解释，此政策也限缩了原《承包法》第26条第3款中土地承包经营权退出的主体范围，对集体强制收回土地承包经营权的情形进行了例外性的规定。但这并不是有些学者认为的"不再区分小城镇与设区的城市，并将原强制退出改为'两权'的自愿退出"，[1]更不是有些学者解读的"收回了进入地级市以上城市落户必须交回承包地的法律规定"。[2] 结合该政策全文的内容，此项政策规定意在保护城镇化进程中农民工的权益，为这部分进城兼业农民提供更多的保障，使其能够持续而无后顾之忧地建设城镇，促进城镇化的发展。2014年《户籍改革意见》规定："不得以退出土地承包经营权、宅基地使用权、集体收益分配权作为农民进城落户的条件。"此政策明确将原《承包法》第26条第3款规定的土地承包经营权退出方式中的集体强制收回进行了限制，即使是非农民工的承包户全家迁入设区的市，农民集体也不得收回其承包地。这样的政策变化其实有着特殊的社会背景，即我国的城镇化在上述一系列政策的规制下快速发展。"从1978～2013年，城镇常住人口从1.7亿人增加到7.3亿人，城镇化率从17.9%提升到53.7%，年均提高1.02个百分点；城市数量从193个增加到658个，建制镇数量从2173个增加到20,113个。"[3]

---

〔1〕 高海：《论农民进城落户后集体土地"三权"退出》，载《中国法学》2020年第2期。

〔2〕 叶兴庆、李荣耀：《进城落户农民"三权"转让的总体思路》，载《农业经济问题》2017年第2期。

〔3〕 参见中共中央、国务院印发的《国家新型城镇化规划(2014—2020年)》。

但对实现城镇化农民的社会保障没有与农民城镇化的速度相匹配,从而产生了一系列的社会保障问题。截至2014年以前,统计为城镇人口的2.34亿农民工及其随迁家属,并没有在教育、医疗、养老、保障性住房等方面享受城镇居民的基本公共服务,而且农村留守儿童、妇女和老人问题日益凸显,这两方面的问题成了社会经济发展与城镇化中的新矛盾。[1] 从此角度而言,政策限制农民集体强制收回承包地的主要目的是使城镇化中的农民保有承包地并将其作为替代性的社会保障,通过"带地进城"缓解农民(以及农民工)入城后社会保障不足的问题,并为农民城镇化的失败作保底机制。

届此,由于政策对法律的限制,原《承包法》规定的集体强制收回土地承包经营权的退出方式被实际弃用。同时,上述改革政策也逐步模糊了农民户籍与集体成员资格、土地承包经营权退出之间的关系。土地承包经营权的退出只能依赖于集体成员自愿无偿向农民集体交回承包地的内心道德约束。但实际上,在城乡社会保障体系尚不健全、承包地兼具社会保障功能以及承包地退出带来的经济效益对农户生活水平的改善并不大等现实情况下,农户更愿意将承包地作为增值性资产长期持有。[2] 由此也造成了实践中耕地抛荒现象较多,同时产生了"进城不退地,新人无地耕"的现实问题。无地农民只能通过市场化手段从这些已经市民化的"农民"手里租地、买地进行农业生产,造成了"体制化"的人地矛盾。对此,2015年《综合方案》提出了"在有条件的地方开展农民土地承包经营权有偿退出试点"。2016年国务院发布的《关于深入推进新型城镇化建设的若干意见》(以下简称《城镇化深化意见》)提出:"探索农户对土地承包权、宅基地使用权、集体收益分配权的自愿有偿退出机制,支持引导其依法自愿有偿转让上述权益,提高资源利用效率,防止闲置和浪费。"2017年中央一号文件提出:"允许地方多渠道筹集资金,按规定用于村集体对进城落户农民自愿退出承包地、宅基地的补偿。"这一系列的政策都试图以农民集体有偿收回的方式对集体成员土地承包经营权的退出形成引导机制,并使集体成员通过有偿退出承包地的方式带资进城,以缓解城市社会保障压力。

---

[1] 参见中共中央、国务院印发的《国家新型城镇化规划(2014—2020年)》。

[2] 参见段静琪、苗海民、朱俊峰:《非农就业、所有权认知与农户承包地退出》,载《中国农业大学学报》2022年第8期。

2018年《承包法》修改，分别在第27条、第30条对自愿有偿退出方式进行了规定。但并未从立法上增加土地承包经营权的强制退出方式，已经实现了城镇化并丧失成员资格的农民是否退出承包地依然依靠其内心的道德约束。

实事求是地讲，在户籍与成员资格不再捆绑之际，《承包法》第27条、第30条对集体成员丧失成员资格时的承包地退出的规定有所缺漏，主要表现为肯认了已经实现城镇化并享有城市社会保障的农民同时可以享有土地承包经营权这一农村的社会保障。这一制度缺漏有违集体土地公有制的基本内涵，承包地事实上已经处于集体所有权无法调整并可以永久限制集体所有权之境地。有学者通过实证研究表明，在当前承包地的退出问题上，由于稳定承包地、土地确权颁证以及土地承包经营权长久不变等政策的颁行，农户对农地所有权的私有化认知比例逐步升高。[1] 这样的情况主要是由土地承包经营权的集体强制收回方式缺失导致的。从上述户籍改革政策与城镇化促进政策的目的来看，进城落户农民承包地的自愿有偿退出是阶段性的政策，目的是在进城落户农民未完全享有城市社会保障之前，为进城落户农民提供集体土地的社会保障，使农民不因进城落户而丧失已经享有的集体土地保障，为其城镇化的失败分散风险。[2] 尽管在城镇化的过渡阶段应当适当约束土地承包经营权退出制度以保障集体成员的生存问题，但从长远来看并不应该完全否定农民集体强制收回土地承包经营权的基本方式。农民集体土地所有权的本质就是以劳动群众集体所有的土地为集体成员提供基本的生存保障。如果集体成员完全取得城市社会保障并且不依赖集体土地作为基本的生存保障，其也应当相应地丧失集体成员资格，那么农民集体在支付相应的补偿款后可以收回承包地。集体土地本应由作为农民的集体成员享有并使用，如果已经市民化了的农民继续保有承包地，会导致集体土地分配的实质不公平，还会造成土地承包经营权的私有异化。不能实现城镇化且作为农民的集体成员，如果无法通过集体社区人口的减少而获取更多的土地，那么为了提高经济收入其只能

〔1〕 参见段静琪、苗海民、朱俊峰：《非农就业、所有权认知与农户承包地退出》，载《中国农业大学学报》2022年第8期。

〔2〕 参见韩松：《城镇化对农民集体土地所有权制度的影响及其应对》，载《江西社会科学》2020年第2期。

花费地租从“当退未退”的农民手里获得土地,这也意味着不能实现城镇化且作为农民的集体成员不得不贡献更多的劳动剩余以支付地租。这种地租的存在与我国集体所有制的根本内涵相悖,会加大城乡二元收入差异。而且农村集体经济也无法通过收回承包地而有效地实现农地的规模经营,实现农村经济的第二次飞跃。因此,应当审时度势地建立土地承包经营权的强制退出方式,对于丧失成员资格、实现城镇化并不再以依赖集体土地作为基本生活保障的集体成员,应当由集体经济组织通过民主决议取消其成员资格、收回承包地并给予相应的补偿。

(二)农民集体成员土地承包经营权的自愿退出

《承包法》第27条与第30条规定了集体成员可以按照自愿有偿的原则将承包地交回发包方,依此确立了土地承包经营权的自愿退出方式。土地承包经营权作为集体成员享有的用益物权,集体成员对其享有处分权,可以依法实施转让、互换、赠与等处分行为。农民集体成员资格是集体成员享有承包地的基础,当成员资格丧失时,集体成员继续享有承包地便失去了正当性基础,其应当主动向集体经济组织交回承包地。因此,在集体成员实现城镇化并已经丧失成员资格但集体经济组织尚未收回其承包地时,集体成员可以主动向集体经济组织交回承包地并获得相应的补偿。如果集体成员未丧失成员资格,在符合一定的条件下也可以在本轮承包期内退出土地承包经营权,获取相应的补偿。在土地承包经营权被拟制为用益物权之时,其就被赋予了相应的处分权,集体成员作为土地承包经营权的权利人,既可以选择保留承包地进行劳动生产,也可以选择向本集体其他成员转让土地承包经营权、流转土地经营权以及退出承包地。虽然土地承包经营权发挥着替代性的社会保障作用,但也需要客观地看待我国农民城镇化的过程,即大多农民的城镇化路径一般为“离土离乡”到城市打工或者做生意,他们的承包地多被闲置或者用于出租,但如果退出制度能够使这些农民获得一次性的补偿,从而在城市里购房置业,逐步获得城市的社会保障,也应是土地承包经营权退出的内在制度价值。如果农民退出承包地后未顺利地实现城镇化的转变、获得城市的社会保障,那么在未丧失成员资格的情况下也可以保留下一轮分取承包地的权利,在下一个承包周期内获取承包地的分配。

四、农民集体成员土地承包经营权退出的条件与程序

(一)农民集体成员土地承包经营权退出的条件

1. 自愿退出的条件

关于农民集体成员土地承包经营权自愿退出的条件设定,有学者认为,土地承包经营权退出需要具备"取得替代性基本生活保障为退出土地承包经营权的实质要件"[1]。也有学者认为:"借鉴试点地区的相关做法,农户要退出土地承包经营权,必须具备以下条件之一:一是农户遵照合法手续承包土地且有社保,在城市长期居住(有固定住所),家庭成员就业和收入稳定,且不以土地为生存条件;二是农户遵照合法手续承包土地且有社保,在城市有固定住所但仍居住在本村,家庭成员就业和收入稳定,并一致同意自愿退出;三是农户遵照合法手续承包土地且有社保,家庭成员已年满60周岁,身边无子女或女儿外嫁,有合法稳定住所。"[2]此类观点可以在实践中寻得例证,如桐乡市规定:"放弃全部土地承包经营权的农户须在城市(镇)或城乡一体新社区等地有合法住房,有稳定工作或收入来源。"[3]可见,学界与实践大多将取得替代性的社会保障作为土地承包经营权退出的基本条件。笔者认为,土地承包经营权对集体成员而言的确具有基本的生存保障作用,但是此种生存保障作用并不应当被过度夸大。集体土地对集体成员的生存保障作用主要在于两个方面:一是承包地对集体成员提供的基本生存保障,即为集体成员提供得以劳作的土地,保证集体成员生存的口粮与基于粮食交换而获取的其他生活资料;二是宅基地对集体成员提供的居住保障,即为集体成员提供可以建筑住所的土地,保证集体成员户有所居。由此而言,为集体成员提供住房保障并不是承包地的实际功能,而是宅基地的保障作用所在。学界与实践均以在城市拥有固

---

〔1〕 李长健、朱公欢:《农村土地承包经营权退出的规范表达与法律构造》,载《经济与社会发展》2021年第5期。

〔2〕 高强、侯云洁:《农村土地承包经营权有偿退出:试点做法与机制探讨》,载《南京林业大学学报(人文社会科学版)》2022年第2期。

〔3〕 参见《桐乡市关于建立农村土地承包经营权有偿退出机制的实施意见(试行)》(桐农〔2023〕5号)。

定的住所作为承包地退出的条件,其实夸大了承包地的社会保障作用。在城市有稳定的住所当然是衡量集体成员是否取得城市社会保障的标准之一,也是判断集体成员是否丧失集体成员资格而强制收回其承包地的重要指标。但在集体成员实现城镇化的过程中,因其工作、生活以及学习等个人或者家庭情况,不必然在城市拥有稳定的住所,或者有些集体成员就近实现城镇化,可以折返于城镇与乡村,居住在宅基地上房屋中。当集体成员自愿退出承包地时,其宅基地及地上房屋依然保留,因此不应以此种居住性社会保障作为退出条件。而应当考虑到集体成员为实现城镇化而退出本轮承包地并一次性获得土地退出补偿款对其城镇化的推动作用,集体成员可以利用承包地退出补偿款在城市安家置业,从而实现在城市居住、工作、生活的目的。而以获得城市社保作为承包地的退出条件,其实是混淆了社保与承包地对集体成员社会保障的作用。社保,主要是指养老保险,养老保险是以保险兑付的方式为达到法定离退休条件的劳动者提供稳定可靠的生活来源。但承包地的社会保障是以集体成员的劳动为前提的,只有集体成员占有并使用土地进行生产劳动,才能以土地产出的劳动成果作为生活保障的来源。而养老保险是以保险人交付保险金并达到法定年龄为兑付保险金前提,其对保险人的生活保障一般为60周岁以上,并不需要以保险人的劳动为前提。承包地的退出并不是集体成员以获取养老费用为目的,尤其是在集体成员实现城镇化的过程中,其既可选择自主缴纳城市社保,也可选择缴纳农村统筹社保,这均是对其未来养老的保障。因此,承包地的社会保障作用与社保并不具备相互替代性,不应以取得城市社保作为集体成员自愿退出土地承包经营权的条件。

实际上,原《承包法》第41条规定:"承包方有稳定的非农职业或者有稳定的收入来源的,经发包方同意,可以将全部或者部分土地承包经营权转让给其他从事农业生产经营的农户,由该农户同发包方确立新的承包关系,原承包方与发包方在该土地上的承包关系即行终止。"此条文规定了集体成员转让土地承包经营权的替代性社会保障条件,即只有在集体成员具有了替代利用承包地获取收入的非农职业以及具有可以满足生存发展的稳定收入来源时,集体成员才可以转让土地承包经营权。但经过实践的检验,该条文最终在2018年修改《承包法》时被删除,这也证明了以土地保障集体成员生存的土地承包经营权无须以集体成员取得替代性的社会保障作为转让的条件。对于集体成员而言,土地承包经营权退出与转让的后果均是集体成员丧失土地承包经营权这一用益物权,集体成员无法再利用承包经营进行农业生产。从承包地对集体成员提供的生存保障形式来看,集体成员须在承包地付出一定的劳动才有可能收获劳动成果,但农业毕竟是弱质性产业,受自然条件的影响较大,若遇自然灾害,农作物没有收成或者收成很少,集体成员便无法获得或只能获得很少的收入。因此,农业收入也并不是十足稳定的收入来源,只是承包地是固定的生产资料,以稳定的收入来源作为集体成员退出承包地的条件也并不具备合理性与"等价性"。而应当着重考虑农民实现城镇化的现实情况,其可以通过退出承包地的补偿费用作为投资置业或求职创业的资金,实现在城市的生存。在集体成员自愿退出土地承包经营权之上,应当更加尊重其对承包地退出的选择,如果其不以在承包地上劳动作为基本的生活来源,那么应当准许其退出承包地,鼓励其实现城镇化。

2. 强制退出的条件

由于户籍改革与保护进城农民利益的缘故,现阶段农民进城落户并不绝对地丧失集体成员资格,其能够通过自愿有偿的方式退出土地承包经营权。但"从长远而言,应对人的城镇化对农民集体土地所有权的影响,也应当建立进城农民市民化之后的集体成员资格的强制退出机制"〔1〕。2022年公布的《中华人民共和国农村集体经济组织法(草案)》(以下简称《农村集体经济组织法草案》)第18条规定了集体成员身份丧失的事由:"有下列情形之一的,丧失农村集体经济组织成员身份:(一)死亡或者被依法宣告死亡的;(二)丧失中华人民共和国国籍的;(三)已经取得其他农村集体经济组织成员身份的;(四)已经成为国家公务员的;(五)自愿退出的;(六)法律法规和章程规定的其他情形。前款第三、四、五项情形下丧失农村集体经济组织成员身份的,依据法律法规和章程规定,或者经与集体经济组织协商,可以在一定期限内保留其已经享有的财产权益。"从此条文来看,在集体经济组织同意的情况下丧失

〔1〕 韩松:《城镇化对农民集体土地所有权制度的影响及其应对》,载《江西社会科学》2020年第2期。

成员资格的农民可以在一定期间内保留的已经享有的财产权益,主要是指土地承包经营权、宅基地使用权以及集体经营收益分配股份权等财产权益。那么,在集体经济组织不同意或者在保留期限届满时,集体经济组织便可以强制收回其财产权益,这便包含了土地承包经营权的强制退出。从上述成员资格丧失的情形来看,第3~5项作为集体经济组织能够强制收回承包地的情形,其内在意蕴其实已经明确地包含了集体成员不再依赖于本集体土地作为生存发展基础的强制收回条件。具体而言:

其一,如果集体成员获得其他集体经济组织成员身份,那么该集体经济组织就应当向其分配承包地、宅基地以及其他由集体成员享有的财产权益,该集体成员也就不依赖原集体经济组织的土地作为生存保障,原集体经济组织可以强制收回其财产权益。但如果该集体经济组织未及时向其分配承包地,该成员也可以与原集体经济组织协商附期限收回。这其实明确了集体成员强制退出土地承包经营权、集体经济组织强制收回承包地的条件是丧失成员资格的集体成员已经取得其他集体经济组织的承包地并不再依赖本集体土地进行生存保障。其二,如果集体成员已经成为国家公务员,其就已经纳入国家公务员工薪序列,并明确享受了城市的医疗、住房、失业以及养老等社会保障。其不再依靠农村土地作为基本的生存保障,集体经济组织也应当强制收回其承包地。但《农村集体经济组织法草案》考虑到考取公务员的集体成员也可能存在刚进城不能迅速实现城镇化而需要一定过渡期的情况,因此基于人道主义保留了与集体经济组织协商暂不退出土地承包经营权等其他财产权益的方案。其三,如果集体成员自愿放弃集体成员资格,那么相应地要退出其所享有的土地承包经营权等集体财产权益。《农村集体经济组织法草案》第17条规定:"农村集体经济组织成员提出书面申请并经集体经济组织同意的,可以自愿退出集体经济组织。农村集体经济组织成员自愿退出的,可以与农村集体经济组织协商获得适当补偿或者在一定期限内保留已经享有的财产权益,但是不得要求分割集体财产。"从此款条文来看,集体成员在退出成员资格时,其实同时退出了其所享有的财产性权益,并可依据自愿有偿退出的原则获取一定的补偿,此种补偿主要来源于承包地、宅基地以及集体经营收益分配股权等财产性权益的补偿。如果集体成员在集体经济组织同意的情况下,也可以不退出并在一定期间内保留上述权益，这也在一定程度上体现了集体社区对集体成员实现城镇化中的倾斜保护。

由上可知，《农村集体经济组织法草案》对集体成员丧失成员资格时强制退出土地承包经营权持肯定态度。但在丧失成员资格的判定之上也实际肯认了集体成员获得替代性社会保障这一具体条件。申言之，从《农村集体经济组织法草案》的立法目的来看，包含土地承包经营权等集体财产权益的强制退出应当符合集体成员丧失成员资格并且取得替代性的社会保障的复合条件。集体成员丧失成员资格并不绝对地引起集体经济组织强制收回土地承包经营权的法律后果，而是赋予集体成员基于替代性生活保障不足情况下的延缓退出。可见，《农村集体经济组织法草案》倾向于土地承包经营权强制退出的形式条件是集体成员丧失成员资格，而实质条件是集体成员不再依赖于集体土地作为生存保障并取得了替代性的社会保障。但实质上，集体成员丧失成员资格与集体经济组织强制收回承包地应当基于同一实质性标准，也即集体成员取得城市社会保障并不再依赖集体土地作为基本生存保障。《农村集体经济组织法草案》第 11 条对集体成员的定义为："户籍在或者曾经在农村集体经济组织并与农村集体经济组织形成稳定的权利义务关系，以农村集体经济组织成员集体所有的土地为基本生活保障的农村居民，为农村集体经济组织成员。"可见，《农村集体经济组织法草案》认定集体成员资格的实质条件是依靠集体所有的土地作为基本生活保障。那么，集体成员丧失成员资格的实质条件也应当是不再依靠集体土地作为基本生活保障。而不再依赖于集体土地作为生存保障的判断标准是集体成员取得了其他替代性的社会保障。对此，应当明确的是，集体成员丧失成员资格的本质是不再依赖集体土地作为生存保障，而土地承包经营权强制退出方式的条件只能是集体成员丧失成员资格。如果集体成员丧失成员资格但又允许其可以与集体经济组织协商保留土地承包经营权，这其实是肯认了集体成员丧失成员资格不是以集体土地作为生存保障为实质条件，抑或是曲解了集体所有权的公有性与内部性特征，将集体福利外溢至集体社区之外。集体所有权是具有本集体成员资格的成员享有的权利，以其集体所有权人构成分子的身份在集体所有权中享有成员权，并依此参与集体经济事务管理、民主表决，享有土地承包经营权、宅基地使用权以及集体经营收益分配权等财产性权利。如果集体成员丧失成员资格,那么其就不再是集体所有权人的构成分子,便不再享有集体所有权的所有者权益。因此,对于集体成员土地承包经营权强制退出条件的设定,应当明确其基本条件是集体成员丧失成员资格。如果未来立法对丧失成员资格的实质条件规定不甚完善,那么也应当留有相应的缓冲办法,如允许集体经济组织具体判断丧失成员资格的集体成员是否不再依赖集体土地作为基本生存保障的实质条件,依此决定集体经济组织是否强制收回该成员的承包地或者是否设置一定的延缓退出期限。

(二)农民集体成员土地承包经营权退出的程序

关于农民集体成员土地承包经营权退出的程序设定,学界基本一致地认为应当以“集体成员书面申请+集体经济组织审批同意”作为前置程序。但实际上,土地承包经营权的退出程序与退出的条件相辅相成,如果对土地承包经营权的退出施以一定的条件限制,那么集体经济组织就应当审查条件是否具备。

在集体成员自愿退出土地承包经营权的情况下,有学者认为应当采取“要式性的法律形式,包括退出申请—退出核准—退出公告—签订协议—变更登记的程序”,这是由于该学者认为土地承包经营的退出应当符合“取得替代性基本生活保障为退出土地承包经营权的实质要件”[1]。前已述及,集体成员在城镇化的过程中可能面临多种情形,以取得替代性的基本生活保障作为集体成员自愿退出承包地的实质条件较为苛刻,且并不容易提供相应的佐证。如果户内家长集体成员为了陪读而在城市以打零工、做生意为生,虽未取得城市的住房、医疗以及养老等社会保障,但已经不再利用承包地从事农业生产,也应允许其在自愿选择的情况下退出承包地,以承包地退出的补偿款作为实现城镇化的资金。即使集体成员退出承包地,在未丧失集体成员资格的情况下依然享有宅基地的居住保障以及集体经营收益分配提供的财产保障等。因此,未丧失成员资格的集体成员在本轮承包期剩余期限内自愿退出承包地的,

---

〔1〕 李长健、朱公欢:《农村土地承包经营权退出的规范表达与法律构造》,载《经济与社会发展》2021年第5期。

不应当被施以取得替代性社会保障的条件限制，相应的集体经济组织审核同意的程序也应当进行简化。但由于承包地是分配到户，为户内集体成员共享的权益，集体经济组织应当审查承包地的退出是否经全体户内成员同意。也就是说，集体成员自愿退出承包地应当遵循经户内其他成员全体同意的前置程序，并且应当以户内具备民事行为能力的全体成员作为退出主体与集体经济组织签订土地承包经营权自愿有偿退出协议。当退出土地承包经营权后，集体经济组织应当注销相应的土地承包经营权证书。

而土地承包经营权强制退出的条件是集体成员丧失成员资格，集体经济组织应收回丧失成员资格农民的承包地并给予相应的补偿。土地承包经营权是对集体成员财产权利的一种剥夺，并不遵循集体成员的个人意愿，因此其程序设定应当更加严谨。首先，土地经营权的强制退出应当以集体成员资格丧失的确认程序（或成员资格的取消程序）为前提。而集体成员资格的取消程序应当包含程序的启动、通知、审查、表决、公告（异议期）五项内容。集体经济组织、村民委员会或者一定比例的集体成员根据集体社区内部人口变动情况可以启动集体成员资格的取消程序；由集体经济组织向全部集体成员发放取消集体成员资格的会议通知；全体成员民主议定被取消成员资格的集体成员丧失成员资格的实质标准；经本集体经济组织成员大会3/4以上成员表决确认的，取消具体成员本集体经济组织成员资格；集体经济组织公示取消成员资格人员名单，并留有30日的异议期，被取消资格的集体成员不服上述决议的，可以向集体经济组织提出异议。其次，取消集体成员资格程序异议期届满后，集体经济组织应当公示丧失成员资格农民的土地承包经营权退出公告并保留合理期限，由丧失集体成员资格的农民主动向集体经济组织交回，并按照集体经济组织的内部规定签订退出协议、领取退出补偿款。如果丧失成员资格的农民在合理期限内未主动交回承包地或者拒绝交回承包地，经集体经济组织催告后仍不交回的，集体经济组织可以强制收回，并提存相应的土地补偿款。最后，由于集体成员实现城镇化情况的特殊性与未来成员资格取消程序立法的不确定性，在特殊情况下，应当由集体经济组织自主决定是否允许集体成员延缓退出承包地。即被取消成员资格的农民在城镇化的过程中尚未取得替代性的社会保障，可以在知道土地承包经营权退出公告后向集体经济组织申请延缓退出承包地,由集体经济组织对其具体情况进行审查,适当延缓承包地的退出期限。

五、结语

随着社会经济与城镇化的发展,土地承包经营权退出问题凸显。由于我国政策曾将土地承包经营权退出制度作为调整城镇化的工具,而在集体土地财产性凸显的今日,学界与实践又一心投入承包地的流转和股份化改造,疏忽了对承包地退出制度的价值挖掘与体制纠正。对用益物权流转的精雕细琢虽然也是落实集体所有权之举,但抛开用益物权与集体所有权的关系,仅对用益物权的财产性发挥、市场化利用过甚其词,恐怕难拾集体土地所有权的设立初心。

永久基本农田保护的实践现状与制度回应

张黎明*

摘　要：永久基本农田特殊保护制度设计的目的在于实现永久基本农田的更好利用。“三位一体”保护将新时代耕地保护推向了一个新高度。永久基本农田特殊保护也需要遵循“三位一体”保护路径，实现从数量到质量再到生态的全面保护，这一保护过程集中体现在永久基本农田利用。通过数量、质量、生态三个层面对耕地和永久基本农田利用现状的对比考察，可以发现：耕地数量保护的问题在于数量维持压力的增大、优质耕地保护力度不够以及区域动态平衡机制不够完善；质量保护的问题在于相关举措针对性不强、制度建设系统性较弱；生态保护的问题在于尚未从“生产的生态保护”上升至“生态的生态保护”。制度上应当从三个方面分别予以回应，其核心在于认清永久基本农田“三位一体”保护的基本情势，完善当前法律制度，实现可持续的永久基本农田利用。

关键词：永久基本农田　特殊保护　“三位一体”保护

永久基本农田特殊保护的法律制度设计，整体上是以如何更好地实现对永久基本农田的利用为核心。新时代，耕地保护由单一的数量保护逐步发展为数量与质量并重，再发展为数量、质量、生态“三位一体”保护。一方面，随着

* 西南政法大学中国农村经济法制创新研究中心副研究员、西南政法大学经济法学专业博士研究生。

有关耕地和永久基本农田保护的各类政策文件出台,其中涉及“三位一体”保护的内容被更全面、深入地阐发,这在某种意义上为今后法律层面完善相应制度打下了基础。另一方面,在有关耕地和永久基本农田保护及利用的实践中潜藏着各类问题,如优质耕地大量流失、耕地肥力下降、农田生态系统的不稳定加剧等。面对制度的改进以及实践中或新出或旧有的种种问题,需就“三位一体”的实践保护加以全面探讨,以期助益永久基本农田特殊保护法律制度的完善。

一、永久基本农田数量保护的实践分析

(一)永久基本农田数量保护的现状

耕地数量保护是耕地保护中的首要问题,只有保有足够数量的耕地,耕地保护的相关制度才能完善,质量保护和生态保护才有现实意义。永久基本农田保护也不例外,需要始终坚守15.46亿亩的永久基本农田的最低保有量,[1]而后才能在此基础上进行高标准农田建设以及“三区三线”的划定。因此,在永久基本农田保护的实践分析中,首先需要分析其实践状况。

1. 永久基本农田数量保护概述

根据国土三调数据,我国现有耕地191,792.79万亩,较之国土二调的203,077万亩减少约1.12亿亩,且有进一步减少的趋势。[2] 虽然没有突破18亿亩耕地红线,但若照此速度继续减少,待10年后国土四调时,我国耕地面积将低于18亿亩。为守住18亿亩耕地红线,我国持续加大耕地保护力度。中央及相关部门更是在各类年度规划及计划中反复强调保证耕地面积不减少。如表1所示,从国土二调到国土三调各省耕地面积变化的情况来看,在31个省市中,有26个省市的耕地面积出现不同程度的下降,耕地面积增加的仅有5个省市,且这5个省市经济多不甚发达。就此而论,我国耕地数量保护至少呈

[1] 根据《全国土地利用总体规划纲要(2006—2020年)》(国发〔2008〕33号)及《全国土地利用总体规划纲要(2006—2020年)调整方案》(国土资发〔2016〕67号)的规定,我国永久基本农田最低保有量为15.46亿亩。

[2] 根据《2022年中国自然资源统计公报》,2022年,我国耕地总面积为191,401.5万亩,较国土三调减少391.29万亩。

现三大特点：

表1　国土二调到国土三调各省（自治区、直辖市）耕地面积增减变化情况

单位：万亩

省/自治区/直辖市	国土二调	国土三调	增减情况
北京	340.76	140.32	↓ 200.44
天津	670.75	494.34	↓ 176.41
河北	9842.03	9051.26	↓ 790.77
山西	6102.65	5804.25	↓ 298.4
内蒙古	13,783.93	17,255.43	↑ 3471.5
辽宁	7562.89	7773.22	↑ 210.33
吉林	10,545.67	11,247.75	↑ 702.08
黑龙江	23,798.85	25,793.14	↑ 1994.29
上海	284.64	242.967	↓ 41.67
江苏	6919.4	6148.39	↓ 771.01
浙江	2980.03	1935.70	↓ 1044.33
安徽	8860.56	8320.35	↓ 540.21
福建	2012.67	1397.99	↓ 614.68
江西	4633.71	4082.43	↓ 551.28
山东	11,502.43	9692.80	↓ 1809.63
河南	12,288.01	11,271.10	↓ 1016.91
湖北	7984.56	7152.88	↓ 831.68
湖南	6202.53	5443.40	↓ 759.13
广东	3798.33	2852.87	↓ 915.46
广西	6645.79	4961.46	↓ 1684.33
海南	1094.64	730.37	↓ 364.27
重庆	3657.58	2805.25	↓ 852.33
四川	10,079.95	7840.75	↓ 2239.2
贵州	6843.78	5208.93	↓ 1634.85
云南	9365.84	8093.32	↓ 1272.52
西藏	664.45	663.13	↓ 1.32

续表

省/自治区/直辖市	国土二调	国土三调	增减情况
陕西	5996.35	4401.51	↓ 1594.84
甘肃	8115.35	7814.21	↓ 301.14
青海	882.03	846.30	↓ 35.73
宁夏	1932.1	1797.64	↓ 134.46
新疆	7684.59	10,557.88	↑ 2873.29

第一,耕地总面积持续减少,坚守18亿亩耕地保护红线的压力进一步加大。2007年的政府工作报告中首次提出守住耕地红线问题,[1]其中提道“在土地问题上,我们绝不能犯不可改正的历史性错误,遗祸子孙后代。一定要守住全国耕地不少于18亿亩这条红线”。[2]然而,我国持续的经济建设与城市规模的扩张使大量耕地不断被转为建设用地,如图1、图2、图3所示,从2011~2021年,我国乡镇建成区面积由412.8万公顷(6192万亩)增加到492.4万公顷(7386万亩),增长了79.6万公顷(1194万亩),增加率为19.3%。县城建成区面积由173.76万公顷(2606.4万亩)增加到当前的210.26万公顷(3153.9万亩),增长了36.5万公顷(547.5万亩),增加率为21%。城市建成区面积由436.032万公顷(6540.48万亩)增加到624.205万公顷(9363.075万亩),增长了188.173万公顷(2822.595万亩),增加率为43.16%。同时,据官方统计,我国城市的建设用地面积仍在增加,已由2011年的418.053万公顷增加到594.246万公顷。[3]由此可见,我国耕地面积缩减的主要压力仍来自城市区域。同时,随着乡村振兴的全面推进以及国家对县域经济的扶持,乡镇和县城的建设用地也可能加速增长,这进一步加大了耕地数量保护的压力。

〔1〕牛善栋、方斌:《中国耕地保护制度70年:历史嬗变、现实探源及路径优化》,载《中国土地科学》2019年第10期。

〔2〕温家宝:《政府工作报告——2007年3月5日在第十届全国人民代表大会第五次会议上》,载《中华人民共和国国务院公报》2007年第13期。

〔3〕相关数据来自中华人民共和国住房和城乡建设部编:《中国城乡建设统计年鉴(2021)》,中国统计出版社2022年版,第7页。

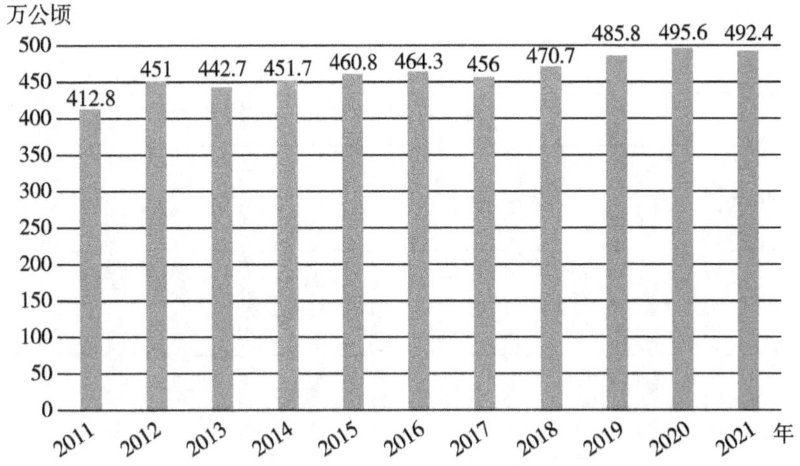

图 1　2011～2021 年全国乡镇建成区面积

（资料来源：中华人民共和国住房和城乡建设部编：《中国城乡建设统计年鉴（2021）》，中国统计出版社 2022 年版，第 130～134 页）

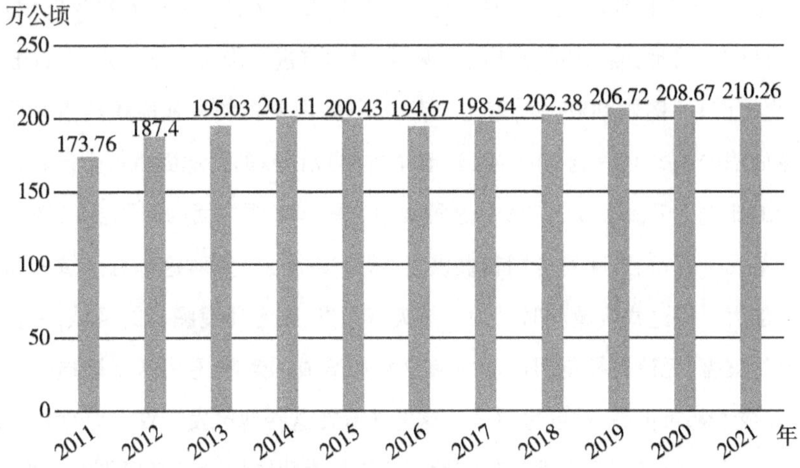

图 2　2011～2021 年全国县建成区面积

（资料来源：中华人民共和国住房和城乡建设部编：《中国城乡建设统计年鉴（2021）》，中国统计出版社 2022 年版，第 75 页）

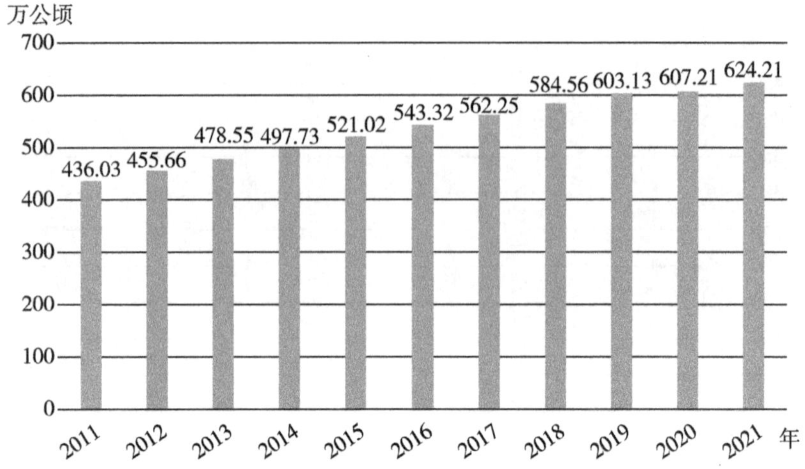

图3　2011～2021年全国城市建成区面积

(资料来源:中华人民共和国住房和城乡建设部编:《中国城乡建设统计年鉴(2021)》,中国统计出版社2022年版,第7页)

第二,区域耕地面积的不平衡性进一步扩大。从表1所显示的各省(自治区、直辖市)耕地面积增减变化的情况看,耕地将进一步集中于某几个省(自治区、直辖市)。例如,2009年,东北三省和新疆、内蒙古的耕地面积约占全国耕地总面积的31.21%,到2019年,这五个省(自治区)的耕地面积占全国耕地总面积的比例上升到了37.87%。这种集中可能带来两方面的问题:(1)耕地集中于某几个省市,意味着全国粮食供应、粮食安全的维系对这部分区域的倚重程度加大。但这些区域同时又为自然灾害频发、生态环境脆弱的区域,一旦发生自然灾害,无论是控制因此而对粮食减产造成的影响还是修复被损毁的耕地,其成本都将更高,难度也更大。这意味着在这些地区发展农业将面临更多挑战,粮食丰收具有更大的不确定性。这将加大我国粮食稳产保供的难度,增加我国粮食安全的不稳定性。(2)新增耕地难以完全补位被占用耕地的功能。耕地减少最为迅速的沿海地区,其被占用的耕地大多是水利条件良好、适合粮食种植且实际用于粮食生产的土地,但所开发的土地,则大部分是旱地,不适合种植粮食作物且大部分新增耕地很可能没有种植粮食作物。这意味着以耕地面积不减少保证我国粮食总产量不下降的制度目的可能会部分落空。

第三,后备耕地资源开发难度加大,但开发的需求动力增强。我国耕地后备资源总体较少,且多分布在偏远地区,集中连片的后备耕地资源少,因而开发难度大,开发成本高。[1] 相关研究指出,我国尤其是沿海等经济发达区域的宜于耕种的耕地后备资源基本已开垦完毕。[2] 与此同时,据自然资源部统计,我国耕地后备资源总面积为8029.15万亩,其中,集中连片的耕地后备资源2832.07万亩,占35.3%,零散分布的后备资源5197.08万亩,占64.7%,而近期可供开发的耕地后备资源仅有940.23万亩。[3] 因此,《全国国土规划纲要(2016—2030年)》(国发〔2017〕3号)(以下简称《国土规划2016》)提出:我国对耕地后备资源开发的基本政策取向是"适度开发耕地后备资源""适度开发宜耕后备土地"。不过,随着耕地红线的日益逼近,开发这类耕地后备资源的需求也更为迫切,《中共中央 国务院关于做好二〇二三年全面推进乡村振兴重点工作的意见》(以下简称2023年中央一号文件)以及《中共中央 国务院关于做好二〇二二年全面推进乡村振兴重点工作的意见》(以下简称2022年中央一号文件)中均提到盐碱地等耕地后备资源的利用问题。2023年中央一号文件提出要"做好盐碱地等耕地后备资源综合开发利用试点",2022年中央一号文件提出要"支持将符合条件的盐碱地等后备资源适度有序开发为耕地"。这使我国在维持耕地总面积动态平衡方面将更多采用土地复垦、土地整理、宅基地腾退等方式实现,而非通过新开垦耕地的方式实现。

2. 永久基本农田数量保护的基本特征

随着我国耕地总面积的进一步减少,永久基本农田数量保护愈发重要。从当前立法和政策的相关内容看,永久基本农田保护呈现如下特征:第一,永久基本农田数量调控的区域灵活性增强。《中华人民共和国土地管理法》(以下简称《土地管理法》)第33条第2款规定,每个省市所划定的永久基本农田数量不得低于本区域耕地数量的80%。《全国土地利用总体规划纲要

---

〔1〕 参见于法稳、代明慧、林珊:《基于粮食安全底线思维的耕地保护:现状、困境及对策》,载《经济纵横》2022年第12期。

〔2〕 参见梁鑫源等:《藏粮于地背景下国家耕地战略储备制度演进》,载《资源科学》2022年第1期。

〔3〕 参见周怀龙:《全国近期可开发利用耕地后备资源仅940万亩》,载《中国自然资源报》2016年12月29日,第1版。

(2006~2020年)调整方案的通知》要求,各省市保留的最低永久基本农田数量高于80%。各省市也遵循了这一要求,在2020年前,各省市永久基本农田数量面积均高于80%。但在“十四五”规划时期,各省市在此方面更为灵活:(1)发达省市,如上海等,其永久基本农田面积占耕地总面积的比例将降到80%以下。[1] (2)耕地面积充足的省市,如黑龙江、内蒙古等,进一步提高永久基本农田的比例。(3)耕地面积产需平衡且经济发展水平适中的地区,则根据实际状况提升或有限降低永久基本农田面积占比。永久基本农田面积划定的灵活性一定程度上反映出我国在永久基本农田数量划定区域调配上的能力更强,国土空间功能分区与区域协同发展的机制也得到进一步完善。

第二,永久基本农田的数量日趋稳定。随着《土地管理法》对永久基本农田土地管制的要求增强、中央对永久基本农田特殊保护的力度加强以及高标准农田的经济效益持续释放,各级政府也更为重视永久基本农田地块位置和总体数量的稳定,在永久基本农田占补平衡上也更为慎重:(1)《土地管理法》的修订增加了非法利用永久基本农田的法律成本;(2)中央对永久基本农田特殊保护的重视,强化了从中央到地方对永久基本农田保护利用的监督;(3)高标准农田建设的大规模开展及土地要素活力的释放使地方政府看到了农地农用获得更高经济价值,进而推动乡村发展和农民增收致富的可能。这些因素的叠加共同降低了永久基本农田被占用的可能,同时提升了永久基本农田持续稳定利用的可能。

第三,永久基本农田分布进一步集中。这可从两个方面看:(1)随着经济发达省市永久基本农田数量的进一步压缩,跨省域补充下,永久基本农田将向耕地充裕的产粮大省集中。(2)在高标准农田建设并划归永久基本农田的情况下,只有耕地后备资源充裕的省份才有可能增加更多的永久基本农田,这进一步提升了永久基本农田的集中度。实际上,永久基本农田数量的集中是我国农业农村现代化发展的必然趋势。在这一过程中,区域的专业化程度将进一步提升,土地广阔的产粮大省将供给更多的粮食和农产品。同样,其他区域

---

[1] 根据上海市人民政府办公厅印发的《关于坚决制止耕地“非农化”行为、防止耕地“非粮化”稳定粮食生产的工作方案》的通知(沪府办〔2021〕39号),到2035年,上海市至少需要保有202万亩耕地和150万亩永久基本农田。以此计算,永久基本农田面积占耕地面积约74.26%。

也将更充分地发挥自身区域的功能。可以认为，永久基本农田分布逐渐集中的过程也是区域联系不断加强、相互依赖程度不断加深的过程。

（二）永久基本农田数量保护待加强

通过对一般耕地和永久基本农田数量保护的基础状况、基本特征的对比分析，现尝试归纳永久基本农田数量保护需要完善的方面：

第一，永久基本农田数量维持的压力将进一步加强。这又可分为两点：（1）耕地的总面积在持续减少。这意味着在永久基本农田总面积保持不变的情况下，永久基本农田占耕地面积的比例将更高。而对大部分省市而言，即便是永久基本农田划定的最低比例标准，在实际划定中也已是困难重重，提高此比例无疑进一步加大划定难度。（2）如前文所述，耕地面积减少的主要流向是城镇扩展。而城镇建设大多优先选择地势平坦的区域，这同样是优质耕地和永久基本农田的重要分布区域。这意味着在减少的耕地中，有相当部分的耕地可能是可以用作永久基本农田补充的优质耕地或本身即为永久基本农田。这些耕地被大规模占用，在某种程度上增加了永久基本农田划定和补充的难度，加剧了城镇建设和农业生产之间的紧平衡。

第二，对优质耕地的保护力度将进一步加强。从对一般耕地数量保护的论述可知，在不少优质耕地集中分布的区域，如处于长江中下游的省份以及四川盆地区域，相应省市的耕地面积都在下降，甚至四川省耕地面积减少数量高居各省市榜首。而永久基本农田划定的灵活性增强，很可能加剧这一状况。如果不采取有效措施，那么有可能导致更多数量的永久基本农田或其他能够被划定为永久基本农田的优质耕地被占用：（1）部分优质耕地集中的省市也是经济实力较强或发展前景较好的省市。这些省市在永久基本农田保有量指标重新调整之际，若没有较好的制度管束，很可能不恰当地降低本区域永久基本农田最低保有量。（2）优质耕地被占用后，在某些情况下需要跨区域划定永久基本农田。但在一些情况下，“占”与“补”之间并未实现真正的平衡，特别是在所占用的耕地大部分是优质耕地的情况下，很难从其他区域补足同等质量的耕地。即从产能的角度看，这种“占”与“补”之间的数量是不平衡的。

第三，永久基本农田区域动态平衡机制待进一步完善。在耕地分布进一步向耕地面积充裕的少数省市集中之时，永久基本农田分布同样向相同的省市集中。然而,永久基本农田在管护利用上较之一般耕地更为复杂,因此永久基本农田的补充要求也更高。一般而言,需要将已建设好的高标准农田作为永久基本农田的补充耕地。换言之,在耕地补充和永久基本农田补充之间需要有一定的时间间隔:一方面是因为客观上需要给增加永久基本农田数量的省市一定的建设期,防止增加的永久基本农田不达标;另一方面也是为防止经济发达省份永久基本农田数量减少过快,不利于地方粮食安全保障和生态环境保护。然而,当前并未建立有效的平衡机制,无论是一般耕地还是永久基本农田均过度、过快地向部分省市集中,进而有可能影响地区的粮食供应,也不利于耕地和永久基本农田的持续利用。

二、永久基本农田质量保护的实践分析

(一)永久基本农田质量保护的现状

1. 永久基本农田质量保护概述

相较于耕地数量保护,我国真正意义上开始重视耕地的质量保护是到2015年左右。《中共中央　国务院关于加大改革创新力度加快农业现代化建设的若干意见》(以下简称2015年中央一号文件)首次提出"实施耕地质量保护与提升行动",这一提法意味着我国在耕地保护的法律制度上将更为注重耕地的质量保护。[1] 此后,在2018年永久基本农田保护通知、2019年永久基本农田保护通知、《中共中央　国务院关于抓好"三农"领域重点工作确保如期实现全面小康的意见》(以下简称2020年中央一号文件)、《中共中央　国务院关于全面推进乡村振兴加快农业农村现代化的意见》(以下简称2021年中央一号文件)以及《全国高标准农田建设规划(2021—2030年)》(以下简称《2021年高标准农田建设规划》)中,均提到要强化对耕地的质量保护。

尽管《2019年全国耕地质量等级情况公报》(农业农村部公报〔2020〕1号)显示,我国耕地质量较之2014年提升了0.35个等级,但从国土三调数据以及近年来我国耕地有效灌溉面积数据情况来看,我国耕地质量保护形势依

〔1〕 参见郭洁、佟彤:《论永久基本农田质量保护的物权模式》,载《农村经济》2021年第1期。

然严峻:(1)我国耕地的有效灌溉面积占耕地总面积的比例偏低。尽管我国每年都修建各类水利工程新增灌溉耕地面积,但到2021年,我国的耕地灌溉面积仍只有9.54亿亩左右,仅占全国耕地总面积的49.76%。(2)我国耕地质量有待进一步提高。尽管《2019年全国耕地质量等级情况公报》显示我国目前耕地的平均质量等级已经达到4.76等,但评价为1~3等的优等耕地面积仅为6.32亿亩,占耕地总面积的31.24%;中等(4~6等)耕地面积为9.47亿亩,占耕地总面积的46.81%;低等(7~10等)耕地面积为4.44亿亩,占耕地总面积的21.95%。可见,中低等地的改造仍要持续相当长一段时间。(3)高标准农田建设的难度日益加大。《2021年高标准农田建设规划》提出,到2030年须累计建成高标准农田12亿亩。2021年和2022年的中央一号文件均提出建设1亿亩高标准农田的年度任务,而到2022年年底,我国已建成10亿亩高标准农田。[1] 由此计算,在2023~2030年的8年时间,我国完成2亿亩高标准建设即可。但由于大部分适合进行集中连片改造的耕地已完成相应改造,剩下的耕地大多是需要进行长期规划、大规模投入才可能完成改造的农地。更何况我国高标准农田建设的目标是将全部永久基本农田建设成为高标准农田,[2]并且在此过程中还需要对已修建完成的高标准农田予以改造提升,这些要求和任务进一步加大了高标准农田建设任务的推进难度。

2.永久基本农田质量保护的核心内容

从永久基本农田质量建设的典型制度举措出发,永久基本农田质量保护现状的概述可分为以下四个方面:

第一,关于高标准农田建设。高标准农田建设是提升永久基本农田质量的重要举措。由于我国耕地总体质量不高,即便是被划定为永久基本农田的区域,也存在大量中低等级的耕地。此时,高标准农田建设即成为我国永久基本农田质量建设的重要内容。《2021年高标准农田建设规划》提出,要将全部永久基本农田逐步建设成为高标准农田,并给出了高标准农田建设的具体进

---

〔1〕 参见高云才:《把饭碗牢牢端在自己手中》,载《人民日报》2023年1月23日,第1版。

〔2〕 2023年中央一号文件进一步提出"制定逐步把永久基本农田全部建成高标准农田的实施方案",参见《中共中央　国务院关于做好2023年全面推进乡村振兴重点工作的意见》,人民出版社2023年版,第5页。

度表。此后,各省市先后制定了本区域一定时期内的高标准农田建设计划。例如,《浙江省高标准农田建设“十四五”规划》规定:“到2025年,全省累计建成高标准农田2007万亩。其中,新建高标准农田130万亩,补建高标农田86万亩,改造提升175万亩。”按照《2021年高标准农田建设规划》,到2025年,我国高标准农田建设面积将达到10.75亿亩,占15.46亿亩永久基本农田总数的70%左右。

第二,关于耕作层土壤保护。尽管我国法律对耕地耕作层土壤剥离再利用的规定由来已久,[1]但这一制度本身在实践中的执行效果却并不理想:(1)现行法律并未强制要求在耕地占用中进行耕作层土壤剥离。(2)耕作层剥离的成本较高,耕作层土壤剥离再利用的成本约为每亩1.5万元。[2](3)土壤剥离利用的配套制度不尽完善,导致各地方土壤剥离的制度落实不尽理想。据统计,若将每年建设占用的耕作层土壤全部剥离,则每年可增加优质耕地360万亩,并改造中低产田900多万亩。[3]就各省市来看,多个省市出台了耕地耕作层土壤剥离的文件并开展试点。例如,贵阳市发布了《非农建设占用耕地耕作层剥离和再利用工作实施方案的通知》(筑府办函〔2019〕94号),福建省自然资源厅和农业农村厅发布了《关于推进建设占用耕地耕作层土壤剥离再利用工作的通知》(闽自然资发〔2022〕10号)。又如,四川省以铜资高速公路安岳段为试点区域开展耕作层剥离再利用试点;湖南省在浏阳市丰裕村开展耕作层土壤再利用试点,恢复该村1690亩耕地的种植。

第三,关于永久基本农田储备区建设。永久基本农田储备区建设是保证永久基本农田占补平衡所补充的耕地质量达标的重要制度保障。中央文件多

---

〔1〕 1998年的《土地管理法》第32条即规定了耕地占用后耕作层土壤的剥离与再利用问题。而2019年修改后的《土地管理法》仍保留此规定,未做改动。

〔2〕 参见林依标、陈艳华、林瀚:《全力推行建设占用耕地耕作层剥离再利用的思考》,载《中国土地》2021年第12期。

〔3〕 参见林依标、陈艳华、林瀚:《全力推行建设占用耕地耕作层剥离再利用的思考》,载《中国土地》2021年第12期。

次提到要强化永久基本农田储备区建设,[1]但实际效果并不理想。2018 年永久基本农田保护通知中规定永久基本农田储备区规模原则上不低于永久基本农田保护目标任务的1%,现实中绝大部分地区难以达到此要求。即便是被农业农村部门确定为整区域推进高标准农田建设的粮食生产重点市县,也仅勉强达到此标准。例如,《南县耕地保护国土空间专项规划(2021—2035 年)》显示,该县永久基本农田保护面积为 81.14 万亩,永久基本农田储备区规模为 0.81 万亩,且这一指标也仅为预期性指标,而非约束性。[2] 事实上,永久基本农田储备区的耕地划定和永久基本农田划定本身存在交叉重合之处,而在永久基本农田调整补划所需高质量耕地已然紧张的情形下,要求永久基本农田储备区内的耕地同样高标高质则难合实际。

第四,关于轮作休耕。轮作休耕是恢复、保持耕地地力,实现农业可持续发展的重要制度工具,但国家层面较大规模、有计划地开展轮作休耕仍在草创阶段。目前,轮作休耕的重点推广区域在东北地区。轮作休耕制度在我国的发展较为缓慢,其原因在于:(1)轮作休耕可能影响粮食播种面积。在 1 年 1 熟区,休耕基本意味着当年的土地没有收成。休耕耕地数量过多,很可能影响区域粮食总产量。(2)轮作休耕需要国家充分的财政支持。对于轮作休耕,一般都需要给予足够的休耕补贴,才有可能使农民放弃一季的作物种植。在农田总面积巨量的情况下,所需支出的补贴费用无疑将十分高昂。(3)轮作休耕需要得到土地利用主体的同意。对以农业生产为主要收入来源的家庭农场或种粮大户而言,农民难以完全接受此种变相的"抛荒",因此轮作休耕的推进需要深入的政策宣传。总之,囿于轮作休耕本身蕴藏的和粮食安全保障之间的内在张力、和传统农业生产理念的背反,该制度的推行将任重道远。

(二)永久基本农田质量保护待加强

从现阶段永久基本农田质量保护的基本状况以及和一般耕地质量保护情

---

〔1〕 在《国土资源部关于全面实行永久基本农田特殊保护的通知》(国土资规〔2018〕1 号)、《自然资源部　农业农村部关于加强和改进永久基本农田保护工作的通知》(自然资规〔2019〕1 号)、《自然资源部　农业农村部　国家林业和草原局关于严格耕地用途管制有关问题的通知》(自然资发〔2021〕166 号)中均提到加强永久基本农田储备区建设的内容。

〔2〕 参见《南县耕地保护国土空间专项规划(2021—2035 年)》,载南县人民政府网 2023 年 5 月 10 日,http://www.nanxian.gov.cn/jc_nx/187/576/content_22021.html。

况的对比来看,永久基本农田质量保护主要在几方面待完善:

第一,永久基本农田质量保护的相关举措针对性待加强。有关永久基本农田质量保护的相关举措并非仅适用于永久基本农田,而是针对所有耕地。一方面,这是因为我国耕地资源紧张且耕地的整体质量较低,在执行最严格的耕地保护制度的情形下,需要尽可能提升耕地质量。另一方面,高质量耕地和永久基本农田划入之间的机制逐步完善。即在耕地质量提升后,高质量耕地通常会被划为永久基本农田或被划入永久基本农田储备区。换言之,对耕地质量的保护日益集中为对永久基本农田的保护。然而,针对性举措的缺乏仍带来一定问题:(1)永久基本农田质量保护的持续投入不足。在缺乏针对性质量保护政策的情形下,永久基本农田质量建设的投入被摊薄,造成高标准农田建设难以达到标准。(2)永久基本农田的质量提升受限。如果轮作休耕不特别强调永久基本农田,那么被轮作休耕的往往是一般耕地,而永久基本农田由于耕地质量较好,农民通常不愿休耕,相反将加大对其的利用。

第二,永久基本农田质量保护系统的制度建设待完善。正如有学者提出,当前我国耕地保护在制度设计上应从"输血式"向"造血式"转变,才更有可能摆脱耕地保护困境。[1] 此种转变首先需要在制度上予以体现。然而,和永久基本农田数量保护制度相比,永久基本农田质量保护的各项制度举措仍在实践探索与政策调整阶段,在法律层面的规定太过笼统、抽象,具体如下:(1)永久基本农田质量保护的制度举措在法律上不够具体。例如,高标准农田建设,在《土地管理法》中仅规定建成的高标准农田应当划为永久基本农田,并未规定已被划定为永久基本农田的耕地如何开展高标准农田建设,更未进一步规定高标准农田建设和永久基本农田之间的关系。又如轮作休耕,《土地管理法》仅规定各级政府应当因地制宜引导轮作休耕,而进一步的规定都是通过各政策文件体现。(2)质量保护的各制度举措之间尚未形成协同有机的整体,不利于永久基本农田质量保护的各制度举措制度合力的展现。如前述高标准农田建设、耕作层土壤保护、永久基本农田储备区建设以及轮作休耕等,尽管这

---

〔1〕 参见肖顺武:《基于土地当量的耕地保护倾斜性金融支持机制》,载《西北农林科技大学学报(社会科学版)》2018年第1期。

些制度措施在实践中主要围绕永久基本农田特殊保护展开,但各制度之间并无协同配合,难以展现制度合力。事实上,这些制度之间具有天然内在的联系,政策或法律应当发掘此种联系并加以规定。例如,在涉及永久基本农田的耕地占用中,需要贯彻耕地耕作层土壤保护制度,将耕作层土壤用于永久基本农田储备区或高标准农田建设项目的土地整理或土壤改良,提高耕地质量;同时要在高标准农田建成区和永久基本农田特殊保护区严格落实轮作休耕制度,以实现可持续发展。

三、永久基本农田生态保护的实践分析

(一)永久基本农田生态保护的现状

1. 永久基本农田生态保护概述

耕地生态保护和耕地质量保护紧密相连,将生态要素纳入耕地保护的考量因素是近年来优化永久基本农田布局的内在要求。[1] 2021 年我国发布了《"十四五"土壤、地下水和农村生态环境保护规划》(环土壤〔2021〕120 号),以强化对土壤污染的防治和治理。客观而言,我国的耕地生态保护起步较晚,各方面制度均不甚完善。对耕地生态保护制度现状的描述主要从两方面进行:一方面是减少耕地被污染的制度执行现状。这主要通过化肥农药的施用量、土壤污染面积的增减情况的数据对比得出。另一方面则是保护耕地地力、实现农业可持续发展的制度实践情况。

就前一个方面来说,从表 2 可以看出,我国化肥施用总量从 2015 年开始逐年减少,农药施用总量从 2014 年开始逐年减少,但就单位土地上化肥、农药施用的总量来说,仍高于世界平均水平。从以上数据可大体归纳此方面制度运行的基本情况,如下:(1)相关举措的实施的确对耕地生态保护产生了一定的效用,且有利于耕地保护的生态转向。(2)长期以来我国农业的丰收与病虫害防治倚重农药、化肥的大量施用,在耕地保护上转向三位一体的保护模式仍需要实践积累与时间沉淀。(3)在土壤污染防治上,我国急需解决土壤

〔1〕 参见梁晓玲等:《基于数量、质量、生态三位一体的永久基本农田快速优化布局研究》,载《农业资源与环境学报》2021 年第 6 期。

污染防治立法存在的法律体系不完善、内容不合理以及制度的配套性不足等问题,[1]以有效防控耕地土壤污染。

表2　2012~2021年我国化肥农药施用量

单位:万吨

年份	化肥施用量	农药施用量
2012	5838.8	180.6
2013	5911.9	180.2
2014	5995.9	180.7
2015	6022.6	178.3
2016	5984.1	174.0
2017	5859.4	165.5
2018	5653.4	150.4
2019	5403.6	139.2
2020	5250.7	131.3
2021	5191.3	123.9

资料来源:国家统计局农村社会经济调查司编:《中国农村统计年鉴(2013)》,中国统计出版社2013年版,第44页;国家统计局农村社会经济调查司编:《中国农村统计年鉴(2014)》,中国统计出版社2014年版,第38页;国家统计局农村社会经济调查司编:《中国农村统计年鉴(2015)》,中国统计出版社2015年版,第41页;国家统计局农村社会经济调查司编:《中国农村统计年鉴(2016)》,中国统计出版社2016年版,第45页;国家统计局农村社会经济调查司编:《中国农村统计年鉴(2017)》,中国统计出版社2017年版,第43页;国家统计局农村社会经济调查司编:《中国农村统计年鉴(2018)》,中国统计出版社2018年版,第42页;国家统计局农村社会经济调查司编:《中国农村统计年鉴(2019)》,中国统计出版社2019年版,第42页;国家统计局农村社会经济调查司编:《中国农村统计年鉴(2020)》,中国统计出版社2020年版,第42页;国家统计局农村社会经济调查司编:《中国农村统计年鉴(2021)》,中国统计出版社2021年版,第42页;国家统计局农村社会经济调查司编:《中国农村统计年鉴(2022)》,中国统计出版社2022年版,第50页。

就后一个方面来说,2016年原中央全面深化改革领导小组制定了《探索实行耕地轮作休耕制度试点方案》(以下简称《试点方案》),开始重点在东北冷凉区、北方农牧交错区等地开展轮作试点,以及重点在地下水漏斗区、重金属污染区和生态严重退化地区开展休耕试点。2017年《国土规划2016》提出,

---

[1] 参见董红、王有强:《我国耕地土壤污染防治立法探析》,载《西北农林科技大学学报(社会科学版)》2022年第2期。

"有序开展耕地轮作休耕,加大退化、污染、损毁农田改良修复力度,保护和改善农田生态系统"。在总结试点经验的基础上,2019 年修改的《土地管理法》第 36 条首次在法律层面明确了各级人民政府应当采取措施,引导因地制宜,轮作休耕。此后,我国不断强化对轮作休耕的政策保障。在《"十四五"推进农业农村现代化规划》(国发〔2021〕25 号)中进一步提出,要"健全耕地轮作休耕制度"。2022 年中央一号文件和 2023 年中央一号文件则进一步明确了轮作的方式和轮作补贴,并要求完善休耕轮作制度。从这些文件规定的内容来看,现阶段我国耕地轮作休耕制度具有农民自发性弱而政府主导性强,[1]法律属性弱而政策性强,[2]覆盖范围窄且实施成本高等特点。

2. 永久基本农田生态保护的基本特征

前述对耕地和永久基本农田生态保护的制度现状进行了分析。不难看出,我国在永久基本农田生态保护方面取得了明显进展,制度体系不断完善。较之于一般耕地的生态保护,永久基本农田生态保护呈现以下基本特征:

第一,永久基本农田生态保护融入国家生态保护体系之中。具体如下:(1)将永久基本农田作为生态屏障体系构筑的重要内容。永久基本农田是"三线"的组成部分,而农业空间又是"三区"构成之一。永久基本农田作为农业生态系统中生态价值较高的部分,也是维护我国生态平衡稳定的重要力量。"十四五"规划就将永久基本农田划定作为完善生态安全屏障体系的重要构成;《"十四五"推进农业农村现代化规划》(国发〔2021〕25 号)将永久基本农田划定作为落实村庄规划建设的重要内容。(2)以永久基本农田建设为依托开展农田林网建设。《关于加强农田防护林建设管理工作的通知》(林生发〔2022〕65 号)提到结合土地综合整治、高标准农田建设等项目开展农田防护林建设。换言之,永久基本农田建设是推进农田生态系统建设的重要载体。永久基本农田的生态价值和功能也在此过程中显化和持续释放。

第二,永久基本农田生态保护举措更具力度。相较于一般耕地,永久基本

---

〔1〕 参见方润:《耕地保护视阈下轮作休耕的法律表达》,载《南京农业大学学报(社会科学版)》2020 年第 3 期。

〔2〕 参见李丽、张安录:《轮作休耕及其补偿的法律意蕴、法理证成及入法进路》,载《中国土地科学》2021 年第 11 期。

农田在生态保护上往往更为突出,具体表现如下:(1)农田建设的重心在永久基本农田保护和高标准农田建设。当前,土地整理、复垦等项目,多围绕永久基本农田建设和划定展开,而一般耕地若不是在整理后划定为永久基本农田或其储备区,则鲜有机会被整理和提高耕地质量。换言之,永久基本农田建设占据了整个耕地建设保护的中心位置。(2)在高标准农田建设项目中,生态因素越来越成为一项重要的考量因素。一般耕地则延续传统的耕种方式,在耕地生态保护方面往往不够重视,至少鲜有在此方面进行专门的资金投入。(3)永久基本农田生态保护尤为需要借助政府力量推动。耕地生态保护并非在单家独户的"一亩三分地"内展现效果,其需要更大范围和尺度上的协同。换言之,其往往需要通过大量资金投入,集合一区域内的耕地加以生态保护方面的投入。在通常情况下,政府是这一活动的主导者,且往往在高标准农田建设的方面实施开展。即大部分生态效益好的耕地,其质量及其他条件同样良好,而这类耕地一般也被划定为永久基本农田。

第三,永久基本农田生态保护的粮食增产指向日益显著。由于永久基本农田特殊保护以增进粮食生产为首要目标。因此,无论在永久基本农田上开展何种土地整治活动均以此为中心任务:数量增加是为了增加粮食生产的总产量;质量提升是为了增加粮食种植的亩产;生态治理是为了保证粮食生产的稳定与持续。具体就生态保护来说,前述有关永久基本农田生态保护的重要制度或举措均越来越注重其在粮食增产方面的效益:高标准农田建设以粮食增产幅度作为项目建设完成情况的重要衡量标准;耕作层土壤剥离后新增或改良的耕地同样大部分用于粮食或重要农产品种植;轮作休耕同样精确计算在播种面积减少与亩均产量提升之间的消长关系,以减小对粮食生产的影响。总之,作为粮食安全保障的基础条件与中坚力量,永久基本农田的生态保护建设在此方面的特征将越加明显。

(二)永久基本农田生态保护面临的挑战

客观而论,在粮食生产相去温饱未远的情形下,要求耕地生态保护不啻是一项前瞻的制度建设活动。仅提出对耕地进行"三位一体"保护这一理论,即在某种意义上证明我国已具备先进的现代农业生产理念。然而,围绕永久基本农田特殊保护的一系列制度基本是人为构建而成,通过行政力量自上而下执行推广的，[1]这决定了其隐藏着因有限理性引致的弊端：永久基本农田生态保护制度的设计理念在适应当下需求的同时，也在某种程度上模糊了其本身的制度属性。

一方面，永久基本农田生态保护制度的展开日益成为耕地生态保护实践的排头兵。将土地整理、土壤污染治理、土壤改良等各类项目和高标准农田建设相联系，并最终纳入永久基本农田的范围。但这些实践的运行离不开粮食生产。换言之，包括永久基本农田在内的耕地生态保护，其基点是农业生产、粮食增产。永久基本农田的生态保护是"生产的生态保护"，尚未升至"生态的生态保护"，即直接以农业生产为目的，而忽视了生态保护本身。

另一方面，永久基本农田生态保护首先应当是一项生态工程，即"生态的生态保护"，作为国家生态保护体系中的重要一环发挥其应有的生态价值。在发挥生态价值的同时，因势利导地实现永久基本农田区域范围内农业生产稳定和粮食增产的目的，这一过程也符合"两山理论"中生态保护和经济发展的辩证逻辑。简化这一过程、混淆这一关系虽有可能在短时期内取得成效，却难以长期维系生态保护对农业生产的促进关系，最终使永久基本农田作为"三区三线"划定构成的基本功能难以发挥，也不利于人与自然和谐共生。

总之，从耕地生态保护日益被重视到将永久基本农田作为耕地生态保护制度实践的先遣，我国需要逐步纠正理论上的偏差，使永久基本农田生态建设逐步归本返原：以永久基本农田生态保护为核心构筑良好的农田生态系统，以良好的农田生态系统创造稳定的农业生产条件，以稳定的农业生产条件实现粮食和各类农产品的丰产增收。

四、永久基本农田"三位一体"保护的制度回应

前述部分论述了永久基本农田"三位一体"保护的不足。为实现《土地管理法》中对永久基本农田的严格保护，有必要在制度上予以回应。同样，本部分分别针对永久基本农田"三位一体"保护中的数量、质量及生态保护的不足，

---

〔1〕 参见[德]柯武刚、史漫飞：《制度经济学：社会秩序与公共政策》，韩朝华译，商务印书馆2000年版，第37页。

提出相应建议。

(一)永久基本农田数量保护待完善的制度回应

针对前述提出的永久基本农田数量保护在数量维持压力加大、对优质耕地的保护力度不够以及区域动态平衡不够完善等问题,主要有三点举措:

第一,进一步落实耕地"占补平衡"制度。根据《土地管理法》第30条的规定,凡是将耕地用作非农建设的,应当实行"占补平衡",永久基本农田更加不例外。但实践状况往往是"先占后补"甚至"只占不补","占优补劣"等也时有发生。因此:(1)要推行"先补后占"。即针对永久基本农田的占用,必须要先开垦完成数量和质量相当的耕地,才能够占用原有的永久基本农田。即便是因条件不足而向政府缴纳耕地开垦费的,也应当在政府组织开垦耕地完成并通过验收后方可占用原有的永久基本农田。(2)要严格执行"占优补优"。永久基本农田一般都是优质耕地,应当对占用永久基本农田后所新开垦的耕地进行严格把控。因划定永久基本农田后,一般是从其他耕种条件较好、土地质量等级较高的耕地中补划,而新开垦的耕地则需要进行高标准农田建设甚至一定时期的熟化后才可能和永久基本农田的耕种状况相称。在此过程中,需要政府相关部门持续监督。(3)省级政府应当不断完善耕地开垦计划,保证"占"与"补"的平衡。实践中,占用耕地的单位大部分是通过缴纳耕地开垦费完成"占补平衡"任务的。实际开垦耕地的任务基本由政府履行。但由于城镇建设的推进,原本被划定为待开垦的地块可能被用作建设用地,且也存在个别政府将耕地开垦费挪作他用的风险。因此,作为地方政府层面的终控端——省级政府需要完善耕地开垦计划,并强化耕地开垦过程中的监督。

第二,加快推进耕地耕作层土壤保护制度。《土地管理法》第31条规定了耕地耕作层土壤保护制度,但是此制度并非硬性约束,地方人民政府有权决定是否要求占用耕地的单位剥离耕地耕作层并用于其他土地的改造。对于永久基本农田而言,缺乏强制性规定更容易造成此制度的虚置。一般而言,因当前技术发展水平的限制,土壤耕作层剥离将大大推高建设成本,一旦政府要求,则很可能影响地方的招商引资,进而影响地方经济发展。但反过来,成本高企、技术发展缓慢也与此技术的实践需求较少有关。若以永久基本农田保护为突破口,明确规定占用永久基本农田必须进行土壤耕作层剥离与再利用,则能够在某种程度上推动制度实践，唤醒制度的内在生力，促进制度的完善，也能够有效保护永久基本农田。

第三，进一步细化耕地占补平衡中“易地开垦”的规定。《土地管理法》第32条第2款规定了易地开垦耕地的具体情形。但这一规定过于概括，在实践中难以操作。《土地管理法实施条例》对此尚未规定。2018年颁布的《跨省域补充耕地国家统筹管理办法和城乡建设用地增减挂钩节余指标跨省域调剂管理办法》(国办发〔2018〕16号)虽然在一定程度上细化了相关规定，增强了制度实践的可操作性，但一方面该文件层级过低，且颁布在新修改的《土地管理法》之前；另一方面该文件缺乏针对永久基本农田占用后的易地开垦补充耕地的规定。总体而言，无论是法律还是政策，均缺少对永久基本农田易地开垦的规定，这在一定程度上造成了永久基本农田被占用后，“占”与“补”之间难以实现实质上的平衡，由此可能拉低整个耕地的质量水平。因此，完善这一方面的规定，如针对永久基本农田的易地开垦制定更为详细和严格的管控制度，这样便可能维持永久基本农田数量与质量的双重平衡。

(二)永久基本农田质量保护待完善的制度回应

针对永久基本农田质量保护过程中相关举措针对性不强以及保护过程中缺乏系统的制度建设等问题，可从以下三个方面入手解决：

第一，在《土地管理法》中增加有关高标准农田建设的相关规定。尽管当前政策上对高标准农田建设的强调持续加强，实践开展亦如火如荼，但真正将有关内容转化为法律规定的较少。例如，将建成的高标准农田划定为永久基本农田以及优先对不达标的永久基本农田开展高标准农田建设是政策所强调的。然而，在法律中除规定高标准农田应当划定为永久基本农田外，再无其他相关规定。因此，有必要在《土地管理法》或其实施条例中完善相关规定，以确保永久基本农田在耕地质量方面能够成为真正优质的耕地，或者说有相应的制度保障其能够优先被建设成为优质耕地。例如，可以在《土地管理法》或其实施条例中规定：高标准农田建设项目应当优先在永久基本农田区域内开展；建成的高标准农田应当由县级人民政府自然资源主管部门会同同级农业农村主管部门组织验收，并及时划为永久基本农田。

第二，应当明确规定永久基本农田所应当达到的耕地质量等级。因自然条件差异,我国各地耕地实际情况差异较大,且耕地质量总体较低。[1] 在永久基本农田特殊保护的法律规定上,我国也未对永久基本农田的耕地质量等级作出明确规定。这在某种程度上加剧了永久基本农田划定中耕地质量等级难以达到优质耕地标准的状况。尽管要求所有被划定为永久基本农田的耕地均为优质耕地难以实现,但在法律制度层面,至少可以考虑设置促进永久基本农田耕地质量提升并朝优质耕地迈进的条款,以实现永久基本农田耕地质量等级提升的制度化促进。例如,可考虑在《土地管理法》第33条中增加1款规定:被划定为永久基本农田的耕地,其耕地质量等级应当高于本区域内耕地的平均质量等级,且应当高于全国耕地质量等级的平均水平;确实难以高于全国耕地质量等级平均水平的,应当在划定后,采取有效措施提升永久基本农田质量,将其耕地质量提升至高于全国水平。

第三,强化永久基本农田质量保护的系统化制度建设。实际上,永久基本农田质量保护在当前法律规定中处于"混沌"状态和"胚胎"阶段。《土地管理法》及相关法律法规仅笼统规定了耕地质量保护的一般举措,既未出现专门针对永久基本农田的制度设计,也未就这些质量保护的制度举措进一步展开。从某个角度说,这是耕地和永久基本农田质量保护的实践不够成熟使然,但从制度构建本身来说,这也是未就该问题进行体系化思考和制度设计的结果。这导致有关永久基本农田质量保护的制度发展缓慢,且大多分散在各个政策文件中,这不仅可能降低永久基本农田质量保护的效果,更有可能产生龃龉。更妥当的方法或许是在《土地管理法》及其实施条例中就永久基本农田质量保护的制度进一步展开构建,促进制度的成熟。

(三)永久基本农田生态保护待完善的制度回应

针对如何将当前永久基本农田生态保护从"生产的生态保护"升格为"生态的生态保护"问题,可从以下两个方面入手:

第一,需将生态保护置于永久基本农田特殊保护制度设计与实践规划的首位,通过政府财政的精准投入与社会资本的有序入驻逐步开发农业生产经

---

[1] 参见肖顺武、张黎明:《农村"三变"改革对耕地保护的挑战及制度构造》,载刘云生主编:《中国不动产法研究》2022年第2辑,法律出版社2022年版,第51页。

营活动的生态价值,转向“生态的生态保护”。尽管永久基本农田生态保护无论是在实践还是制度设计中都处于起步阶段,但其在现代农业发展尤其是实现农业全面升级中有举足轻重的作用。此阶段的制度设计更多是为此后有关永久基本农田生态保护制度的进一步展开奠定基础。一方面,在政府财政的精准投入上,应当在《土地管理法》中规定政府在永久基本农田生态保护中应当进行财政投入,规定中央和地方各自投入的具体方面、方式和投入的阶段以及监督的形式等。另一方面,社会资本的入驻应当加入生态保护的考虑因素:(1)对于原本就有利于永久基本农田生态保护和生态效益发挥的,则大力支持;(2)对于可能对原生态系统造成损害的,则需要采取措施。若无法采取有效措施,则应当禁止引入该项目。同时应当引入永久基本农田生态影响的评价机制,建立评价体系,更有效地实现对永久基本农田上农业生产经营活动的生态评价。

第二,应注重永久基本农田生态保护“表”与“里”的平衡,“近”与“远”的结合。“表”“近”即要注重生态保护所产生的经济效益,在某种程度上贴近“生产的生态保护”;“里”“远”即注重生态保护本身,在某种程度上贴近“生态的生态保护”。尽管永久基本农田保护的最终目标和理想状态是“生态的生态保护”,但任何改革,尤其是农业农村领域的改革都需要把握“适度”原则,如当前农村宅基地改革也需坚持“适度”,渐进为之。[1] 在“生产”向“生态”转变过程中,始终离不开以“生产”生成的经济基础为支持和后盾。即持续不断地产生足够的经济效益,推动相关主体不断持续维护农田生态。事实上,不存在完全脱离“生产的生态保护”的“生态的生态保护”,如《土地管理法》规定禁止闲置、荒芜耕地。从一般逻辑出发,荒芜耕地和休耕之间具有共通性,都是农田生态修复的一种方式,且荒芜耕地终止了人类在该块耕地上的农业活动,按道理是一种更为彻底的生态保护。法律之所以禁止,在于此种方式完全根绝了耕地所能产生的经济效益,和农田利用目的相违背。因此,永久基本农田生态保护由“生产的生态保护”通向“生态的生态保护”路途中,始终不能放弃

〔1〕 参见杨青贵:《适度放活宅基地使用权的理论逻辑与实现进路》,载《农业经济问题》2023年第7期。

对经济效益的追求,这也是实现“生态的生态保护”的题中之义。

五、结语

在一定意义上,耕地以及永久基本农田“三位一体”的保护,在路径选择上较为明了:数量保护是外像基础,需通过“占补平衡”等制度的严格执行加以维持;质量保护是内在动量,需通过系统制度设计予以提升;生态保护是多向铺筑,需通过合理国土空间规划的长期坚守促成实现。有鉴于此,在“三位一体”保护上,选择何种路径事实上已无疑问,补罅缺漏亦无犹疑,但要真正选择最为理想的路径,需要有抉择的信念,即需要扫清通往此路径的各种障碍。为此,需要持续总结永久基本农田特殊保护中的实践经验,披沙拣金,通过法律技术处理,将实践中的有益经验抽象为一般性规则,集成为条贯的法律制度,推进永久基本农田特殊保护法律制度的持续完善。

宅基地制度改革

农户视角下西部地区闲置宅基地盘活利用实证研究*

杨　惠**　曹云飞***　伍星禹****

摘　要：闲置宅基地盘活利用是激活农村要素资源，推动乡村振兴战略的重要举措。通过分析重庆市基层乡镇农户的实证调研数据，梳理重庆市宅基地闲置及盘活利用现况，提出当前西部农村（尤其西部山区）农户自行主导的闲置宅基地盘活利用现状所面临的盘活主体缺位、农户盘活能力条件资源不足、安全感缺乏等现实困境。对此，应构建农民集体主导、多元主体参与的宅基地盘活利用机制，通过深化宅基地三权分置改革、完善宅基地管理制度、农村社会保障制度以及其他配套制度建设，强化地方政府的引领责任、落实农民集体的主体地位和主导作用、激发农户和社会主体的参与积极性，为闲置宅基地盘活利用提供制度保障。

关键词：闲置宅基地　盘活利用　法律对策　实证研究

---

* 本文系教育部人文社科项目“中国国土空间统一规划与用途管制立法研究”（22YJA820026）、重庆市哲学社会科学规划项目“乡村全面振兴目标下深化推进重庆市宅基地制度改革立法对策研究”、重庆市教委人文社科重点项目“高质量发展目标下中国国土空间治理现代化和法治化问题研究”（21SKGH002）、中国农村经济法制创新研究中心乡村振兴法治研究课题“公私法协同推进宅基地三权分置改革的法律进路研究”的阶段性成果。

** 西南政法大学经济法学院教授、硕士生导师，中国农村经济法制创新研究中心研究员，重庆集体林权制度改革研究中心执行主任，法学博士。

*** 西南政法大学经济法学院本科生。

**** 西南政法大学经济法学院本科生。

2018年中央一号文件《中共中央　国务院关于实施乡村振兴战略的意见》规定:“完善农民闲置宅基地和闲置农房政策,探索宅基地所有权、资格权、使用权‘三权分置’,落实宅基地集体所有权,保障宅基地农户资格权和农民房屋财产权,适度放活宅基地和农民房屋使用权。”发改委印发的《2021年新型城镇化和城乡融合发展重点任务》进一步提出,“鼓励农村集体经济组织及其成员采取自营、出租、入股、合作等方式,盘活农村闲置宅基地和地上房屋”。农村闲置宅基地的盘活利用不仅增加了农民的财产性收入,还为乡村产业发展提供了用地和资金支持,是落实党中央乡村振兴战略、实现城乡融合发展的内在要求和重要举措。鉴于重庆“大城市带大农村”的地区特点,宅基地规模庞大。重庆市第三次农业普查的数据显示,截至2016年末,99.3%的农户拥有自己的住房;〔1〕而宅基地闲置问题比较严重,不仅偏远农村,甚至一些远郊地区都存在不同程度的闲置现象。党中央指出实施乡村振兴战略要“坚持农民主体地位”。〔2〕笔者对重庆市渝北区、梁平区、荣昌区、酉阳县以及丰都县5个区县下辖共9个基层乡镇22个村庄的农户随机进行了问卷调查和访谈,实际发布50份网络问卷、250份线下问卷,有效回收226份问卷。本文基于对实证调研数据的分析,以期能相对客观地反映重庆市宅基地利用现况,并从农户的视角反思西部农村闲置宅基地盘活利用存在的困境,提出相应的法律应对措施。

一、农户视角下宅基地闲置及盘活利用现况——基于重庆市基层乡镇的调研实证分析

(一)宅基地闲置现状

关于闲置宅基地的内涵,目前学界尚无定论。较主流的观点认为闲置宅

---

〔1〕2016年末,99.3%的农户拥有自己的住房。其中,拥有1处住房的有537.27万户,占总户数的83.5%;拥有2处住房的有98.20万户,占总户数的15.3%;拥有3处及以上住房的有2.92万户,占总户数的0.5%。拥有商品房的有110.73万户,占总户数的17.2%。参见重庆市第三次全国农业普查主要数据公报(第四号),载重庆市统计局网2019年5月29日,http://tjj.cq.gov.cn/zwgk_233/fdzdgknr/tjxx/sjzl_55471/tjgb_55472/202002/t20200219_5274427.html。

〔2〕2016年中央一号文件提出“把坚持农民主体地位、增进农民福祉作为农村一切工作的出发点和落脚点”。2018年中央一号文件将坚持农民主体地位作为实施乡村振兴战略的一项基本原则。《中华人民共和国乡村振兴促进法》《中国共产党农村工作条例》《农村人居环境整治提升五年行动方案(2021—2025年)》等也将坚持农民主体地位写入相关条文。

基地,是指未正常使用的宅基地,包括未作任何用途的空置的宅基地以及在一定时间内的地上建筑物或附着物闲置而导致的宅基地闲置。[1] 也有学者将其归纳为“占而不用”和“建而不用”的宅基地。[2] “闲置”原因可以从“空间”与“时间”角度探究,“空间”角度,是指“一户多宅”等带来的宅基地出现剩余的现象;“时间”角度,是指农民因为各种原因长期远离家乡住所带来的无人居住的现象。笔者就闲置期限超过1年[3]的宅基地的类型、原因等情况进行调研,结果显示:

1. 过半宅基地和农房全部或部分闲置

从问卷数据来看,11.92%的受访农户的宅基地(包括住房和附属建筑等)全部闲置;40.93%的受访农户的宅基地部分闲置。可见,部分闲置的占比高。而对于当地宅基地闲置情况,有16.15%的受访农户认为所在村庄有大量的闲置宅基地;66.15%的受访农户认为所在村庄有一些闲置宅基地;15.63%的受访农户表示不清楚状况;仅有2.08%受访农户认为所在村庄没有闲置宅基地。

2. 闲置类型及原因多样,“购(建)新不拆旧型”闲置占主导

造成宅基地闲置的众多原因中,另建新房或者已购商品房是主要原因。[4] 调研数据显示,高达63.33%的受访农户认为,目前农村闲置宅基地激增的主要原因是房屋主人外出务工,并在城镇购置了新房;50%的受访农户反

---

[1] 参见杨亚楠:《农村宅基地闲置状况研究综述》,载《现代农业科技》2008年第14期;李金景、郭贯成:《基于农户视角的农村宅基地闲置程度度量及影响因素研究——以江苏省宿迁市、徐州市、盐城市为例》,载《中国土地科学论坛论文集》2014年。

[2] 参见张勇:《乡村振兴战略下闲置宅基地盘活利用的现实障碍与破解路径》,载《河海大学学报(哲学社会科学版)》2020年第5期。

[3] 现行立法没有关于宅基地闲置内涵的明确规定。根据《土地管理法》第38条,笔者以超过1年未使用作为判断闲置的时间标准。也有学者主张,“对于一定期限的界定,由于目前我国各地农村实际情况差别比较大,应该由各地根据实际情况和闲置原因等因素来进行确定。但是由于每年有1000多万农民进城,为了有效保护农民利益,防止因为期限过短而损害这些人的利益,应该以两年为期限,超过两年而没有被利用的则可以认定为闲置宅基地”。参见祁全明:《我国农村闲置宅基地的现状、原因及其治理措施》,载《农村经济》2015年第8期。

[4] 第三次全国农业普查结果显示,2016年末拥有两处住宅和三处住宅的农户比例分别为11.6%和0.9%,拥有商品房的农户比例达到8.7%。参见宁吉喆:《“三农”发展举世瞩目,乡村振兴任重道远——第三次全国农业普查结果显示“三农”发生历史性变革》,载《人民日报》2017年12月15日,第10版。

映,所在区域由于房屋主人基于逢年过节的需要而没有退出闲置宅基地,导致平时闲置;另有33.33%的受访农户认为,退出闲置宅基地没有相应的补偿和激励政策,宁愿闲置也不愿意退出。[1]

3. 偏远山区"一户多宅"现象普遍存在

调研发现,随着近几年农村宅基地确权整改运动的推进,"一户多宅"的现象出现地域差异,在偏远山区普遍存在"一户多宅"的现象。以荣昌区、梁平区等地区的村庄为例,邻近城市的乡村因城乡土地资源利用关系较为紧张、涉及多方群体的具体利益,相关政策的落实较好、管控有力,宅基地"一户一宅"落实清楚;与之相比,偏远地区则出现明显差异,如丰都县、酉阳县的部分村庄,"建新不拆旧"、私自搭建小棚屋、保留生产性用房等现象比较普遍。

(二)闲置宅基地盘活利用现况

闲置宅基地盘活利用,是指挖掘处于闲置状态的宅基地潜在的经济利用价值并通过多样多途径的再利用,绽放其经济活力。宅基地的盘活利用是一项系统工程,不仅需要社会多元主体参与,同时更需要多种要素的协同联动推动。[2] 当前,对闲置宅基地的盘活利用主要集中在闲置宅基地的流转、有偿退出、休闲农业发展等形式。笔者从"闲置宅基地利用""闲置宅基地流转""闲置宅基地退出"三个角度,就闲置宅基地盘活利用的政策宣传和执行情况、宅基地制度(包括"三权分置""地票制度"等改革措施)的实践概况以及农户对于闲置宅基地盘活利用的利益诉求进行了详细设问。调研结果显示:

1. 农户把宅基地的居住保障功能作为盘活利用的基本前提

在农村宅基地"三权分置"改革背景下,农户对宅基地的实际利用与价值认知倾向发生转变,宅基地的居住属性和财产属性在不同年龄层次所呈现的需求出现分层变化趋势,年长农户更看重宅基地的居住属性;而新生代农户则侧重关注宅基地的财产属性,希望在保障宅基地居住功能的前提下实现闲置宅基地的盘活利用。

---

[1] 调研时为多项选择。

[2] 参见付宗平、林同智、陈菁泉:《资本下乡盘活农村闲置宅基地使用权的驱动机理、潜在风险与思考建议》,载《农村经济》2023年第7期。

2. 农户具有强烈的盘活利用意愿

63.33%的调研农户表示愿意将其闲置宅基地进行盘活利用，并且表示只要政府或者村组织拿出具体清晰且合理的实施方案，他们愿意配合相关政策动向，切实促进闲置宅基地的再利用。仅有33.33%的受访农户明确表示不愿意盘活利用，而对于其不愿意盘活利用的原因，其中20%的农户表示因为目前缺乏闲置宅基地或房屋盘活利用的统一市场而不愿意将闲置宅基地盘活利用起来，认为风险太大；30%的农户表示因为自身传统观念，如认为祖宅不该流转等因素；50%的农户选择了其他原因，主要集中在认为当地没有盘活利用的价值和农村缺乏青壮年劳动力，可见真正不愿意盘活的农户所占比重极小，更多还是出于不敢盘活的顾虑。

3. 农户主导盘活利用闲置宅基地的方式单一

高达90%的受访农户反映其闲置宅基地是空关着的，仅10%的受访农户表示另作他用。而在农户对自己闲置宅基地的盘活利用方式的选择中，44.56%的受访农户选择了出租，认为这种方式可以随意支配自己的宅基地，对宅基地的掌控度较高；23.83%的农户选择了复垦，因为目前推行地票制度，农户对于复垦有认知。基于对相关法律、政策的不了解，农户对于抵押、入股等盘活利用方式显得非常谨慎。

4. 农户看重宅基地复垦收益回报并对社保补偿有强烈诉求

梁平区在2008年就响应重庆市推出的“地票”制度，创建了良好的落实机制。但调研显示，宅基地退出过程时间长以及地票打包交易下区别受益的风险，对农户参与的积极性有较大影响。同时，56.67%的调研农户非常注重社会保障，多数农户倾向于把政府补贴购买养老保险作为补偿条件。

5. 大多数农户的认知与政策制度改革发展脱节

调研农户普遍对于“宅基地确权”“宅基地所有权归属”“一户一宅”等知之甚少。而身处偏远山区的农民，在政策制度的接受上更是处于信息滞后的尴尬地位，不仅对于大部分宅基地制度处于“懵懂”状态，与之相关的实践开拓更是闻所未闻。调研显示，56.67%的农户认为宅基地属于个人所有，36.67%的农户认为宅基地属于国家所有，3.33%的农户认为宅基地属于农村集体所有，还有3.33%的农户并不清楚宅基地的归属问题。

6. 农户对村组织处理闲置宅基地的满意度较低

数据显示,目前村组织对于闲置宅基地的处理方式集中于宅基地的退出和复垦。对于村组织处理闲置宅基地的方式,有57.89%的受访农户认为效果一般,31.58%的受访农户感到非常不满意,仅有10.53%的农户对村组织的处理方式感到比较满意。

7. 不同基层政府在宅基地盘活利用中发挥的作用差异明显

在调查的5个区县中,有3个区县以农户自己为主导对闲置宅基地进行利用,另有2个区县则有政府的介入,而政府在宅基地管理经验和资源积累上显然有其优势。通过对比,由政府介入且政府充分发挥其应有职能的,农户对自己生活的满意度以及对政府的满意度都明显高于其他几个地区。

二、西部农村(尤其西部山区)农户主导的闲置宅基地盘活利用的现实困境

基于对调研结果的分析,笔者认为当前西部农村,尤其西部山区农村主要以农户为主导的农村闲置宅基地和农房的盘活利用,面临以下现实困境。

(一)农村人口流失严重导致盘活主体缺位

城乡经济不平衡导致农村人口流失严重。根据重庆市统计局统计年鉴2020年发布的重庆常住人口及城镇化率,从1996年至2021年,重庆市城镇人口数量从848.21万人增长到2259.13万人,乡村人口数量从2027.09万人缩减到953.30万人,城镇化率从29.5%增加到70.3%。[1] 数据表明,近年来重庆市农村人口不断向城市涌入,并且在城镇化进程中主力军属于青壮年。在我们的调研数据中,留在农村的40岁以上的中老年人占到77.21%,其中务农或者无业/待业的人口比例达到80.31%。由于城乡经济发展的不平衡,普通农民在乡村就业的经济利益,难以同在城镇就业获得的经济收益相提并论,加之城镇的"虹吸"效应,大量农村青壮年进城打工经商,他们或是小有成就后直接在城镇购房定居,任其农村宅基地处于完全闲置的状态;或是仅以过年为节

[1] 参见重庆市统计局、国家统计局重庆调查总队编:《重庆统计年鉴2022》,表3-3常住人口及城镇化率(1996~2021年),载重庆市统计局官网2022年12月26日,https://tjj.cq.gov.cn/zwgk_233/tjnj/tjnj.html? url=https://tjj.cq.gov.cn/zwgk_233/tjnj/2022/zk/indexch.htm。

点返乡小住，使其宅基地处于季节性闲置、半闲置状态。而农村劳动力严重流失，阻碍了农村闲置宅基地盘活利用工作的有效落实。

(二)农户盘活利用闲置宅基地的能力、条件和资源有限

调研显示，农户盘活利用闲置宅基地的意愿强烈但闲置现象依然严重，而且所处区域越偏远问题越大。笔者认为，农户自身缺少盘活利用的能力、条件和资源是其主要原因。首先，闲置宅基地盘活利用需要统筹考虑区位条件、资源禀赋、环境容量、产业基础和历史文化传承等因素，选择适合本地实际的农村闲置宅基地和闲置住宅盘活利用模式。而山区农民，尤其偏远山区农民一般受教育水平较低，统筹考虑的能力不强，更多考虑眼前的利益和风险，进行保守选择。前文农户对宅基地出租模式的偏爱及其对地票制度的利益偏向可见一斑，这在一定程度上致使农户自发进行的宅基地盘活利用效果有限。其次，农村基础设施落后，特别是偏远山区，受自然条件的制约，在交通上受山地和河流阻隔，开路架桥的成本高、技术难度大，交通建设和供水供电困难，通信设施建设速度跟不上城市建设速度，农村地区基础设施整体水平低下，这进一步导致宅基地盘活利用缺乏支撑条件。再次，农户可盘活的宅基地和农房资源有限，闲置宅基地盘活利用需要有足够的市场来实现盘活利用后的经济收益。尽管《中华人民共和国土地管理法》(以下简称《土地管理法》)、《中华人民共和国民法典》(以下简称《民法典》)并未对宅基地使用权主体的身份作出明确规定，但现行宅基地行政和司法要求的宅基地在集体成员中流转的限制，[1]使宅基地的财产价值缺乏受众，难以在具体的盘活利用中充分显化；部分山区具备开发乡村旅游的自然优势，但利用闲置宅基地及农房开办农家乐、

---

〔1〕 尽管现行《土地管理法》《民法典》并未对宅基地使用权主体的身份作出明确规定，但是1999国务院办公厅明令“农民的住宅不得向城市居民出售，也不得批准城市居民占用农民集体土地建住宅”，2007年再次强调“农村住宅用地只能分配给本村村民，城镇居民不得到农村购买宅基地、农民住宅或‘小产权房’”，此后最高人民法院于2011年《全国民事审判工作会议纪要》第15条中规定“将宅基地上建造的房屋出卖给本集体经济组织成员以外的人的合同，不具有法律效力”，并于2015年《全国民事审判工作会议纪要》第三十五条再次重申“对于宅基地流转处于非试点地区的，农民出售其宅基地上的房屋给城市居民或者出售给不同农村集体经济组织成员，该房屋买卖合同一般认定无效。”由此，“宅基地使用权只能由本村集体经济组织成员享有，在本集体经济组织内部流转”至今仍是宅基地司法和行政中的一个普遍共识。

发展乡村民宿等经营性利用意味着土地用途的变更,面临土地用途管制的制度障碍;[1]地票制度开启了闲置宅基地通过复垦成耕地得以置换建设用地指标的利用新路径,对偏远山区的宅基地不失为一种有效的盘活方式,但规划以及指标总量的约束都使其适用范围有限,并不能在基层农村广泛推广。最后,农户盘活利用的资金不足,农民本身经济实力匮乏,难以在现行制度和经济条件下对闲置宅基地进行资源化利用。

(三)农村社会保障制度不健全致使农户存在盘活利用的后顾之忧

社会保障对于促进农村闲置宅基地的盘活利用也发挥着重要作用。调研显示,农民高度关心宅基地退回后的保障问题,这说明伴随农村经济和社会结构的变化,社会保障观念越来越深入民心,农村社会保障制度的"稳定器"功能正日益显化。但我国农村的社会保障体系不完备,农村保障对土地的严重依赖,致使农户在土地盘活利用上存在"利益受损"的警惕和隐忧,这又反过来延缓了土地适度规模经营的推进,阻滞了农村闲置宅基地的盘活利用工作。加快完善农村社会保障制度,已然成为农户们的迫切要求和新农村建设的当务之急。

(四)政策法律宣传不够详尽影响农户对闲置宅基地盘活利用的积极性与安全感

"政策下乡"是闲置宅基地盘活利用的基础和前提。法律政策的宣传推行,在农村闲置宅基地的盘活利用实践中具有至关重要的引导和规范功能。正如调研所显示,虽然许多农户愿意探索能够提高自己经济收入的经济活动方式,把自己能够取得的经济利益摆在影响是否从事某项活动的首要考量因素。但相较于"跟风"式地盲目参与,当涉及切身利益但又不够了解闲置宅基地盘活利用相关政策时,大多数农户依然会选择采取保守观望态度。可见,政策制度宣传如果不足,就无法发挥其在闲置宅基地盘活利用过程中权益纠纷的"警戒线"作用以及纠纷产生后权利救济的"保护网"功能,直接导致农户对

---

〔1〕《民法典》第362条规定,"宅基地使用权人依法对集体所有的土地享有占有和使用的权利,有权依法利用该土地建造住宅及其附属设施"。由此观之,宅基地的用途在于建造住宅及附属设施。

闲置宅基地盘活利用了解度不够、参与度过低。

三、推进西部地区农村闲置宅基地和农房盘活利用的法律对策

(一)深化宅基地“三权分置”改革,构建农民集体主导、多元主体参与的宅基地盘活利用机制

推进宅基地盘活利用,完善产权改革至关重要。我国现行宅基地制度的背后体现了“家长式立法”的考量,[1]立法者、决策者为了避免农民的不理性行为,保障农民个体和集体的“长远利益发展与基本居住需要”,严格限制了宅基地使用权人的流转和收益权能。但随着城镇化的推进、人口流动的加剧、农民财产意识的增强,将农民束缚在土地或限制农民对土地的处置权已变得不合时宜,不仅无益于土地资源的有效利用,还容易引发利益冲突。2019 年农业农村部发布《关于积极稳妥开展农村闲置宅基地和闲置住宅盘活利用工作的通知》,要求“支持培育盘活利用主体……依法保护各类主体的合法权益,推动形成多方参与、合作共赢的良好局面”。党中央提出宅基地“三权分置”改革,强调落实宅基地集体所有权,保障宅基地农户资格权和农民房屋财产权,适度放活宅基地和农民房屋使用权,为新时代背景下完善宅基地产权制度指明了方向。

1. 落实宅基地所有权,保障农民集体在闲置宅基地盘活利用中的核心地位和主导作用

鉴于西部农村,尤其西部山区农户自身能力的局限,闲置宅基地的盘活利用有必要实现从农户自己主导向农民集体主导的转型。这个转型有赖于农民集体的宅基地所有权的落实。我国过去存在集体土地所有权“主体虚位”与“权能虚化”的问题。“主体虚位”表现为尽管法律规定农村土地属于集体所有,但“农民集体”在民法上的地位、内部关系、结构和机制并未明确。[2]“权能虚化”表现为农民集体土地所有权在收益和处分方面受到一定限制,不具备

---

[1] 参见董彪:《非集体经济组织成员继承宅基地使用权的制度创新》,载《改革与战略》2011 年第 5 期。

[2] 参见童列春:《中国农地集体所有权制度理论解惑与重述》,载《南京农业大学学报(社会科学学报)》2018 年第 2 期。

物权的自主性和对抗侵害的排他性效力。随着《民法典》的颁布,集体土地所有权"主体虚化"的问题已在一定程度上得以解决。《民法典》确立了集体土地所有权的"代表行使"机制,即由农村集体经济组织代表农民集体行使土地所有权,未设立村或村内集体经济组织的,由村民委员会或村民小组代表行使,并同时规定了农村集体经济组织的"特别法人"身份。[1] 当然,尚需进一步明确这种"代表"关系的本质,方能真正厘清集体经济组织法人与农民集体的关系。笔者赞同按信托关系[2]来架构此种"代表行使"的制度机制,即集体经济组织法人受托经营管理农民集体所有的土地,并确保集体资产的受益人为农民集体成员,如此,既能保障农村集体经济组织对农民集体所有宅基地的占有与经营管理,也能实现集体财产为农民集体成员共同分享、使用、收益的目的。而"权能虚化"问题的克服,则需要进一步落实集体土地所有权人的收益权和处分权,强化集体经济组织对宅基地流转收益的分配权利、依法强制或有偿收回宅基地的权利,赋予集体经济组织在宅基地取得以及超标占用、一户多宅等情形下依法收费的权利等,这都将有助于农民集体在闲置宅基地盘活利用中发挥更为核心和主导的作用。

2. 在保障宅基地资格权的基础上适度放宽宅基地使用权的取得和流转,吸引社会主体参与宅基地盘活利用

鉴于农户自身资金有限、用地需求量小,宅基地的盘活利用需要吸收更多有能力、有需求、有资源的主体加入。我国现行法律强调宅基地的成员身份属性和保障功能,不仅明文禁止宅基地使用权对外流转,也不允许其单独作为抵押物标的,不认可宅基地使用权的收益权能。而宅基地资格权的独立以及与宅基地使用权的分离意味着可以在制度设计上完成宅基地保障功能与财产功能的切分。笔者主张,宅基地资格权应是农民集体成员无偿获得集体提供的住房福利的权利,兼具成员权与福利权的双重属性,通过明确宅基地资格权的

---

〔1〕 参见《民法典》第262条。

〔2〕 按《信托法》的规定,信托,是指委托人基于对受托人的信任,将其财产权委托给受托人,由受托人按委托人的意愿以自己的名义,为受益人的利益或特定目的进行管理或处分的行为。参见吴昭军:《农村集体经济组织"代表集体行使所有权"的法权关系界定》,载《农业经济问题》2019年第7期。

取得条件和实现方式,可以充分承继宅基地的身份属性实现其居住保障功能。在保障宅基地资格权的基础上,有条件地放宽宅基地使用权的取得与流转,肯认宅基地使用权的收益权能,可以为社会主体参与宅基地盘活利用提供动力和创造利用条件。2020年,农业农村部提出“在符合农村宅基地管理规定和相关规划的前提下,允许返乡下乡人员和当地农民合作改建自住房”。[1]《2021年新型城镇化和城乡融合发展重点任务》明确提出,鼓励采取农村闲置宅基地和地上房屋的“自营、出租、入股、合作等”利用和流转方式;各地的宅基地改革试点中还探索建立了非集体成员有偿取得宅基地使用权(浙江义乌)、宅基地使用权跨集体流转(四川泸州)等制度创新机制。显然以上政策规定和试点创新已经实质上赋予和发挥了宅基地使用权收益权能,扩展了宅基地使用权主体范围。应当推动试点经验纳入地方立法,构建宅基地有偿使用的规则体系,促进宅基地更大范围规范流转。从这个角度讲,《民法典》第362条对宅基地使用权的定义依然沿用原《物权法》,[2]缺失了宅基地使用权收益权能,未能体现宅基地改革探索的成果,是个遗憾,建议在未来立法中予以明确,从而为地方的立法探索提供法律支撑。

(二)深化宅基地管理制度改革,释放宅基地盘活利用的制度空间

土地权利是附有用途管制义务的权利,针对不同用途设计的管制规则事实上决定了不同用途土地使用权的权利内容,也划定了土地利用自由的边界。[3] 陈小君教授也认为,“我国《民法典》虽然构建了以集体土地所有权为基础进而派生出用益物权的土地权利体系,但土地权能在程度上的不同会限制土地的统筹、利用和功能转换”。[4] 故宅基地的盘活利用需要深化宅基地管理制度改革,为宅基地权能的拓展释放制度空间。

---

〔1〕 2020年9月9日农业农村部官网发布对十三届全国人大三次会议第6469号建议的答复(农办议〔2020〕159号)。

〔2〕 《民法典》第362条规定,“宅基地使用权人依法对集体所有的土地享有占有和使用的权利,有权依法利用该土地建造住宅及其附属设施”。

〔3〕 参见杨惠:《从控制到解放:土地流转目标下土地用途管制制度的功能重塑》,载胡元聪主编:《中国农村法治论坛(第4卷)》,法律出版社2012年版。

〔4〕 参见陈小君:《作为、无为与应为:反思民法典体系下司法解释对农地权利的规制》,载中国土地法制研究网2022年12月14日,https://illss.gdufs.edu.cn/info/1023/11687.htm。

1. 完善宅基地经营性利用的规划管制规则,保障乡村产业振兴用地需求

宅基地的经营性利用是盘活利用闲置宅基地的主要措施,也是乡村产业振兴的客观需要。2019年中央农村工作领导小组、农业农村部发布的《关于进一步加强农村宅基地管理的通知》提出:"鼓励村集体和农民盘活利用闲置宅基地和闲置住宅,通过自主经营、合作经营、委托经营等方式,依法依规发展农家乐、民宿、乡村旅游等。"但宅基地的经营性利用需要遵从国土空间规划和土地用途管制的规定,《土地管理法》明确要求"土地开发、保护、建设活动应当坚持规划先行","使用土地的单位和个人必须严格按照土地利用总体规划确定的用途使用土地"。[1] 按现行立法,宅基地属于保障性居住用地,与集体经营性建设用地分属不同的建设用地类型。因此,必须完善宅基地利用和转用的管理规则,才能释放乡村振兴的政策红利。建议统筹考虑农村居住、产业、生态用地需要以及土地自然条件、不同用地方式带来的环境生态影响等,合理规划乡镇用地结构和空间布局,适当扩展宅基地的用途类型,允许一定规模和区域内的宅基地用作规定的商业、旅游等用途,明确宅基地变更为集体经营性建设用地的审批条件和程序,为闲置宅基地盘活利用提供制度空间。

2. 优化地票制度设计,推动建设用地指标跨区域交易,激发宅基地复垦利用的制度绩效

闲置宅基地复垦成耕地或林地,是宅基地利用的另一模式,也是偏远山区宅基地盘活利用的主要路径。特别是借由地票交易机制,经复垦产生的建设用地指标的市场交易,不仅直接增加了宅基地权利人的财产性收入,而且促进了国土空间布局的优化,增长了粮食安全和生态环境的公共利益。针对当前地票制度施行中的问题,建议从以下方面优化地票制度设计:一是简化不必要的程序,目前从宅基地退出申请到地票款发放给农户,至少需要3年以上的时间,建议可以将部分地票交易后期工作向前延伸,提高工作效率,缩短复垦利益的回报周期。二是应当结合当地经济发展状况和耕地利用情况,强化对宅基地复垦为耕地或林地的必要性和合理性的评估,合理化地票供应计划。针对村内承包地荒废较多的情况,应当先解决好村内承包地的荒废问题,如通过

[1] 参见《土地管理法》第4条、《土地管理法实施条例》第2条。

畅通农地流转,承包给企业进行集约化耕种,吸引青壮年返乡创业,然后再鼓励退回闲置宅基地进行复垦,以尽可能地避免农户拿到地票补偿后便不继续耕种,避免耕地的流转机制尚未建设好而农村的劳动力又因为退出宅基地而流失,导致新一轮农地抛荒现象的发生。同时,市场交易范围越大,参与主体越多,越能发挥市场的功能,2021 年中共中央办公厅、国务院办公厅印发的《建设高标准市场体系行动方案》明确提出,“推动经营性土地要素市场化配置”“开展土地指标跨区域交易试点”“探索建立全国性的建设用地指标跨区域交易机制”,应当加快探索建立成渝地区(甚至更广泛区域)建设用地指标跨区域交易机制,更好发挥地票制度在盘活利用闲置宅基地中的作用。

(三)逐步建立多元化的农村安居保障制度,消除农户“利益受损”的不确定性恐慌

闲置宅基地的盘活利用需要配套完善农村社会保障制度、推进城乡公共服务均等化,以替代宅基地的各项保障功能价值。只有宅基地的退出、流转、盘活利用与农户安居、社会保障政策相匹配,才能消除农户“利益受损”的不确定性恐慌,有效推进农村闲置宅基地盘活利用建设。

1. 构建与城乡住房保障制度之间的衔接机制

宅基地的无偿分配固然对农户提供了居住保障的功能,但未必是唯一、有效的保障形式。随着农村人口的流动以及城乡关系的变化,农户对居住保障的诉求日益复杂,应当逐步建立多元化的保障路径,发展农村安居社区建设,有效提供安置补偿,满足农户日益多样的安居需要。

2. 构建与城乡义务教育之间的衔接机制

可以借鉴成都市双流区的试点经验,调整相关的入学、升学规则,使退出宅基地且在城镇落户的农民子女能够在流入地接受普惠性学前教育及义务教育,并赋予其享受免费接收中等职业教育的权利,以此弥补农村未成年人因放弃农村集体土地使用权所产生的择业机会成本。[1]

(四)强化地方政府对宅基地盘活利用的领导和引导责任

2019 年《关于进一步加强农村宅基地管理的通知》明确要求“建立部省指

---

[1] 参见庄开明、黄敏:《农村宅基地自愿退出中的要价博弈均衡分析》,载《经济体制改革》2017 年第 5 期。

导、市县主导、乡镇主责、村级主体的宅基地管理机制”,指出“宅基地管理工作的重心在基层,县乡政府承担属地责任”。闲置宅基地的盘活利用离不开地方基层政府的鼓励、推动和引导。

1. 地方基层政府有因地制宜规划本地宅基地利用的责任

当地政府应在国家宅基地制度改革政策的带领下,充分研究本地闲置宅基地的现状特征,切实规划本地闲置宅基地的发展路径,将国家政策和本土实际进行有效融合、优化,摒弃不符合当地特征的发展形式,挖掘具有本土品牌属性的闲置宅基地盘活之路。

2. 地方基层政府有吸引人才返乡入乡的责任

宅基地盘活利用迫切需要人才加持,一方面是知识型人才的引进,如“大学生村官”等有知识有能力敢作为的人才,能够跟随政策的步伐,积极与村民联系沟通,为组织队伍提供新鲜血液的人才。针对此类人才,不仅应该为其提供基本的居住保障和生活保障,更应该提高其福利待遇,保证其能够安安心心驻扎乡村一线。另一方面是技术型人才的引进,如专业设计人才、电子商务人才、旅游策划人才等。对于此类人才,着重应该保证其经济收入以及“五险一金”,缩小与在城市就业的差距,利用国家补贴为其提供资金支持。

3. 地方基层政府有加强政策法律宣传的责任

应当提升相关工作人员的政策知识储备,培训专业团队,以便下乡宣传。对政府和村委会宣传工作人员进行定期培训,加强宣传工作人员的素质能力建设;提高其学习、宣讲理论政策的能力,组织、策划、宣传文化活动的能力,以及运用新媒体、新技术的能力,使其能够熟练掌握并有效落实宅基地相关政策宣传活动;同时应适当增加宣传活动经费预算,以达到更好的宣传效果。

4. 地方基层政府有加强农村地区基础设施和公共服务供给的责任

宅基地盘活利用极大受制于农村基础设施和公共服务的供给水平。2020年中央一号文件明确提出,要“对标全面建成小康社会加快补上农村基础设施和公共服务短板”。

四、结语

2023年中央一号文件《中共中央　国务院关于做好2023年全面推进乡村

振兴重点工作的意见》再次强调，要"稳慎推进农村宅基地制度改革试点，切实摸清底数，加快房地一体宅基地确权登记颁证，加强规范管理，妥善化解历史遗留问题，探索宅基地'三权分置'有效实现形式"。从对农户的调研情况来看，在政策规定与实际实施中，往往隔着一条较宽的"马路"。如果相关部门及其工作人员将政策贯彻落实到位，那么这条"马路"就是通路；如果仅浮于形式，那么这条"马路"就是"隔离带"。农村闲置宅基地的盘活利用，意味着宅基地的社会功能扩张。宅基地不再局限农民的住房保障功能，还将逐步成为扶助农民收入增长的重要经济新来源。其承载着我国广大农民群体对于日益增长的美好生活需要的希望，是从乡村现有资源角度出发，发动"造血"功能、推动乡村振兴战略开展的又一内在动力。应当完善宅基地产权制度、宅基地管理制度、农村社会保障制度以及其他配套制度建设，强化地方政府的引领责任、落实农民集体的主体地位和主导作用、激发农户和社会主体的参与积极性，从而释放乡村振兴的政策红利，为宅基地盘活利用开拓制度空间、搭建有效机制，保障乡村振兴战略转移贯彻实施。

论乡村振兴背景下闲置宅基地使用权入股的限定性与应然性*

董鹏斌**

摘　要：乡村振兴既是实现中国式现代化的大战略，也是实现共同富裕的根本之策。在乡村振兴背景下，推进闲置宅基地使用权入股很大程度上契合农民财产权益的本初功用。析言之，闲置宅基地使用权入股的正当性择要如下：一是宅基地使用权入股对宅基地的限定性；二是闲置宅基地使用权入股创新了农村土地产权制度改革方式，因为闲置宅基地使用权入股既契合农村土地产权制度改革方向，又有助于提升农村土地产权的制度绩效；三是闲置宅基地使用权入股拓展了闲置宅基地盘活利用的路径，因为宅基地制度改革释放的财产价值决定了闲置宅基地要入股利用，同时闲置宅基地使用权入股已在闲置宅基地盘活实践中"生根发芽"；四是闲置宅基地使用权入股有助于更充分地实现农民财产权益，因为闲置宅基地使用权入股可以实现闲置宅基地从"包袱"到"财富"的转变，而且闲置宅基地使用权入股与实现农民财产权益之间存在正相关关系。

关键词：乡村振兴　闲置宅基地　宅基地使用权入股　正当性　应然性

---

*　本文系国家社会科学基金项目"乡村振兴背景下闲置宅基地入股的风险防范与制度构造研究"(21BFX019)的阶段性成果。

**　西南政法大学经济法学专业博士研究生、中国农村经济法制创新研究中心副研究员。

乡村振兴是一项伟大的国家工程,[1]需要多方主体、多元思维、多种举措共同发力。公司既是现代市场中的主导力量,也是参与乡村振兴的重要主体,特别是在农民将闲置宅基地使用权和住房财产权入股公司,促进"农民变股东、资产变资源、股金变资金"过程中,其助推乡村振兴的独特价值逐步显示。需要指出的是,虽然宅基地具有无偿性、内部性、身份性等特征,[2]但是,此点并不必然得出闲置宅基地使用权不可以入股的结论。事实上,讨论闲置宅基地使用权入股最重要的一点就在于:宅基地制度改革的纵深推进既要坚持宅基地集体所有权这一根本原则,保护农民个体的切身利益;又要激发宅基地本身的内在驱动力,满足农民对宅基地发展利益的迫切需要。然而,这一过程的推进不仅蕴含着国家土地用途管制的公权逻辑,还外显着宅基地市场化发展的经济逻辑,并且这两种逻辑之间的张力被不断放大,潜在的逻辑冲突加剧了当前农村宅基地的闲置与荒废。鉴于此,深化宅基地制度改革应当从现行制度对宅基地户有所居保障功能与财产功能之间的平衡入手。那么,为什么要研究闲置宅基地使用权入股的正当性?理由之一在于:提倡闲置宅基地使用权入股,通过将农民的宅基地使用权和住房财产权作价入股公司等方式,在解决盘活闲置宅基地"人""地"矛盾的同时,能够更加充分地实现农民财产权益。因此,本文在乡村振兴背景下,重点从闲置宅基地使用权入股的制度优势着手,论证闲置宅基地使用权入股的正当性所在,以回应新时代宅基地财产性价值凸显的客观实践。

一、宅基地使用权入股对宅基地的限定性

入股为什么能在众多盘活闲置宅基地财产性价值的方式中脱颖而出?根源之一就在于入股本身对宅基地的限定性。其主要体现在如下两个层面:

(一)入股的宅基地应当是闲置宅基地

从实践来看,我国宅基地市场已出现"内卷化"(无序增长)的趋势,并呈

---

〔1〕 参见李华胤:《习近平关于乡愁重要论述的核心要义与现实价值》,载《中国农村观察》2022年第3期。

〔2〕 参见刘云生:《制度变异与乡村贫困——中国农村土地利益分配法权研究》,法律出版社2012年版,第94页。

现出现象级的矛盾:农村人口不断减少,但农村闲置宅基地面积不断扩大。因此,如何盘活利用闲置宅基地,最大限度发挥宅基地这一土地资源要素的价值与潜能,这既影响乡村振兴顺利推进的节奏,也影响宅基地制度改革的成效。值得注意的是,农业农村部发布《关于积极稳妥开展农村闲置宅基地和闲置住宅盘活利用工作的通知》[(农经发〔2019〕4号),以下简称《闲置宅基地和住宅盘活利用通知》],强调"在充分保障农民宅基地合法权益的前提下,支持农村集体经济组织及其成员采取自营、出租、入股、合作等多种方式盘活利用农村闲置宅基地和闲置住宅"。从政策表达来看,并非所有的宅基地都可以入股,要入股的宅基地应当是闲置宅基地。

1. 宅基地承载的社会保障功能要求入股的宅基地应当是闲置宅基地

农村宅基地承载着农民的社会保障功能,这是我国农村土地制度的历史和现状,当然要继续予以坚持。宅基地使用权是具有社会保障功能的一种用益物权,宅基地的社会保障功能旨在强调具有专属性的宅基地凭借其自然属性而承担的居住、生产生活、养老等保障功能。譬如,赋予农民基于其身份或户籍而享有宅基地和承包地使用权,从而实现"耕者有其田、居者有其屋",有效维护农村社会的和谐稳定。在乡村振兴背景下,无论是承包地"三权分置"还是当前推行的宅基地"三权分置",集体享有农村土地所有权这一本质并未发生改变,这在一定程度上起到了维护土地利用秩序和规范农民合理用地的保障作用,切实发挥了社会稳定功能。事实上,改革开放40多年以来,我国农村经济结构已然发生质变,主要在于:囿于耕地资源的禀赋差异,加之农民外出就业、农业发展方式转变、子女进城入学等因素影响,农民对宅基地居住需求的依赖性有所下降,进城落户购房的农户比例逐渐上升。据实证数据统计,大约有43%的村庄存在隐形流转宅基地的情况,城郊农村以高至70%的比例显现出流转宅基地使用权的活力。[1] 与此同时,农民就业的代际差异被不断拉大,"农二代"离乡、进城落户、不返乡的倾向较明显,这进一步降低了其与土地以及农业之间的粘黏度。[2] 正如有学者所提出的:"宅基地所具备的居住

〔1〕 参见王崇敏:《论我国宅基地使用权制度的现代化构造》,载《法商研究》2014年第2期。

〔2〕 参见刘守英、熊雪锋:《经济结构变革、村庄转型与宅基地制度变迁——四川省泸县宅基地制度改革案例研究》,载《中国农村经济》2018年第6期。

和生存保障功能正在逐渐弱化,其可替代性愈来愈高。"[1]

此外,从我国农村中长期发展实际来看,"大国小农"的国情很长时间内不会发生质变,即便基本实现城镇化后,我国依然有将近4亿的农户生活在农村,[2]因此,宅基地的社会保障功能仍然是其首要功能。进言之,这一当前的最大实际充分表明,承载居住保障功能的宅基地依然是农民安身立命的"主心骨",坚守"户有所居"的社会保障功能殊为必要且具有历史持续性。由此可见,并非所有的宅基地都可以入股,入股的宅基地必须是闲置宅基地,这也再次为确定闲置宅基地使用权入股利用的客体提供了基本依据。

2. 只有闲置宅基地才符合《土地管理法》第62条规定的盘活利用对象

《中华人民共和国土地管理法》(以下简称《土地管理法》)第62条[3]明确指出,盘活利用的对象是闲置宅基地和闲置住宅。鉴于此,从法律位阶来看,国务院各部门制定的政策和地方性法规或规章都应当予以遵照。进一步的问题在于,如何规范界定闲置宅基地?如前所述,闲置宅基地强调无论宅基地上是否存在建筑物及其附属设施,只要在一定年限内尚未充分利用而难以发挥居住保障功能和经济价值即可。[4] 从实践来看,"宅改"试点地区亦是围绕闲置宅基地综合整治和利用展开积极探索,并已形成值得借鉴的治理模式,如浙江"宅基地置换"模式、天津"宅基地换房"模式等。由此看来,农村宅基地制度改革特别是闲置宅基地这一土地资源的盘活利用,不仅是理论界和实务界关注的重点议题,还是助推乡村振兴和推进城乡深度融合发展的重要举措。据统计,2019年我国农村宅基地闲置率约为10.7%,闲置宅基地面积约

〔1〕 陈小君:《宅基地使用权的制度困局与破解之维》,载《法学研究》2019年第3期。

〔2〕 参见高强、周丽:《功能变迁视角下农村宅基地管理制度研究——基于对常州市武进区的实地调查》,载《经济纵横》2023年第8期。

〔3〕 《土地管理法》第62条规定:"国家允许进城落户的农村村民依法自愿有偿退出宅基地,鼓励农村集体经济组织及其成员盘活利用闲置宅基地和闲置住宅。"可以说该规定为盘活利用闲置宅基地提供了法理支持和政策依据。

〔4〕 参见史卫民、董鹏斌:《农村闲置宅基地入股利用的制度构建》,载《西安财经大学学报》2021年第1期。

为1447万亩,[1]部分地区农村房屋空置率超过35%。[2] 如此高的占比足以证明闲置宅基地是我国农村宅基地管理和利用面临的一大难题,因而,采取何种方式能够有效盘活利用闲置宅基地这一"沉睡资产"是摆在我们面前的重要课题。值得注意的是,2023年"中央一号文件"在总结先前改革实践的基础上,提出要"赋予农民更加充分的财产权益""稳步推进赋权,有序实现活权,让农民更多分享改革红利"。这是在现行法律制度框架下对土地制度改革作出的正向突破,其破解宅基地流转的现实梗阻、促进宅基地使用权制度体系现代化、强化宅基地财产功能和经济利益权能的政策意蕴不言而喻。概言之,推进闲置宅基地使用权入股,重点在于将农村已有的闲置宅基地及其住房作价入股公司,以期在满足《中华人民共和国公司法》(以下简称《公司法》)规定的股东出资要求基础上,提升闲置宅基地节约化、集约化利用水平。

(二)应当是有入股价值的闲置宅基地

1. 宅基地财产价值的显现

随着市场经济的推进、城镇土地价值的释放,农村土地的市场价值日益凸显,对于农民或者社会各界而言,客观上都存在实现农村土地市场价值的需要,这一价值的实现势必要求土地作为一种生产要素参与市场配置。[3] 有关数据显示,开展农村土地的市场化,可促使大约价值30万亿元的村镇住宅和100万亿元的农村建设用地进入市场经济体系,以实现交易、继承、保值和增值。[4] 从2015年以来的两轮宅基地制度试点改革历程来看,宅基地财产价值既是宅基地上新增加的财产价值,又可被称为宅基地增值收益,宅基地财产价值具体可细分为用途转化下的宅基地发展权、资格权和使用权相分离的宅

---

〔1〕 参见刘丹、巩前文:《中国农村宅基地面积测算及其分布特征》,载《世界农业》2021年第6期。

〔2〕 参见魏后凯、杜志雄主编:《中国农村发展报告——聚焦"十四五"时期中国的农村发展》,中国社会科学出版社2020年版,第29页。

〔3〕 参见宋志红:《中国农村土地制度改革研究——思路、难点与制度建设》,中国人民大学出版社2017年版,第2页。

〔4〕 参见李凤章等:《土地抵押融资法律困境和制度创新》,立信会计出版社2012年版,第76页。

基地财产权利以及宅基地区位因素所产生的市场价格。[1] 事实上，在村域尺度下，宅基地财产价值呈现出“边远型 < 远郊型 < 近郊型 < 城中村”的显著梯度递增规律。[2] 当然，宅基地因所处的不同区位、周边经济发展水平、生态文化旅游资源等影响，显化的财产价值和经济潜能有所差异。从实践来看，作为全国新一轮“宅改”试点地，截至 2022 年 4 月，浙江省德清县共盘活利用闲置宅基地 6817 宗 781 亩、闲置住宅面积 129 万平方米，农民人均可支配收入年均增长 9%、村集体经营性收入年均增长 24%，[3] 充分挖掘了宅基地的财产价值和乡村发展的内生动力。

2. 实现闲置宅基地的入股利用要发挥市场在资源配置中的决定性作用

提出闲置宅基地的入股利用要发挥市场在资源配置中的决定性作用，并不是强调要“一步到位”地推行宅基地市场化配置，而是认为发挥市场配置宅基地资源的调节功能，有助于宅基地权利主体更加充分地实现财产权益和经济价值。当然，我们也应保持足够的历史耐心和改革定力，毕竟从“宅改”的前景来看，未来实现宅基地市场化配置是可以预期的。

一方面，以入股的方式盘活闲置宅基地使用权是实现宅基地市场价值的重要抓手。鉴于要素市场化配置改革的拓展与深化，农村土地要素的市场化配置程度必然逐步提高，特别是对存量较大的宅基地实行市场化配置的“号角”已经吹响。在宅基地“三权分置”政策理念下，放活宅基地使用权需分阶段、有步骤地稳步推进，其本质就是要实现宅基地使用权的适度市场化配置和多元利用。事实上，这里“放活”的要点就在于通过引入市场机制，实现宅基地使用权的市场化利用，缓解当前的用地矛盾。如果缺乏必要的市场配置机制，反其道而行之，那么只会带来两种后果：一是宅基地资源配置低效，影响乡村振兴成效；二是在利益驱动下出现宅基地隐形流转乃至违法行为。进言之，闲置宅基地作为一种市场要素，盘活需要依托多种利用方式，而入股就是其中的

---

〔1〕 参见夏沁：《宅基地增值收益分配体系的规范构建》，载《华南农业大学学报（社会科学版）》2023 年第 4 期。

〔2〕 参见苑韶峰、干欣怡、唐奕钰：《基于联盟利益分配的宅基地退出增值收益共享研究——以浙江省典型县市为例》，载《资源科学》2021 年第 7 期。

〔3〕 参见柳文：《闲置资源是怎样生金的》，载《经济日报》2022 年 4 月 21 日，第 8 版。

一种,如此才能在市场配置中实现其自身的财产价值。

另一方面,市场主体具有"经济人"属性,只有具备入股价值的闲置宅基地才能被充分盘活利用,农民的财产权益才能被真正有效实现。理由在于:公司作为市场主体中不可或缺的重要组成部分,已然成为现代市场中的主导力量,具备入股价值的闲置宅基地也更加契合被入股公司的发展需求。譬如,浙江绍兴作为全国新一轮农村宅基地制度改革3个地级市试点之一,其中,绍兴市上虞区聚焦农村"空心化""住房闲置化""用地低效化"等问题,引入市场机制。截至2023年6月,该区已累计盘活闲置宅基地和闲置住房面积195万平方米,累计吸引社会资本23.4亿元,带动农户增收6846万元、村集体增收2983.36万元,实现了借力"宅改"让"沉睡"的宅基地"活"起来的美好愿景。再如,浙江省义乌市实行宅基地市场化配置:一方面,实行宅基地有偿调剂,即在确保"户有所居"的前提下,遵循自愿有偿的原则,由农村集体经济组织统一回购,再通过市场公开配置方式有偿调剂给本村集体经济组织成员;另一方面,探索宅基地有偿选位,即通过公开竞争方式有偿选择宅基地。截至2017年6月,义乌全市农村集体经济组织累计收取有偿选位费高达110亿元,选位费大部分用于更新改造区的基础设施配套和经济困难户建房补助。[1] 可以看出,宅基地有偿调剂和有偿选位实践活动充分体现了宅基地的财产价值和市场价值,既为闲置宅基地使用权入股利用创造了重要条件,更向发挥市场配置资源的决定性作用迈出了关键一步。

二、闲置宅基地使用权入股创新农村土地产权制度改革方式

(一)闲置宅基地使用权入股契合农村土地产权制度改革方向

从经济学的视角观之,产权就是一组所有者行使物质资料并且其行使不受他人干涉的权利束(a bundle of rights)。一个完整的产权包括使用权、收益权和转让权,其中每一种权利又可以得到进一步的细分。产权有效体系的衡

---

〔1〕 参见吴次芳等:《中国农村土地制度改革总体研究》,浙江大学出版社2018年版,第424~425页。

量标准主要有三个：一是普遍性；二是独占性；三是可转让性。[1] 根据产权内涵及其功能的阐释，我们不难给出农村土地产权的定义：农村土地产权就是有关农村土地这种财产的一切权利的总和。

1. 农村土地产权制度改革的关键在于赋权和市场化

从实践来看，土地所有权包括四项基本权利，即土地占有权、土地使用权、土地收益权、土地处分权，这种权利划分符合我国农村发展实际。根据产权理论我们可以得出，有什么样的土地产权制度，就有什么样的土地产权功能，进而就有什么样的土地绩效。[2]

一方面，农村土地产权交易商品化是农村土地产权配置市场化的基础。马克思认为，"任何一种商品无论它的使用价值如何不可分割，但它的交换价值却是可以任意分割的；由于地租的存在，土地产权丧失了不动产的性质，变成一种交易品"；[3] 可"借助于商品的各小部分的所有权证书，商品能够一部分一部分地投入流通"[4]。事实上，科学理论的引领是改革实践顺利推进的保证，也是改革成败的关键。当前，我国农村土地产权制度已经步入"深水区"，理由在于：经济发展是一个动态发展的过程，不同的发展阶段有着不同要求，因而我们对发展的理解也经历了显著变化，如在工业化发展的中后期阶段，发展并不主要是资本积累的过程，更多的是组织变化的过程。[5] 同理，我国的农村土地产权制度并不是一成不变的，对其予以适时的调整和优化殊为必要。事实上，在城乡融合发展进程中，"三农"的定位理应从过去的工业优先发展转型为"工业反哺农业，城市带动乡村"，以实现工农、城乡的可持续

[1] 参见［美］理查德·A. 波斯纳：《法律的经济分析》（上），蒋兆康译，中国大百科全书出版社1997年版，第42页。

[2] 参见郑兴明：《乡村振兴战略下农村土地产权制度改革研究》，厦门大学出版社2021年版，第26～28页。

[3] 中共中央马克思恩格斯列宁斯大林著作编译局编：《马克思恩格斯选集》第1卷，人民出版社1972年版，第148页。

[4] 中共中央马克思恩格斯列宁斯大林著作编译局编：《马克思恩格斯选集》第46卷下册，人民出版社1980年版，第446页。

[5] 参见［美］约瑟夫·斯蒂格利茨：《发展与发展政策》，仝冰等译，中国金融出版社2009年版，第39～40页。

与均衡发展。[1] 一个最好的例证就是,家庭联产承包责任制改革拉开了我国农村土地产权制度还权、赋权的序幕,通过调整土地产权及其收益分配关系,尤其是将承包地的经营权与收益权赋予农民,将农民塑造为独立的农业经营主体,提升了农业生产经营效率。由此来看,我国农村土地产权制度改革需要转向"还权与赋权"。例如,重庆市江津区于2023年9月8日正式颁发首张闲置农房使用权流转交易鉴证书。该鉴证书是通过全市统一的农村产权流转交易系统,为闲置宅基地及其农房使用权流转出具的第三方凭证,既是闲置宅基地及其农房使用权流转鉴证书,也是探索金融机构提供抵押担保贷款的重要依据,这为鼓励城市资本"上山下乡"激发乡村发展活力、促进强村富民提供了有力支撑。

另一方面,农业农村改革的遵循与方向关键在于两点:一是赋权,即赋予、放活农民和农村产权;二是市场化,即农业农村的市场化,以放活宅基地使用权流转和建立农宅交易市场为突破口,以健全产权制度和要素市场化配置为重点,为乡村振兴拓展更大空间。[2] 事实上,在农村土地产权制度改革过程中,无论是推进农村土地经营权流转、农民住房抵押权融资还是农村集体资产股权量化改革,本质上都是赋予农民土地权利和更多财产权益的重要体现。而推进闲置宅基地使用权入股就是在放活宅基地使用权、推进宅基地资源市场化配置的同时,确保入股农民能够获得持续的分红收入,以资产性的形式拓展农民增收渠道。

2. 闲置宅基地使用权入股优化了农村土地产权制度的实现方式

从根本上讲,宅基地财产功能难以发挥的最大原因在于对其入市流转的限制。从产权视角来看,就是对农民宅基地处分及收益权能的限制。这表明,农村土地产权制度改革,如果不考虑完善土地产权的权能结构,单纯地强调宅基地的户有所居保障功能,那么就很难有效实现农民宅基地财产权,这种困境的突出表现就是宅基地高闲置率及其无序利用。

---

〔1〕 参见田世野、李萍:《发展视域下中国农村土地产权制度的变迁——基于两种产权理论的比较》,载《学术月刊》2021年第12期。

〔2〕 参见叶兴庆等:《农业农村改革若干重大问题研究》,中国发展出版社2018年版,第25~29页。

一方面,我们讨论农村土地产权制度改革,不可忽视的一个要点就在于,如何实现产权抑或"产权现实性"? 换言之,农村土地产权制度改革成效的关键要看赋予农民的土地产权是否实现了农民收入的增加,土地产权制度的优越性是否得到了充分发挥? 根据马克思的产权理论,如果要想通过土地产权的"还权赋能"实现农民增收、促进农民农村共同富裕、撬动乡村振兴发展,就不得不考虑将完整的农村土地产权嫁接在闲置宅基地的盘活利用上。由于宅基地的财产功能逐步凸显,静置的宅基地难以充分实现相关产权的经济效益,此举必然引致这些产权在宅基地管理利用中的失衡,也就有了某种"名义上"的权利之嫌。

另一方面,农村土地产权制度的实现方式之一就在于放活宅基地使用权。2023"中央一号文件"强调,要"探索宅基地'三权分置'有效实现形式",其中,"适度放活宅基地和农民房屋使用权"是宅基地"三权分置"实现形式的重要环节。适度放活宅基地使用权既是实现宅基地财产价值和宅基地使用权之财产权内容的必然要求,[1]也是助推我国农业农村现代化的必由之路。事实上,宅基地作为农村土地的重要组成部分,既是资源,也是资产。农业农村部和自然资源部相关文件明确鼓励并支持农村集体经济组织及其成员将闲置宅基地使用权以入股方式进行流转,获得股权收益。而通过将具有财产价值的闲置宅基地评估作价入股公司,入股农民在保留宅基地资格权的情况下,在一定年限内将闲置宅基地使用权暂时让渡给公司,在农民通过入股获取更大收益的同时盘活了闲置宅基地,也就优化了农村土地产权制度的实现方式。

(二)闲置宅基地使用权入股利于释放农村土地产权制度活力

1. 闲置宅基地使用权入股有助于释放农村土地产权制度发展的新动能

农村土地产权制度是农民实现土地财产权的法律基础。[2] 党的二十大报告强调要"深化农村土地制度改革,赋予农民更加充分的财产权益";2023年"中央一号文件"提出要"深化农村土地制度改革,扎实搞好确权,稳步推进

---

〔1〕 参见杨青贵:《适度放活宅基地使用权的理论逻辑与实现进路》,载《农业经济问题》2023年第7期。

〔2〕 参见宋才发、向叶生:《农村土地产权制度改革的法律问题探讨》,载《广西社会科学》2015年第1期。

赋权……”由此出台的相关规定,都为新时代农村土地产权制度改革与发展提供了有力的政策支持。产权从根本上讲是一种排他性权利。[1] 土地产权制度的分析框架对研究土地制度的发展与走向极其重要。[2] 事实上,自新中国成立以来,我国农村土地产权制度已经历了从“单一产权”到“二级产权”再到“三权分置”的变革,[3]具体如表1所示。

表1 农村土地产权制度演进历程

演进时间	产权名称	权利内容
1949~1956年	农民所有	产权个人所有
1957~1978年	三级所有	产权集体所有
1979~2012年	家庭联产承包责任制	集体享有所有权 农户享有承包经营权
2013~2023年	“三权分置”	集体享有所有权 农户享有承包经营权 鼓励流转土地经营权

从表1我们可以看出,“三权分置”的改革思路在一定程度上映射了市场经济对土地产权的多样化需求。一方面,从实践来看,现阶段农民进城落户、“农二代”进城务工、子女进城上学等现象较为普遍,导致的结果如下:(1)农村常住人口有明显下降的趋势,闲置宅基地越发增多,但农村宅基地新的“增量”仍在上涨;(2)宅基地资格权主体和宅基地经营主体已然发生了分离,宅基地用途由居住保障扩展到经营性利用已有客观需求。这说明,乡村振兴中的“宅改”离不开农村土地产权制度革新予以的保障。事实上,无论是承包地“三权分置”还是宅基地“三权分置”,其对农村土地产权清晰化的要求越加明确,并显示出要打破农村土地产权封闭性、放开土地产权限制权能的倾向。

---

〔1〕 参见[美]道格拉斯·诺思:《经济史中的结构与变迁》,陈郁译,三联书店上海分店1991年版,第21页。

〔2〕 参见刘守英:《中国农业绩效的微观土地制度基础——〈农村土地产权制度与农业绩效〉评介》,载《中国土地科学》2020年第4期。

〔3〕 参见缪德刚:《从单一产权到“三权分置”:新中国农村土地产权制度70年沿革》,载《西南民族大学学报(人文社科版)》2019年第12期。

另一方面,闲置宅基地使用权入股关注的重点在于怎样更好地实现农民的财产权益。理由在于:要想进一步释放农村土地产权制度发展的新动能,关键还是要把宅基地的收益权和处分权赋予农民,及时跟进农民对闲置宅基地发展权益的现实需求,如此才能增加农民财产性收入。事实上,“历史再次证明,农民才是最懂土地的人”。[1] 闲置宅基地作为农民的重要资产,将闲置宅基地使用权及其住房财产权暂时让渡给被入股公司,能够有效激发农民变股东的致富愿望,农民盘活利用闲置宅基地的意愿和积极性显著增强。例如,陕西省平利县将农民住房财产权、村集体资金以资产入股和扶贫资金配股等方式入股龙头企业,截至 2017 年 6 月,平利县利用农民住房财产权和土地承包经营权抵押贷款共计 10.92 亿元,人均增收 504 元,提高了农民财产性收入。[2]

2. 闲置宅基地使用权入股有助于提升农村土地产权的制度绩效

为了降低产权交易成本,适时提高制度绩效,这也是促成制度变革不可或缺的重要动因。事实上,闲置宅基地使用权入股,既是深化农村土地产权制度改革、促进土地要素市场化流通的重要选择,也是全面推进乡村振兴进程的价值遵循,更是激发农村土地产权制度改革的动力源泉。

一方面,产权制度和经济绩效之间存在密切联系。伴随计划行为经济学的逐步发展,学界在研究农村土地制度时注重将农户感知纳入制度绩效当中,[3] 这里的制度绩效,就包括土地资源利用率、农业生产经营程度、农民收入等。当然,农户对农村土地产权制度的安全感知也被认为是农户土地利用决策的前提基础。[4] 针对农村土地产权配置如何影响农民的土地利用和转型意愿,需要回答好如下两个问题:一是传统的土地产权是否会提高农民的土

---

〔1〕 吴晓燕:《动能转换:农村土地产权制度改革与乡村振兴》,载《社会科学研究》2020 年第 3 期。

〔2〕 参见韩海燕、姚金伟:《资产收益扶贫制度与农村土地产权制度关系辨析》,载《学习与探索》2018 年第 6 期。

〔3〕 参见罗必良、汪沙、李尚蒲:《交易费用、农户认知与农地流转——来自广东省的农户问卷调查》,载《农业技术经济》2012 年第 1 期。

〔4〕 See Broegaard R J, *Land Tenure Insecurity and Inequality in Nicaragua*, Development & Change, Vol. 36:5, 2005, p. 845 – 864.

地财产附加值;二是传统的土地产权是否会促进农民关键生产资源的市场化配置。进言之,将农村土地产权制度绩效引入经济学分析框架的意义及其在现实活动中重要性的强调,并不意味着其他影响人们行为的变量不重要。由此我们可以进一步论证:(1)当我们考虑一个社会怎样才能更有效率时,产权的功能可能是十分重要的;(2)产权绝不是一个空洞的口号,而是一个很实在的东西。理由在于:其一,产权功能的界定可以确定权利主体在发生相互关系时如何受益、如何受损,以及他们之间如何补偿的规则,使他们形成作出行为决定的合理预期。其二,产权的界定与实施也是有成本的,只有当界定与实施产权的收益大于由此所致的成本时,人们才会寻求对它的排他性安排。[1] 可以说,在任何国家的任何时期,制度选择都是至关重要的,[2] 农村土地产权制度的绩效提升亦是如此。

另一方面,土地是农民最为重要的生产生活资料,土地制度的变化既影响"三农"的稳定发展,还影响乡村治理绩效。新型城镇化建设是中国式现代化进程的必由之路和内在要求,但需要指出的是,"现代化带来的一个至关重要的政治后果便是城乡差距……现代化还会向乡村提出新的要求,这加剧了乡村对城市的敌意"。[3] 事实上,自改革开放以来,农村的发展相对滞后,鉴于城市虹吸效应的存在,农村的土地、人力等资源流向城市。更为重要的是,城乡二元的土地制度在一定程度上限制了农村土地价值的有效实现,宅基地产权的缺失也使农民住房价值偏低。进一步的问题在于,人口规模巨大的现代化是中国式现代化的一大特征,在实现中国式现代化进程中,仍然有几亿农户生活在农村,如何促使城乡发展权的均等化,以及如何助力农民实现更加充分的财产权益是我们必须直面的挑战。

---

〔1〕 参见张富利:《中国农村土地制度变革的法理检视与策略调适》,中国政法大学出版社2020年版,第116~118页。

〔2〕 See D. North, *Economic Performance Through Time*, The American Review, June 1994, p.362.

〔3〕 塞缪尔·P.亨廷顿:《变化社会中的政治秩序》,王冠华等译,生活·读书·新知三联书店1989年版,第66页。

三、闲置宅基地使用权入股拓展闲置宅基地盘活利用的路径

(一)闲置宅基地使用权入股是闲置宅基地盘活利用的应然选择

1. 宅基地制度改革释放的财产价值决定了闲置宅基地要入股利用

从实践来看,很长一段时间内我们对宅基地社会保障功能的重视明显超过对宅基地财产价值及其经济利用的重视。正如有学者所言:“造成宅基地使用权财产功能无法充分发挥的核心原因在于,宅基地使用权担负的社会保障功能。”[1]虽然宅基地所承载的“户有所居、进退自如”的保障功能和社会稳定价值仍居首位,但不得不承认的是,将宅基地绑在农民身上的做法并非长久之计。理由在于,农村社会并非一个封闭的社会,社会保障功能及其稳定价值也并非农村宅基地的唯一价值。进言之,农村社会的稳定离不开农民安居,更离不开农村经济以及农民获得感、幸福感的提升。

进一步的问题在于,如何更好地盘活闲置宅基地以发挥其财产功能和经济价值?通过系统分析《土地管理法》第62条的立法本意和宅基地制度改革的政策意蕴,可以得出推动闲置宅基地使用权入股是新时代闲置宅基地盘活利用的应然选择。一方面,对于进城落户、拥有稳定非农收入和城镇住房的农民而言,宅基地的福利保障功能不断消减,财产价值得以显化,宅基地的资产价值亟须激活,此时盘活利用的就是这些低效率利用的闲置宅基地。当然,倘若农民仅有宅基地这一种生产生活保障资料,那么对其盘活利用就必须尤为谨慎。换言之,闲置宅基地使用权入股的利用潜力更多是体现在农民有其他收入保障的那部分闲置宅基地。

另一方面,闲置宅基地使用权权能扩展已成既定事实。理由在于,从经济学视角来看,闲置宅基地使用权流转范围局限在本集体经济组织内部,如此有限的权利受让主体难以充分外显闲置宅基地的财产价值,对于农民而言,不利于实现其土地发展权。从实践来看,2017年,四川省泸县闲置宅基地有2.75

---

〔1〕 宋志红:《中国农村土地制度改革研究:思路、难点与制度建设》,中国人民大学出版社2017年版,第283页。

万户,宅基地闲置率为10%,闲置面积高达0.15万公顷。[1] 为寻求宅基地制度改革的突破口,泸县作出了宅基地和集体建设用地权利的平等安排,其中,闲置宅基地转为经营性建设用地后,可按照入股(作价出资)、出让、租赁等方式入市。由此可见,泸县通过“宅改”进一步促进了宅基地财产价值的外显,增加了农民的宅基地财产权收益。是故,宅基地制度改革释放的财产价值决定了闲置宅基地要入股利用,以入股的方式盘活利用闲置宅基地使用权及其住房财产权是深化宅基地制度改革的必由之路。

2. 盘活闲置宅基地亟须有步骤地推进闲置宅基地使用权入股

“举一纲而万目张,解一卷而众篇明。”回望中国农村土地制度的发展历程,不难看出,无论是现行土地制度设计中的诸多矛盾之处,还是近些年改革政策的“踟蹰”之处,实质上都体现了宅基地的财产功能和社会保障功能之间的互相博弈。但结合2019~2023年“中央一号文件”,以及党的二十大报告中相关表述来看,国家对土地财产功能以及如何实现农民财产权益的重视程度越来越高。由此来看,在乡村振兴背景下,以放活闲置宅基地使用权继而盘活闲置宅基地和增加农民收入,既有政策支撑,也有法律保障。其中,以入股方式盘活利用闲置宅基地可以说是深化“宅改”和实现农民财产权益的重要抓手和有力举措。

一方面,积极推动闲置宅基地和闲置住宅的盘活利用,离不开城乡要素自由流动和市场经济的有力支撑,更离不开宅基地有限市场化的适度推进。通过赋予农民完整的宅基地使用权权能,有助于在实现农民财产权益的同时,打开城乡间的土地市场大门。正如有学者所指出的:“当代竞争力旺盛的城市,无一例外,一概是‘市场’打头,以市场机制引导资源的流动与聚集。”[2] 值得注意的是,宅基地的增值空间驱动着社会企业参与闲置宅基地的盘活利用工作:其一,社会企业通过农村集体经济组织发挥其媒介作用,在自愿有偿的原则下,农民暂时让渡闲置宅基地使用权为股权,实现闲置宅基地这一资源变资产的转换;在此过程中,地方政府也需要扮演好“引路人”的角色,如此,不仅有

---

〔1〕 参见刘守英、熊雪锋:《经济结构变革、村庄转型与宅基地制度变迁——四川省泸县宅基地制度改革案例研究》,载《中国农村经济》2018年第6期。

〔2〕 周其仁:《城乡中国》(下),中信出版社2014年版,第270页。

利于提高闲置宅基地盘活利用的边际效益，还能降低闲置宅基地入股的负外部性。其二，社会资本（以公司为代表）下乡推进闲置宅基地多元盘活利用，符合市场配置资源的一般原理。农民将自己的闲置宅基地入股或者租赁给公司，以获取股权分红或者市场型租金收益；地方政府也可将闲置宅基地转为建设用地获取指标，从而进一步实现闲置土地的增值、保值和变现。

另一方面，提出闲置宅基地使用权入股从而盘活闲置宅基地已在学界逐步成为共识。例如，有学者就认为，“为推动下乡资本有效盘活闲置宅基地，建议从制度层面明确规定下乡资本可通过入股、抵押等方式获得农民的宅基地使用权，同时详尽宅基地使用权在入股、入市、合作经营等环节的操作流程和具体办法”。[1] 虽然闲置宅基地使用权入股公司不能一蹴而就，但分阶段、有步骤地推进尤为必要。正因如此，实践中已有地方政府出台相关规定鼓励以入股方式开展闲置宅基地盘活利用工作。例如，2023 年 9 月 8 日，海南省三亚市人民政府发布《三亚市农村闲置宅基地管理暂行办法》，[2] 其中第 20 条明确提出“宅基地经营权入股，是指农村集体经济组织将宅基地经营权作价出资，成为公司、合作经济组织等股东或者成员，并用于生产经营活动”；第 21 条又提出“鼓励不同农村集体经济组织之间通过入股等方式，联合开展闲置宅基地盘活利用，促进宅基地规模化、集约化利用，共担风险、共享收益”。由此可见，以入股的方式盘活闲置宅基地已在地方实践中具化为相关法规，可以预测的是，在政府或者农业农村部门出台的闲置宅基地管理与利用办法中，有关闲置宅基地使用权入股的规定将会越来越多，也越来越细。正是从这个意义上讲，积极推进闲置宅基地使用权入股是响应盘活利用闲置宅基地政策的关键举措和重要方式。

（二）闲置宅基地使用权入股是闲置宅基地盘活实践的典型代表

1. 闲置宅基地使用权入股已在闲置宅基地盘活实践中“生根发芽”

在众多盘活闲置宅基地和闲置住宅的实践中，闲置宅基地使用权入股已经表现出强劲的生命力和广阔的前景。如果说土地经营权入股是农地“三权

---

〔1〕 付宗平、林同智、陈菁泉：《资本下乡盘活农村闲置宅基地使用权的驱动机理、潜在风险与思考建议》，载《农村经济》2023 年第 7 期。

〔2〕 参见《三亚市农村闲置宅基地管理暂行办法》（三府规〔2023〕17 号）。

分置”的自然延伸,那么闲置宅基地使用权入股就是宅基地“三权分置”的题中之义。

一方面,闲置宅基地使用权入股是闲置宅基地盘活政策的生动诠释。随着社会经济的发展,固有的宅基地管理利用体系呈现与乡村振兴进程不相一致的情形,在此背景下,积极开展闲置宅基地的盘活利用因客观需要而被提出。《闲置宅基地和住宅盘活利用通知》首次明确,在“充分保障农民宅基地合法权益的前提下,支持农村集体经济组织及其成员采取自营、出租、入股、合作等多种方式盘活利用农村闲置宅基地和闲置住宅”;2020年11月,农业农村部印发《农村宅基地制度改革试点工作指引(农办经〔2020〕8号)》(以下简称《宅基地改革试点工作指引》),强调要“探索通过出租、入股、转让、互换、赠与等方式流转宅基地使用权的具体途径”;2022年7月,国家发改委印发《“十四五”新型城镇化实施方案》,再次指出要“探索农村集体经济组织及其成员依法依规采取自营、出租、入股、合作等方式盘活农村闲置宅基地和闲置住宅”。可以说,上述政策的密集出台,实际上是在既有的农村宅基地管理和利用制度体系的基础上,审时度势,对其进一步完善,并非对现有制度体系的直接否定。其中,以入股的方式盘活利用闲置宅基地,既表现出强烈的现实需求,也是政策落地的关键一环。

另一方面,闲置宅基地使用权入股是闲置宅基地盘活实践的重要体现。“察势者智,驭势者赢。”既是对显现财产价值的闲置宅基地进行多元化盘活利用的强调,也是在夯实宅基地社会保障功能以及户有所居的基础上实现经济效率的稳步提升。譬如,安徽省含山县积极推进土地节约集约利用综合改革试点,抓住“宅改”机遇,立足实际,稳妥探索闲置宅基地和闲置住宅盘活利用的有效途径和体制机制,通过“农民出房出地+公司运营管理”的方式,将盘活农村“两闲”用地与文旅发展相结合,闲置宅基地成为乡村生态旅游的“新元素”。截至2023年8月,含山县全村共盘活利用“两闲”资产12宗8440.57平方米,吸引社会资本1421万元,增加农民财产性收入230.86万元,增加村集体收入28万元。再如,安徽省巢湖经开区在“把农村建设的更像农村”的设计思维和“多方参与、共建共治共享”的理念下,和安徽淮商集团投资3亿元联合成立新的投资发展公司,建成“三瓜公社”特色小镇,以“政府引领+农民入股+公司经营”的方式，[1]盘活利用半汤镇生态旅游资源和闲置宅基地，打造“三旅”平台、“互联网+三农”、手工作坊、特色农家乐、乡村民宿等新兴产业形态，这既是实现乡村经济效益、社会效益、生态效益一体化发展的重要探索，也是促进城乡深度融合的新支点。

2. 闲置宅基地使用权入股是闲置宅基地盘活实践的逻辑延伸

结合各地开展的“宅改”实践来看，新一轮宅基地制度改革侧重对闲置宅基地进行多元化盘活利用，注重赋予宅基地使用权完整权能，因而探索以入股方式盘活闲置宅基地及其使用权是落实党的二十大报告中提及的“赋予农民更加充分的财产权益”的有益尝试，也是全面推进乡村振兴进程中宅基地财产性价值凸显的制度内涵。

一方面，闲置宅基地盘活利用的成功与否，将在很大程度上影响农业农村现代化在乡村振兴实践中的成效。事实上，在宅基地“三权分置”政策的驱动下，通过适度放活宅基地使用权达到盘活闲置宅基地资源、提升集约化利用水平是其必然要求。如果说农地“三权分置”这一充满政治智慧的制度安排是农业乃至农村发展的新引擎，那么闲置宅基地使用权入股的制度构造与推进路径就是必不可少的“助推器”。如此，既有助于唤醒闲置宅基地这一“沉睡资产”，促进宅基地制度现代化构建，也有助于增加入股农民的非农收入，提升农民个体的获得感和幸福感。值得注意的是，现阶段盘活利用闲置宅基地的主要方式有：宅基地有偿退出、[2]宅基

[1] 参见张勇、包婷婷：《乡村振兴背景下多主体参与闲置宅基地盘活利用路径研究——基于“三瓜公社”特色小镇的考察》，载《山西农业大学学报（社会科学版）》2023 年第 5 期。

[2] 宅基地有偿退出的理论成果主要集中于：宅基地有偿退出的影响因素、退出模式、退出机制、退出路径等。代表性成果有郑兴明、雷国铨：《农村宅基地退出改革的实践进展、成效审视与推进路径——基于三个典型试点地区的比较分析》，载《经济体制改革》2022 年第 4 期；梁发超、林彩云：《经济发达地区宅基地有偿退出的运行机制、模式比较与路径优化》，载《中国农村观察》2021 年第 3 期；杨卫忠：《农村宅基地使用权有偿退出的扩散效应研究——以浙江省嘉兴市得胜村为例》，载《中国土地科学》2020 年第 7 期。

地收回、[1]利用闲置宅基地合作建房[2]等,但仔细梳理相关文献资料发现,有关闲置宅基地使用权入股的理论根基和制度建构的学术成果少之又少。因而就形成了一个显著的结果冲突:政策明确鼓励支持以入股方式开展闲置宅基地盘活利用,学界现有成果却难以为相关部门提供可复制可操作的实践方案,而学术研究又是改革与解放思想的前沿阵地,在此情况下,两者之间的张力与龃龉就不断被放大。由此摆在我们面前最直接、最值得关注的就是,积极推进闲置宅基地使用权入股是当前亟须研究和讨论的重要现实课题。

另一方面,闲置宅基地使用权入股是闲置宅基地转型发展的内在要求。如前所述,围绕闲置宅基地和闲置住宅的盘活利用,国务院相关职能部门出台了一系列有关宅基地管理和利用的政策文件,擘画了相对明晰的宅基地使用权"放活"路径,也逐步确立了闲置宅基地盘活利用改革示范区,积极探索了闲置宅基地盘活利用的实践方案。但不得不思考的是,为何在上述政策文件中一再提及并且支持"以入股的方式盘活闲置宅基地和闲置住宅"。理由可能在于如下两点:(1)正如国家要积极探索宅基地"三权分置"实现形式一样,在宅基地大量闲置与荒废的现实情境下,闲置宅基地的盘活利用方式亦要多元化,而入股就是多元化实现方式中最重要的一种。(2)随着市场经济和数字经济向农村地域的辐射,在以公司为代表的社会资本参与乡村振兴的加持下,推进闲置宅基地使用权入股公司是必须纳入宅基地管理范围内的事情,这既是宅

[1] 宅基地使用权收回制度的建构既要考量制度安排的公平与土地利用的效率之间的关系,又要平衡社会保障功能与财产功能的利益冲突。目前宅基地使用权收回的理论成果主要集中于宅基地使用权收回的条件、主体、类型化事由、权责配置、立法完善等。代表性成果有贺日开:《宅基地收回权的虚置、异化与合理配置》,载《政法论坛》2020年第4期;耿卓:《宅基地使用权收回事由类型化及立法回应》,载《法律科学(西北政法大学学报)》2019年第1期;王沁:《宅基地"收回"的权力主体》,载《国家行政学院学报》2015年第5期。

[2] 多元主体利用闲置宅基地合作建房,不仅解决了农民有宅基地而无建房资金的现实困境,还能满足城镇居民在乡村居住的美好愿望,可以说在盘活闲置宅基地的同时提升了乡村人居环境,具有一定的现实主义和人文关怀。代表性成果有吴昭军:《多元主体利用宅基地合作建房的权利配置——以"三权分置"为实现路径》,载《贵州社会科学》2022年第4期;惠建利:《乡村振兴背景下农村闲置宅基地和闲置住宅盘活利用的实践考察及立法回应》,载《北京联合大学学报(人文社会科学版)》2022年第2期;岳永兵:《宅基地使用权转让政策嬗变、实践突破与路径选择》,载《西北农林科技大学学报(社会科学版)》2020年第6期。

基地制度改革向纵深发展的必由之路，也是闲置宅基地盘活实践的必然逻辑。

四、闲置宅基地使用权入股有助于更充分地实现农民财产权益

党的二十大报告中提出，要"赋予农民更加充分的财产权益"。那么，究竟应该怎样赋予和实现农民更充分的财产权益？在全面推进乡村振兴进程中，保障农民利益不受损是农村改革的底线之一，实现好、维护好和发展好农民利益是宅基地制度纵深改革的出发点与落脚点，也是深化农村改革的共识，其中，实现农民的财产权益是牵涉农民利益的重中之重。但问题在于，如何将这一改革共识落实到具体的制度设计和实现路径上？那么，推进闲置宅基地使用权入股公司或许为更好实现入股农民的财产权益提供了一条可行的制度进路。

（一）闲置宅基地使用权入股是增加农民财产性收入的"新引擎"

1. 闲置宅基地使用权入股可以实现闲置宅基地从"包袱"到"财富"的转变

毋庸置疑，宅基地是农民重要的物质资料，更是农民重要的代表性财产。农民享有的财产权主要是由土地权利衍生或者派生出来的。从理论层面来看，学术界也达成了基本共识，就是要适当放活宅基地使用权以盘活闲置宅基地，并要拓展宅基地流转范围，进而在相当程度上解决宅基地低效利用的问题。

一方面，闲置宅基地使用权入股公司可以实现资产的变现，实现宅基地资源的有序流转，从而实现闲置宅基地从"包袱"到"财富"的转变。正如有学者所指出的，"现行制度让'农民端着金饭碗讨饭吃'，而改变农民收入状况最直接的办法就是赋予农民自由处置土地的权利"[1]。在这种情况下，正如前文所分析的，闲置宅基地使用权入股既能促进闲置宅基地这一资源本身的流转，也能实现社会资本基于市场规则参与乡村振兴的进入或者退出，如此也就实现了闲置宅基地股份的高效流通和经济利用，从而将这一"死产"变成"活产"。例如，江西省永丰县为盘活农村"两闲"资产，探索"入股分红""以地养

---

〔1〕 周其仁：《增加中国农民家庭的财产性收入》，载《农村金融研究》2009 年第 11 期。

老”“指标互换”等宅基地退出模式,共计盘活闲置宅基地和闲置住宅33.5万平方米,村集体和农民个体盘活增收达3700万元。同时,为了让“两闲”资产“盘得稳”,永丰县健全收益分配机制,把入股农民与产业链相捆绑,与公司“联产联业”“联股联心”,实现了“一地三金”,即农民闲置宅基地入股挣股金、资金入股挣收益金、务工就业挣薪金。正因为如此,可以说,闲置宅基地使用权入股公司能够促进闲置宅基地从“包袱”变“财富”,促使农民成为公司股东享有股权进而获取分红,那么也就在一定程度上增加了入股农民的财产收益。

另一方面,要想实现农民财产权益就必须寻找内生性的资源力量。事实上,在中国式农业农村现代化进程中,以“输血式”的资金注入或财政资金配置可能都是治标不治本的方子。尽管目前出现大量农民进城务工的情形,但很多人从事的是暂时性或者阶段性的生计,最终当城市化无望时可能返土归乡。进言之,闲置宅基地使用权入股在剥离农民与宅基地传统联系的同时,不仅避免了以闲置宅基地买卖等方式可能导致的农户非理性消费一次性补偿金的风险,还能通过宅基地股份制度的特殊安排而在一定程度上保留宅基地的社会保障功能。正如中国国学大师钱穆先生所言:“某一项制度之逐渐创始而臻于成熟,在当时必有种种人事需要,逐渐在酝酿,又必有种种用意,来创设此制度。”[1]那么,在宅基地粗放式利用情境下,提出闲置宅基地使用权入股利用的制度构造,赋予农民完整的宅基地使用权权能,更加深刻地领悟闲置宅基地从“包袱”到“财富”转变的深层内涵和重要意义,就是一项十分有价值的工作。

2.开展闲置宅基地使用权入股有利于实现农民财产性收入预期

以入股方式盘活闲置宅基地继而增加农民财产性收入,适应乡村振兴的发展要求。从实践来看,宅基地的财产储存功能、空间聚集功能、土地发展增值等新兴功能越加显著。[2] 但传统的农村宅基地制度体系“重管制,轻产权”,由此导致的结果就是:其一,农民享有的宅基地使用权权能并不完整;其二,农民拥有宅基地这一资产却未能增加财产性收入,在一定程度上会引发城

〔1〕 钱穆:《中国历代政治得失》,联经出版事业股份有限公司1998年版,第1~5页。

〔2〕 参见郎秀云:《“三权分置”制度下农民宅基地财产权益实现的多元路径》,载《学术界》2022年第2期。

乡居民财产性收入差距较大、财产性收入在农村居民收入中占比较低等问题。关于城乡居民财产性收入差距,可以从国家统计局提供的数据得到一些印证(见表2)。

表2　2018～2022年城乡居民财产净收入情况

单位:元

年份	城镇居民财产净收入	农村居民财产净收入
2018	4028	342
2019	4391	377
2020	4627	419
2021	5052	469
2022	5584	509

资料来源:国家统计局网站,http://www.stats.gov.cn/。

从表2可以看出,2018年城镇居民财产净收入为4028元,2022年城镇居民财产净收入为5584元,5年时间城镇居民财产净收入增加了1556元。反观2018年农村居民财产净收入为342元,2022年农村居民财产净收入为509元,5年时间农村居民财产净收入仅增加了167元。两相比较,即使到2022年,农民的财产净收入也未能达到城镇居民财产净收入的增幅。因此,要提高农民财产性收入。笔者认为探索宅基地财产权外显的路径,推进闲置宅基地使用权入股,有利于实现农民财产性收入预期,也是实现共同富裕的潜在动力。从长远的角度来看,及时地推进闲置宅基地使用权入股,促使农民能够有效地利用闲置宅基地并获取财产性收入,也是实现共同富裕的现实要求。

从价值层面来看,开展闲置宅基地使用权入股,既可以盘活农民的闲置资产,实现农民非农收入的稳步增长,还能促进科学规范地作出制度安排,从而实现对宅基地立法的“破旧立新”。在市场经济条件下需要有力地保护和实现农民的财产权。[1] 正因如此,结合土地管理法的立法本意和宅基地政策的主要意图,笔者提出要积极推进闲置宅基地使用权入股实践,以期增加农民财产

---

〔1〕 See Ashwood L. Diamond D. Walker F, *Property Rights and Rural Justice*: *A Study of U.S. Right-to-farm Laws*, Journal of Rural Studies, Vol. 67, 2019, p. 120－129.

性收入。当然,闲置宅基地使用权入股不是盲目的,而是主张在有条件的地区先行试点再逐步推广,唯其如此,才能更好地实现制度创新力度和社会可以接受程度的有机统一。

(二)闲置宅基地使用权入股能够最大程度对接农民财产权益

宅基地制度的基本特征是"公有私用"[1],这为实现农民户有所居和维护社会稳定作出了重要贡献。保障并实现农民财产权益的核心是形成以土地财产权为核心的生产与生活保障体系。从宪法层面来看,财产权益的实现与人格独立自由之间具有联动关系,因为"财产是一个人的自由意志的体现,是他的自由的外在领域"[2]。更为重要的是,财产权是一项基本权利,实现农民财产权益旨在给予农民在财产法范围内一定的自由空间。闲置宅基地使用权入股公司是实现农民财产权益的有益探索,能够最大程度对接农民财产权益,如下分述之。

1. 如何衡量闲置宅基地使用权入股实现了农民财产权益

闲置宅基地使用权入股是否实现了农民财产权益,需要看其法权结构是否符合社会公平正义的要求,是否增加了农民的财产性收入。值得注意的是,对于农民财产权益的实现和保障问题并非单纯停留在学理层面,而是要具体体现在现实生活当中。在乡村振兴背景下,闲置宅基地使用权入股要真正推进和进一步发展,其制度构造就必须体现社会公平正义的法权结构。

一方面,闲置宅基地使用权入股是否充分保障了农民财产权益。在系统论、整体论的视角下,农民财产权益的实现,应当以农民脱离人身依附性为基准点。理由在于:农民个体享有的财产与其他主体享有的财产在权利属性方面并无实质区别。[3] 譬如,虽然宅基地使用权、土地承包经营权在取得或者处分方面与普通的财产权有所差异,但这并未改变农民财产权的权利属性。

---

〔1〕 夏柱智:《扩大财产权与强化公地治理:农村宅基地制度改革路径辨析》,载《治理现代化研究》2023年第5期。

〔2〕 [美]伯纳德·施瓦茨:《美国法律史》,王军等译,中国政法大学出版社1990年版,第143页。

〔3〕 参见董彪:《土地征收补偿制度研究——以农民财产权保障为视角》,社会科学文献出版社2018年版,第25页。

进言之,农民有权为个人利益,根据个人意愿享有和行使农民财产权益,这里就包括农民利用闲置宅基地使用权和住房财产权入股公司。当然,我们对农民财产权益的认识,在不同的阶段有所不同,但基本趋势是向以发展权为中心的农民财产权保障与实现迈进的。

另一方面,闲置宅基地使用权入股是否有效增加了农民财产性收入。农民利用闲置宅基地使用权和住房财产权入股公司,从根本上讲,这是将农民财产权在常态下的存续保障转化为入股状态下的价值保障,通过权利入股的方式体现出来。农民财产净收入处于较低水平,原因就在于现阶段农民财产性收入的主要来源比较单一。从私法层面而言,衡量是否有效增加农民财产性收入的基本目标就在于"权利界定和定分止争",理由在于:私法层面的财产权益实现重点关注权利主体和"物"之间的关系,这里的"物"就是闲置宅基地,而闲置宅基地使用权入股实现了农民财产权从归属到利用的转变,这也是财产权中重点关注的物尽其用的具体表现。一个典型的例证就是,自 2015 年开展农村土地制度改革三项试点以来,浙江省义乌市就已经开始探索宅基地使用权有条件地对外转让(包括入股、抵押、有偿调剂等),以此盘活闲置宅基地和住房、摆脱闲置宅基地使用权流转困境。改革后,义乌市农村居民人均财产收入由 3063 元增加至 4000 元以上。〔1〕 实践证明,强化农民的宅基地财产权益,适度放活宅基地使用权的路子和方向是正确的。事实上,这也在相当程度上解释了为什么 2019 年《土地管理法》第 62 条要规定盘活闲置宅基地和闲置住宅,进而在党的二十大报告中提出要赋予农民更加充分的财产权益。

2. 闲置宅基地使用权入股与实现农民财产权益之间存在正相关关系

深化农村土地制度改革,赋予农民更加充分的财产权益的发力点之一就在于拓展农民宅基地财产收益权利。〔2〕 在乡村振兴背景下,探索宅基地"三权分置"的主要意图就在于增强农民宅基地财产权益的变现能力,从而发挥宅基地使用权权能价值和市场效用。而闲置宅基地使用权入股旨在整合村集体

---

〔1〕 参见刘守英、熊雪锋:《产权与管制——中国宅基地制度演进与改革》,载《中国经济问题》2019 年第 6 期。

〔2〕 参见金文成:《深化农村土地制度改革,赋予农民更加充分的财产权益》,载《农业经济与管理》2022 年第 6 期。

经济组织和农民个体的权利交集,以入股方式释放和增强闲置宅基地的市场变现能力,拓展农民财产权益实现的多元路径。

一方面,闲置宅基地使用权入股利用的目的之一就在于实现农民财产权益。开展闲置宅基地使用权入股是宅基地“三权分置”中适度放活宅基地使用权的应有之义。那么,为什么要实行宅基地“三权分置”?早在2017年、2018年,“中央一号文件”的相关表述就明确了这一政策内涵的价值功能:积极开展闲置宅基地和闲置住宅的再盘活利用。毋庸置疑,村集体内部这一有限且狭窄的市场无法实现闲置宅基地盘活利用的目标,这也就意味着难以实现农民财产权益,更意味着盘活闲置宅基地离不开社会主体(以公司为代表)的广泛参与。[1] 特别是在乡村振兴背景下,如何构造一种制度,既能在维护农民户有所居保障功能的同时,增加农民财产性收入,又能让社会主体盘活利用闲置宅基地?可以说,闲置宅基地使用权入股则是在“两闲”盘活政策下应运而生的。事实上,制度是内生性的变量,解决宅基地闲置问题及其多元化利用离不开制度的支撑和保障。鉴于此,在乡村振兴背景下,提出闲置宅基地使用权入股的制度构造,并以渐进式改革为基本导向,对闲置宅基地使用权入股利用进行策略调试,符合“宅改”的制度意蕴。

另一方面,农民财产权益的实现离不开闲置宅基地使用权入股的推进。需要强调的是,考量农民财产性权益不仅要看他们拥有多少财产权益,更重要的是要看权益的实现机制是否顺畅。事实上,实现农民财产权益,是中国式农业农村现代化所要达到的目标。宅基地是承载农民财产权益的一大客体,怎样让“沉睡的”闲置宅基地“活起来”,继而实现农民财产权益,要根据各个地方的禀赋条件,找准其比较优势。进言之,围绕增加农民财产性收入目标来进行体系擘画,让农民财产权进入市场,进一步细分化解宅基地财产权益,以闲置宅基地入股方式实现农民的利益期许就显得尤为必要。[2] 值得注意的是,通过深化土地制度改革来确保农民享有更加充分的财产权益,更加丰富的自

---

〔1〕 参见宋志红:《宅基地“三权分置”的法律内涵和制度设计》,载《法学评论》2018年第4期。

〔2〕 参见陈丹:《宅基地“三权分置”下农民财产权益的实现路径》,载《农村经济》2020年第7期。

主选择权利,本质上就是赋予农民更充分的土地发展权,这也是乡村振兴行稳致远的必然要求。鉴于此,农村宅基地制度改革要适应城乡融合发展和农民土地发展权益的现实需求,毕竟,土地权属关系的调整不仅会促进农村土地要素价值的释放,还能推进农业农村现代化发展的"动能转换"。

五、结语

面对我国农村如此大面积存量的闲置宅基地,如何有效破解宅基地制度改革中的这一大难点和痛点,在乡村振兴背景下注重闲置宅基地使用权入股的优势辐射与制度构造正是在这一系列连锁反应中打破改革坚冰的关键一环和重要抓手。闲置宅基地使用权入股的正当性之一在于,将入股农民的闲置宅基地使用权和住房财产权作价入股公司,析言之,将一个公法性质浓厚的财产融入私法性质浓厚的市场主体之中,发挥市场的作用,以闲置宅基地使用权入股的方式将其打造成盘活利用闲置宅基地和闲置住宅的"生力军",既实现闲置宅基地的保值增值和多元化利用,也实现增加农民财产性收益的目标。事实上,从"两权分离"到宅基地"三权分置",从土地经营权入股再到闲置宅基地使用权入股,甚至未来可能陆续推进的闲置宅基地入市、闲置宅基地信托等,这既是中国式农业农村现代化进程中浓墨重彩的一笔,也是促进宅基地使用权制度现代化的必由之路。当然,闲置宅基地使用权入股需充分总结地方经验,特别是要考虑农村的异质性,宜股则股,不搞"一刀切"。

农村土地房屋征收

司法在集体土地征收纠纷中的功能定位及其实现*

吴　爽**　韩　丹***

摘　要:2018～2022 年以来的集体土地征收纠纷案件显示,2021～2022 年案件数呈现断崖式下滑,这说明《土地管理法》《土地管理法实施条例》的出台化解了部分司法实践难题,但该纠纷并没有从根本上解决,反而在新时代新环境中展现出新特点。据此,选取案件进行微观分析,发现相关司法实践目前主要存在涉诉案件主体认定困难、公共利益司法审查标准不清、征收程序司法监督依据不足、征收补偿司法审查范围不清等现实困境。要立足现有法律及实践,合理认定涉诉案件的主体、明确公共利益司法审查标准、发挥司法监督征收程序功能、完善征收补偿的司法审查功能,保障司法在集体土地征收纠纷中的功能定位,实现预防和减少集体土地征收纠纷的终极目的。

关键词:集体土地　公共利益　征收程序　征收补偿

随着最高人民法院指导案例的逐步确立,实践中对司法裁判文书的重视日益增强。传统法学研究的对象已经不能局限于法律规范文本,还需同时观照司法裁判文本。一方面,通过这种以案例为研究对象的实证分析,专家学者们得以在纷繁复杂的法律现象中找到问题所在;另一方面,通过大量的相关案

* 本文系 2022 年度辽宁省教育厅项目“乡村振兴战略下辽宁农村集体经济组织法人治理机制研究”(LJKMR20221503)的阶段性成果。

** 渤海大学法学院教授。

*** 渤海大学法学院 2020 级法律硕士。

例分析可以发现共性,也为以后立法实践及立法规范的实效性提供了可靠的依据。采取实证分析法对国内集体土地征收案件进行深度分析,有利于探寻本质、解决问题,研究司法在集体土地征收纠纷中的功能定位与实现。

一、集体土地征收纠纷案件的司法现状

通过威科先行数据库以"集体土地征收"为关键词,截至2022年12月,检索近5年以来我国集体土地征收的案件情况,2018年为9207件、2019年为11,352件、2020年为12,021件、2021年为3060件、2022年为544件,可以看到从2018年到2020年案件数虽稍有增长但也呈现基本稳定状态,从2021年开始到2022年,案件数呈现断崖式下降,纵然有近年新修改的《中华人民共和国土地管理法》(以下简称《土地管理法》)、《中华人民共和国土地管理法实施条例》(以下简称《土地管理法实施条例》)及最高人民法院发布的《关于审理涉及农村土地承包纠纷案件适用法律问题的解释》发挥的作用,但案件数骤降,仍可以看出集体土地征收案件具有年度数量不稳定的特点,也说明新法修改后,2021年及2022年最近2年的集体土地征收案件值得深度研究。

(一)集体土地征收纠纷案件的概括

统计结果显示(见表1),在近5年的集体土地征收纠纷中,湖南省人地矛盾最突出。湖南、河南、安徽、江西都属于我国中部地区,这些地区由于人均耕地面积少,人口数量相对较多且农民占比较大,导致土地征收方面矛盾加剧。另一些案件发生于浙江、江苏等经济发达的地区,这些地区征收次数多、范围大,过程中会产生操作不规范的情况。当然从侧面也可以看出,我国中东部地区的农民法律维权意识觉醒,逐渐使用法律的武器解决问题,不再对诉讼有较强的排斥。另外,值得注意的是,因同一被告所产生的纠纷案件具有连带性特征,土地征收行为是一对多的具体行政行为,因此一个具体行政行为的违法会导致该地区土地征收纠纷所涉群体较大。

表 1 2018 ~ 2022 年集体土地征收纠纷案件占比前十地域分布

地域	案件数/起	占比/%
湖南	4547	13.31
四川	2797	8.19
河南	2718	7.96
安徽	2276	6.66
山东	2266	6.63
浙江	2169	6.35
广西	1959	5.73
江苏	1575	4.6
贵州	1262	3.69
江西	1154	3.38

从审级来看,基层人民法院作出的裁判文书数量接近 30%,中级人民法院作出裁判的数量几乎占据 40%,高级人民法院、专门法院和最高人民法院的裁判文书数量约占 30%(见表 2)。可见,涉讼双方当事人上诉比例大,案件有近 3 成没有在基层人民法院和中级人民法院得到解决,表明作为双方当事人的原、被告在集体土地征收纠纷方面有较为激烈的利益冲突。

表 2 2018 ~ 2022 年集体土地征收纠纷案件的法院级别

法院级别	案件数量/起	占比/%
最高人民法院	1140	3.15
专门法院	2017	5.58
高级人民法院	8131	22.47
中级人民法院	14,084	38.92
基层人民法院	10,812	29.88
合计	36,184	100

从表 3 的统计结果来看,二审启动率为 42.36%,再审程序的启动率为 6.7%。从审级和程序可以看出,集体土地征收案件当事人对一审的满意度不高,以期通过二审程序、审判监督程序来定分止争的主观意愿较大,也可以看出人民法院在适用法律审理案件时的裁判思路相差较大。针对长达 5 年的全

样本统计所表现出的较高上诉率的统计结果,笔者认为这与我国集体土地征收过程中法律对征收决定、征收程序、征收补偿规定的模糊性有密切联系。

表3　2018～2022年集体土地征收纠纷案件的不同审级

审级	案件数量/件	占比/%
一审	17,368	48
二审	15,330	42.36
再审	2424	6.7
其他	864	2.39
执行	198	0.55
合计	36,184	100

从案件类型来看,行政案件占近5年全部集体土地征收案件的76.66%(见表4),比重之大,这一方面说明我国的集体土地征收主体是行政机关,一般由县级以上政府主导,或县级以上政府委托的乡、镇政府;另一方面说明行政主体与被征收主体之间矛盾较大,行政主体在执行集体土地征收时违法违规现象突出。

表4　2018～2022年集体土地征收纠纷的案件类型

案件类型	案件数量/件	占比/%
行政	27,847	76.66
民事	7842	21.59
刑事	369	1.02
执行	152	0.42
国家赔偿	114	0.31
合计	36,184	100

综上,在近5年集体土地征收纠纷案件中,2021年、2022年2年裁判文书的案件数呈现断崖式下降,各省地域分布不均衡,以湖南省人地矛盾最突出。从法院级别及审理程序来看,案涉双方当事人对一审裁判满意度不高,上诉率较高,双方矛盾在二审、再审的解决率高。从案件类型来看,行政案件比重最大,行政主体与被征收主体之间矛盾最突出。因此,第二部分根据已有结论,

从上述案件中选取矛盾最为突出的2021～2022年行政二审、再审裁判文书共659份，以同一法院相同或相似案件只取1份为标准，剔除部分未以集体土地征收为主要内容的裁判文书，共得到242份裁判文书来进行实证分析。

（二）集体土地征收案件的诉讼主体

集体土地征收涉及征收主体、被征收主体双方。征收主体，主要是指行使行政征收权的县级以上人民政府；被征收主体，是指集体土地的所有权行使主体、使用权人以及其他用益物权人。集体土地所有权行使主体，包括农村集体经济组织、村民委员会、村民小组等；集体土地的使用权人，是指集体土地承包人；其他用益物权人，是指集体土地租赁者。从集体土地征收纠纷主体的地位来看，征收主体（政府）与被征收主体（集体土地所有权行使主体、使用权人、其他用益物权人）并不是平等主体，二者之间是行政法律关系。在本文选取的242份裁判文书中，有过半数的文书中提到原、被告诉讼主体是否适格的问题。关于原告是否能够作为案件适格当事人提起诉讼，主要涉及农村集体经济组织成员和集体土地实际使用人两类。

农村集体经济组织成员享有原告主体资格。依据最高人民法院的解释规定，〔1〕对村民委员会和农村集体经济组织享有原告资格予以肯定，过半数的村民可以以农村集体经济组织名义提起诉讼，农村集体经济组织成员全部转为城镇居民后，过半数的原农村集体经济组织成员可以提起诉讼。但是现行法律并未明确农村集体经济组织成员是否可以享有原告主体资格，而实践中已有案例。例如，在"于某静诉临泉县城关街道办事处、临泉县自然资源和规划局行政赔偿案"（以下简称于某静案）中，〔2〕原告于某静离婚后户口未迁出，也没有在其他农村集体经济组织享受过征收安置补偿政策，故仍有本集体经济组织成员资格。被告收回安置补偿费用，与原告的财产权益有利害关系，原告当然有诉权。又如，在"刘某暄、刘某兵等诉东海县自然资源和规划局行政

〔1〕《最高人民法院关于审理涉及农村集体土地行政案件若干问题的规定》第3条。

〔2〕于某静诉临泉县城关街道办事处、临泉县自然资源和规划局行政赔偿案，安徽省阜阳市中级人民法院（2021）皖12行赔终17号行政赔偿判决书。

征收案”(以下简称刘某暄案)中,[1]江苏省人民政府批准征收的土地涉及葛村农村集体土地,原告刘某暄、刘某明、刘某兵、周某利、刘某超是东海县葛村村民,其与确定该村被征地农民名单的事项有利害关系,有权提起行政诉讼。

集体土地实际使用人可以以自己的名义提起诉讼。[2]集体土地实际使用人包括公民、法人和其他非法人组织。实践中,土地实际使用人取得集体土地主要包括因继承取得、因流转取得、因承租取得和因承包合同取得四种情形。比如,在“宋某远诉张家界市永定区自然资源局等城市规划管理行政案”中,[3]在不存在证据证明涉案地块有承包经营权交回、流转的前提下,原告父亲作为涉案林地的承包人,原告作为其第一顺位继承人,仍在承包期内继承承包经营权,故涉案集体土地被违法征收,原告具有诉讼主体资格。再如,在“师某民与韩城市国土资源局、韩城市人民政府、韩城市西庄镇井溢村委会等行政征收或者征用案”(以下简称师某民案)中,[4]原告师某民与井溢村委会签订了机井承包合同,原告所有的机井灌溉渠道在征收范围内,该渠道被占,原告具有诉讼主体资格。

在被告的确定方面,集体土地征收系多阶段、多主体的行政行为,征收过程中不同阶段、不同行政行为具体负责实施的行政主体并不完全相同。事实上,被诉行政机关作为被告最常发生的情形主要有被告是否为征收决定作出主体、是否为征收补偿安置义务主体以及征收主体不明时被告的确认问题这三种:

依据我国《土地管理法》及相关法律法规的规定,[5]国务院和省、自治区、直辖市两级人民政府为土地征收决定的批准机关,具体实施征收工作的机关是市、县级人民政府及其土地管理部门,内设机构、派出机构或者其他组织均

---

[1] 刘某暄、刘某兵等诉东海县自然资源和规划局行政征收案,江苏省连云港市中级人民法院(2021)苏07行终55号二审行政判决书。

[2] 《最高人民法院关于审理涉及农村集体土地行政案件若干问题的规定》第4条。

[3] 宋某远诉张家界市永定区自然资源局等城市规划管理行政案,湖南省张家界市中级人民法院(2022)湘08行终23号行政判决书。

[4] 师某民诉韩城市国土资源局、韩城市人民政府、韩城市西庄镇井溢村委会等行政征收或者征用案,陕西省高级人民法院(2021)陕行终215号行政判决书。

[5] 《土地管理法》第46条、第47条,《行政诉讼法》第26条。

不是享有土地征收实施权的机关，但可以作为行政委托对象，代为行使行政管理职能。但是行政诉讼司法解释第20条规定，[1]行政机关赋予组建的机构行政管理职能，但该组建机构不具有独立承担法律责任能力，而以其自己名义作出的行政行为，应当以组建该机构的行政机关为被告。

集体土地征收补偿纠纷中经常涉及的问题是被诉行政机关是否为签订征收安置补偿协议的主体、是否为实际补偿义务主体。首先，市、县人民政府作为集体土地征收具体实施机关，同时是签订征收安置补偿协议的主体，为适格被告。其次，市、县人民政府明确授权委托的具有行政主体资格的乡、镇政府可以作为签订行政协议的主体，履行被委托职责，具有被告主体资格。[2] 但其他与原告签订征收安置补偿协议的事业单位法人，如土地储备中心、其他机构等，因其本身不具备行政主体资格，又没有法律法规授权的相应行政职权，不是征收补偿案件的适格被告。最后，依法设立的经国务院、省级人民政府批准的开发区管理机构及其职能部门可以成为行政征收案件的适格被告。

在征收集体土地过程中，难免会出现强制征收、强制拆除的问题。在无明确主体承担责任的情况下，法官运用职权法定原则及举证责任认定规则，并依据近因原则推定最大受益者为责任主体，防止行政机关相互推诿、规避责任而出现被告不明、责任不清的问题。例如，在"李某平诉西安市人民政府强制拆除房屋或者设施案"中，法院认为"行政机关在集体土地征收过程中为减少征收的难度，经常会一并对违法占用土地问题进行查处，在此期间房屋被拆除，强制拆除的责任主体首先应以实施拆除行为的行政机关进行认定。在无明确的行为主体时，应根据近因原则推定最大受益者为责任主体，以避免行政机关相互推诿、规避责任"。[3]又如，在"马某琴诉铁岭县人民政府案"[4]中，一审法院认为，强拆行为已经实施，在没有任何主体对强拆行为负责的情形下，法

---

[1] 《最高人民法院关于适用〈中华人民共和国行政诉讼法〉的解释》第20条。

[2] 黎某军诉和县乌江镇人民政府案，安徽省马鞍山市中级人民法院（2021）皖05行终25号行政判决书。

[3] 李某平诉西安市人民政府强制拆除房屋或者设施案，陕西省高级人民法院（2021）陕行终41号行政判决书。

[4] 马某琴诉铁岭县人民政府案，辽宁省高级人民法院（2020）辽行终1619号行政判决书。

院应当根据职权法定原则及举证责任作出认定或推定,具体的实施方法:只要原告被强拆、强占的土地居于被征收范围内,双方又因意见不同不能协商完成征收,被告就要举证证明其没有实施强拆强占行为,如果无法证明,应推定被告作为最大受益方承担责任。

(三)集体土地征收纠纷案件的焦点

从图1可以看到,集体土地征收裁判文书的争议焦点集中于征收决定是否合法、征收程序是否合法、征收补偿是否合理以及其他行政行为是否合法四个方面。其中关于征收补偿是否合理的矛盾最突出,其次为征收程序是否合法,这两个焦点在所选取的242份裁判文书中占到79%,以征收决定是否合法为争议焦点的只占到4%,其他行政行为主要包括关于政府信息公开、限期交地决定、涉诉案由属民事还是行政诉讼等。

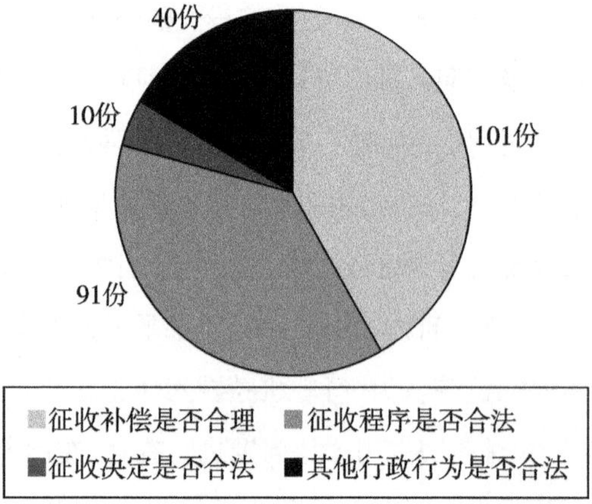

图1　所选样本242份集体土地征收行政裁判文书争议焦点总结

1. 征收决定是否合法

国家为了公共利益的需要,可以依法对农民集体的土地实施征收。[1] 征收、征用决定是否合法属于人民法院行政诉讼的受案范围。司法对土地征收决定的审查,在法院裁判中援引的法律集中于《土地管理法》第44~47条、《土地管理法实施条例》第23~25条,规定农用地转为建设用地的,需办理农用地审批手续,经国务院或省、自治区、直辖市人民政府批准,永久基本农田转为建

〔1〕《土地管理法》第2条第3款。

设用地的,需国务院批准;为了公共利益需要,需征收集体土地的,应经国务院或省级人民政府批准,由县人民政府负责具体实施。在此规定下,司法对集体土地征收决定及程序审查有了合法依据。同时最高人民法院《关于审理涉及农村集体土地行政案件若干问题的规定》第14条还明确了法院执行县级政府作出的责令交出土地决定应符合的条件,为执行征地决定提供了合法性依据。

依据图1,在关于征收决定的10份判决中,有6份判决确认行政机关行为违法,但仔细分析这6个案件后发现,确认违法并非由于公共利益的缺失,而是当地政府采取了"未批先征"或者强制拆除等行为,导致程序违法或超越权限。[1] 比如,在"李某民诉西安市长安区人民政府行政征收或者征用案"中,[2]长安区政府未办理农用地转用审批手续,未经省级政府审批即作出被诉房屋征收决定,违反法律规定。严格来讲,司法实践中极少存在因缺失公共利益而判决征收决定违法的情形。而在"刘某云诉亳州市谯城区人民政府房屋征收案"中,[3]在被征收地块既包含国有土地,又包含集体土地时,仅考虑案涉棚户区改造项目,就作出符合公共利益的判决。由此可见,法院极少因缺失公共利益而判决征收决定违法,且对公共利益的审查大多流于形式。

2. 征收程序是否合法

《土地管理法》(2019年)和《土地管理法实施条例》(2021年)规定,国家征收集体土地按法定程序批准后,由县级以上人民政府负责公告并组织实施。县级以上地方人民政府应作出被征收集体土地的现状调查和社会稳定风险评估,在拟征收土地所在的乡镇和村范围内将征收范围、土地现状、征收目的、补偿标准、安置方式和社会保障等信息发布公告,并听取被征收集体经济组织、集体经济组织成员、村委会和其他利害关系人的意见。多数以上被征收人认为征地补偿安置方案不符合法律法规的,县级以上地方人民政府应组织听证

[1] 参见乔仕彤、毛文峥:《行政征收的司法控制之道:基于各高级法院裁判文书的分析》,载《清华法学》2018年第4期。

[2] 李某民诉西安市长安区人民政府行政征收或者征用案,陕西省高级人民法院(2021)陕行终111号行政判决书。

[3] 刘某云诉亳州市谯城区人民政府房屋征收案,安徽省高级人民法院(2021)皖行终485号行政判决书。

会,根据听证会修改方案,进行征收补偿登记,组织有关部门测算并落实补偿费用,签订补偿安置协议,发布征收补偿安置决定,申请征收土地,发布征收决定以及责令强制征收。在实践中,集体土地征收纠纷关于征收程序是否合法的问题主要围绕强制拆除、强制征收行为提出相应诉讼请求。在关于征收程序被确认违法的判决中,以行政机关强制拆除、强制征收为最多。比如,"长春某养殖场有限公司诉长春市南关区房屋征收经办中心强制拆除案"[1]在征收过程中,南关区房屋征收经办中心并没有法定的强制执行权,却直接拆除养殖场所有的设施,属于超越职权且程序违法,判决确认其强拆行为违法。

虽然《土地管理法》[2]规定,由县级以上人民政府发布公告并组织实施集体土地征收,但随着土地功能的调整以及城乡建设进程的加快,地方人民政府为了迅速平和地实现行政管理目标,没有严格执行集体土地的法定征收程序,而是通过与被征收人就补偿安置事宜协商一致后签订协议的方式,在给予房屋所有权人合理充分补偿后,取得被征收房屋的所有权及相应集体土地的使用权。这种通过签订行政协议实施行政管理的方式,是传统行政管理手段的有益补充,具有合理性和现实可行性。人民法院一般对这种协议征收方式予以支持。比如,在"王某忠诉启东市汇龙镇人民政府行政确认案"中,[3]汇龙镇政府与王某忠协议搬迁履行完毕后,原告王某忠又去对征收程序提出异议的,人民法院不予支持。

3. 征收补偿是否合理

现行《土地管理法》规定,由省级以上政府依据区片综合地价确定集体土地的征收补偿费、征收安置补助费、住宅及其他地上附着物和青苗等的补偿费用标准,以及符合条件的被征地农民的社会保障费用等,并保证费用足额到位专款专用。[4] 关于村民住宅,须按照先补偿后搬迁、改善居住条件的原则,尊

[1] 长春某养殖场有限公司诉长春市南关区房屋征收经办中心强制拆除案,吉林省高级人民法院(2022)吉01行终21号二审行政判决书。

[2] 《土地管理法》第47条第1款。

[3] 王某忠诉启东市汇龙镇人民政府行政确认案,江苏省南通市中级人民法院(2021)苏06行终123号行政判决书。

[4] 《土地管理法》第48条。

重村民个体意愿,采取综合协商补偿方式给予公平、合理的补偿,对因征收造成的临时租房等其他合理费用予以补偿。

据图1可知,征收补偿案件在集体土地征收纠纷中所占比重最大,在征收补偿案件中原、被告的矛盾主要体现以下三个方面:一是原告是否具有农村集体经济组织成员资格。例如,在"曹某、赵某资源行政管理案"中,[1]法院认为,征地安置对象为被征地农村集体经济组织成员。但法律未对农村集体经济组织成员资格认定作出明确规定。在司法实践中,农村集体经济组织成员的认定应以是否以集体土地作为最基本的生活保障来源及是否长期在农村集体经济组织内部从事生活劳动、是否与所在的集体经济组织形成稳定的生产生活关系等作为考量因素。本案中原告是以夫妻投靠名义将户口迁入被征收村组的,未参与村组集体经济组织的劳作,未以村组的土地作为最基本的生产资料及生活保障来源,不属于该农村集体经济组织成员,不属于拆迁被补偿安置对象。二是违章建筑是否属于征收补偿的范围。在"李某辉诉广州市南沙区横沥镇人民政府案"[2]中,法院认为,涉案房屋所在地块已经被纳入集体土地征收补偿范围,应遵循政府相关征收补偿规定来处理涉案房屋的拆除和补偿问题,不宜再按照违法建筑强制拆除程序来解决涉案房屋的腾退问题。三是房屋被违法强制拆除后征收补偿与行政赔偿的竞合问题。例如,在"冯某元诉六安市金安区人民政府房屋征收补偿决定案"[3]中,法院认为,房屋征收中被征收房屋已被违法强拆的,应予征收补偿还是行政赔偿,应当尊重被征收人的选择。再如,在"于某伟诉临泉县城关街道办事处行政赔偿案"[4]中,法院认为,在集体土地征收过程中,本应当通过正当征收补偿程序安置,但是因违法强制拆除,被征收人不得不通过行政赔偿程序解决。故此案件由征收补偿

---

〔1〕 曹某、赵某资源行政管理案,湖南省长沙市中级人民法院(2021)湘01行终107号行政判决书。

〔2〕 李某辉诉广州市南沙区横沥镇人民政府案,广州铁路运输中级法院(2021)粤71行终104号行政判决书。

〔3〕 冯某元诉六安市金安区人民政府房屋征收补偿决定案,安徽省高级人民法院(2021)皖行终23号行政判决书。

〔4〕 于某伟诉临泉县城关街道办事处行政赔偿案,安徽省阜阳市中级人民法院(2021)皖12行赔终45号行政判决书。

转变为行政赔偿,人民法院仅参照征收补偿方案,对被违法强制拆除的被征收人以行政赔偿,这一解决措施有待商榷。

4. 其他行政行为是否合法

其他行政行为主要包括三个方面的内容:其一,土地征收政府信息公开答复是否合法。在"王某国诉北京市昌平区人民政府信息公开案"[1]中,法院认为,《中华人民共和国政府信息公开条例》(以下简称《政府信息公开条例》)第 10 条第 1 款规定了行政机关制作的政府信息,由制作机关负责公开。虽然《政府信息公开条例》第 21 条规定了设区的市级、县级人民政府应主动公开涉及市政建设、公共服务、公益事业、土地征收、房屋征收等方面的政府信息,但仍应根据第 10 条第 1 款规定的"谁制作谁公开、谁保存谁公开"原则,按照制作和获取政府信息职责的划分及实际获取并保存政府信息的情况,由相应负责的行政机关公开。另外,在"孟州市某木材加工厂诉孟州市自然资源和规划局行政管理案"[2]中,法院认为,审理政府信息公开案件,不对行政机关不制作或者不保存相关信息是否违法的问题进行审查,因此,案涉项目用地是否明显不符合征地事实或征地流程等问题,不属于本案的审理范围。其二,行政机关作出责令限期交地决定是否合法。司法对责令交出土地决定的行政行为的合法性审查的依据主要体现在《土地管理法实施条例》第 62 条、最高人民法院《关于审理涉及农村集体土地行政案件若干问题的规定》第 14 条,即县级以上人民政府,有权作出责令交出土地的决定,作出决定应当符合司法解释规定的条件。其三,涉诉案由属民事还是行政诉讼。集体土地被征收人,请求行政机关认定是否为安置的本村集体经济组织成员,属于村民自治的范畴,不属于行政诉讼的受案范围。最高人民法院《关于审理涉及农村土地承包纠纷案件适用法律问题的解释》[3]也规定,征收补偿费用分配纠纷,属于农村土地承包民

---

〔1〕 王某国诉北京市昌平区人民政府信息公开案,北京市中级人民法院(2021)京行终 5051 号行政判决书。

〔2〕 孟州市某木材加工厂诉孟州市自然资源和规划局行政管理案,河南省焦作市中级人民法院(2021)豫 08 行终 141 号行政判决书。

〔3〕 最高人民法院《关于审理涉及农村土地承包纠纷案件适用法律问题的解释》(2020 年)第 1 条第 1 款。

事纠纷，不应通过行政诉讼确定补偿费用的分配比例。

（四）集体土地征收案件的裁判结果

在242份集体土地征收裁判文书中，行政机关败诉的裁判文书有143份，占比59%（见表5），裁判结果出现两极分化，分为行政行为被确认违法和被确认违法后的赔偿数额问题，由此可见行政机关违法是集体土地征收案件行政诉讼的启动前提。确认违法后的具体表现形式有以下7种情况：(1)直接判决撤销或变更行政行为的有16份；(2)要求重新作出行政行为的有4份；(3)用其他方式进行代偿或判决督促履行的有9份；(4)明确补救措施判决的有9份；(5)要求采取补救措施的有12份；(6)只确认违法未要求补救措施的有31份；(7)判决确认违法并予以赔偿的有62份。由此可见，虽然行政机关被确认违法率较高，但依据《中华人民共和国行政诉讼法》（以下简称《行政诉讼法》）第74条、第76条的规定，行政行为被撤销会对国家、社会利益造成重大损害的，仅确认违法，不撤销，可同时判决采取补救措施及赔偿责任。

表5 所选样本242份集体土地征收行政裁判文书裁判结果总结

裁判结果	数量/份	占比/%
行政机关败诉	143	59
行政机关胜诉	99	41
合计	242	100

二、集体土地征收司法裁判面临的困境

（一）涉诉案件主体认定困难

在集体土地征收过程中，关于农村集体经济组织成员及非集体经济组织成员是否有原告诉讼主体资格，法律没有明确规定；司法实践中受理农民提起的征收补偿协议案件与否，各法院态度不一。根据上述已列举的于某静案可知，农村集体经济组织成员应当享有原告资格；非集体经济组织成员，但与被征收土地有实际利害关系的人享有原告资格。

被告主体资格认定较为困难。在242份裁判文书中，有过半数的案件争议焦点中存在被告是否适格的问题。集中表现为征收部门与具体实施主体不

一致时被告的认定问题,如在“康某海诉信丰县嘉定镇人民政府案”[1]中,一审法院认定信丰县自然资源局、嘉定镇政府系案件适格被告,二审法院则认为信丰县自然资源局为征收部门,嘉定镇政府为征收具体实施单位,拆迁补偿协议的主体为原告康某海与信丰县嘉定镇人民政府,且嘉定镇人民政府实施了强制土地清表行为,信丰县自然资源局未参与土地清表行为,故信丰县自然资源局不是本案适格被告。而在“卓某山诉漯河市郾城区人民政府行政管理案”[2]中,漯河市郾城区政府发布了征收决定,郾城区政府主张自己不是强拆主体,不是适格被告,但一审法院认为根据属地原则及郾城区政府所称的联合执法主体系郾城区政府下属部门,可以推定郾城区政府组织实施了本案强拆行为,为适格被告,二审对一审判定予以认可。这两个案件并非个案,而是类案,却出现了认定被告是否适格不一致的判决。另外,上述实证分析中指出,实践中也存在强制拆除、强制征收无明确负责主体时,法院难以确定举证责任及责任主体的问题。

(二)公共利益司法审查标准不清

1. 公共利益的法律范围模糊

《土地管理法》第45条规定了公共利益的6种情形,但是第6项属于兜底性条款,显然为扩大公共利益的法律范围预留了空间。“法律规定为公共利益需要可以征收农民集体所有土地的其他情形”是保留仅可由法律规定的其他情形。虽然法律只能由全国人大和全国人大常务委员会制定,但是兜底条款关于公共利益的法律范围模糊将使土地征收范围越来越宽。《土地管理法实施条例》第30条第2款也仅规定了政府应对是否符合公共利益及征收程序是否合法进行审查,至于公共利益具体的法律范围及如何审查问题并未明确。

2. 缺乏公共利益司法审查标准

我国《行政诉讼法》第12条规定,征收、征用决定及补偿决定属于行政诉讼的受案范围;第6条规定,人民法院审理行政案件,对行政行为的合法性进

---

[1] 康某海诉信丰县嘉定镇人民政府案,江西省赣州市中级人民法院(2021)赣07行终80号行政判决书。

[2] 卓某山诉漯河市郾城区人民政府行政管理案,河南省高级人民法院(2021)豫行终277号行政判决书。

行审查。《土地管理法》第 2 条明确，国家为了公共利益的需要，可以依法对土地实行征收、征用并补偿，并在第 45 条中规定属于公共利益征收的 6 种情形。可以看出，我国法律明确赋予司法公共利益的审查权限，但是并未规定公共利益的司法审查标准。

3. 成片开发的审查标准欠缺

《土地管理法》第 45 条第 1 款第 5 项规定，因成片开发建设需要用地的，属于为了公共利益的需要，确需征收农民集体所有的土地的情形。与《土地管理法》第 45 条第 1 款前 4 项相比，成片开发属于公共利益的属性较弱，实际操作中容易被泛化。对于成片开发公益目的征收决定，司法的监督功能未能发挥。[1] 因此，真正应当解决的是司法审查监督的方法论问题。法院在审查成片开发正当性时，无论是在理论基础还是方法论上，都没有明确的审查标准。

(三)征收程序司法审查依据不足

通过上面对案件的实证分析得出，征收程序是否合法问题在所有争议焦点中所占比重较大，而其中又以“未批先征”和“强制拆除、强制征收”案件最多。究其原因在于集体土地征收过程中，司法对征收程序中的过程性行为关注不够。

1. 过程性行为不属于法院受理范围

过程性行为，主要是指发生在集体土地征收准备阶段，包括行政机关为作出行政行为而实施的准备、调查、论证、研究、预公告、听证、社会稳定风险评估等程序性行为。过程性行为不属于法院受案范围。征收补偿通知也不属于法院受案范围，但是补偿安置通知是征收机构补偿的实际依据，会对被征收人的财产产生切实影响。《土地管理法实施条例》第 26 条规定了征收土地应发布预公告，同时开展拟征收现状调查和社会稳定风险评估，但如何对此进行司法监督，法律法规没有明确规定。我国现行法律法规欠缺程序违法的法律责任规制。

---

〔1〕 参见于凤瑞：《“成片开发”征收决定公益目的的司法审查：比例原则的应用》，载《中国政法大学学报》2019 年第 5 期。

2. 违法强拆惩戒措施缺失

对242份案件裁判结果分析,在行政机关败诉案件中,最多为征收程序违法,即强制拆除、强制征收行为违法。根据《中华人民共和国行政强制法》的规定,行政机关自行实施行政强制执行行为应当符合以下条件:一是法律明确赋予行政机关强制执行权;二是存在生效的行政决定;三是预先规定自行拆除公告,期限届满后才可依法执行。在满足上述条件的情形下,再依法实施强制执行。但在征收实践中,有的没有强制执行权的行政机关,为了保证征收效率,同时,又由于缺乏惩罚性赔偿机制,将合法征收补偿纠纷转化为违法强拆赔偿纠纷。再加上司法机关对征收程序的前续审查权不强,只能在被征收人将强制征收行为诉诸法院后,才能作出确认征收程序违法或撤销的判决。在这一过程中,司法极为被动,被征收主体从被实施强制征收到诉诸法院再到确认违法最后提起赔偿,是一个十分漫长的过程,而且弱势的被征收人是否满意还是问号。当前除最后作出判决确认违法或撤销外,司法机关在征收程序中能主动发挥的作用不大。

(四)征收补偿司法审查范围不清

征收补偿受案范围不确定主要体现在以下两个方面:一是补偿方案是否属于行政诉讼的受案范围,目前仍没有明确。根据当前法律法规,[1]被征地农民对征收补偿方案有异议的,不能直接向法院提起诉讼,而是要先通过行政调解、行政复议等途径解决。二是征收主体认定是否属于行政诉讼受案范围,各法院态度不一。在"王某珍诉济南市天桥区大桥街道办事处韩家村村民委员会行政行为案"[2]中,法院认为原告请求的事项为集体经济组织成员资格认定问题,不属于行政诉讼的受案范围。而在上述提到的"曹某、赵某资源行政管理案"[3]中,法院认为征收安置对象为农村集体经济组织成员,并对农村集体经济组织成员资格作出认定,裁判理由中说明仅户口投靠,未在本集体经

---

〔1〕《最高人民法院关于审理涉及农村集体土地行政案件若干问题规定》第10条。

〔2〕王某珍诉济南市天桥区大桥街道办事处韩家村村民委员会行政行为案,山东省济南市中级人民法院(2021)鲁01行终609号行政裁定书。

〔3〕曹某、赵某资源行政管理案,湖南省长沙市中级人民法院(2021)湘01行终107号行政判决书。

济组织劳作，不属于本集体经济组织成员，也不属于被征收安置对象。

三、集体土地征收司法裁判的完善建议

（一）合理认定征收案件的诉讼主体

1. 突破合同相对性思维认定原告主体资格

集体土地征收安置补偿协议的签订是征地过程中的必备环节，同时是政府保证征地行为合法性的必要条件。在关于集体土地征收安置补偿协议的一方——原告主体资格认定问题上，根据上述提到的于某静案、刘某暄案、师某民案等司法实践中的操作，应当突破合同相对性思维，并将征收补偿安置补偿协议回归到行政行为的本质，运用行政诉讼思维加以处理。个体集体经济组织成员、集体土地实际使用人等虽未直接与政府签订征收补偿协议，却是行政协议的实际利害关系人，应具有原告主体资格。也就是说，只要被告的征收行为与原告有利害关系，其都有资格作为行政征收案件的原告。

2. 分层次认定被告诉讼主体资格

《行政诉讼法司法解释》第 20 条、第 25 条明确规定了行政机关及其组建机构、内设机构、派出机构、授权机构等谁有资格作被告、什么情况下做被告的问题。法律法规虽有相关规定，但在实践中负责征收部门与具体实施主体不一时被告的认定问题仍是诸多征收案件中的主要争议焦点。至此，需分层次认定被告是否具有诉讼主体资格：第一层是，确认具体实施主体是否有行政管理职能，以及独立承担法律责任的能力；第二层是，具体实施主体若为征收部门的内设机构、派出机构或其他组织，则要确认其是否有法律、法规或规章的明确授权；第三层是，根据司法实践的经验，在强制征收、强制拆除没有明确责任主体负责的情况下，推定最大受益者为责任主体，以避免行政机关相互推诿、规避责任。

（二）明确公共利益司法审查标准

1. 确定公共利益的法律范围

将公共利益特定化、类型化，以保障被征地农民的生存利益。首先，应将公共利益定义为：不确定的公众基于生存与发展的基本需要形成的由政府予

以相应保障的机会性利益。[1] 其次,集体土地征收的公共利益分类标准必须严于城市国有土地上的房屋征收:一是因为集体土地是保障国家粮食安全的重要载体,具有重要的战略意义,必须严守18亿亩耕地红线;[2]二是集体土地需要供养亿万相对处于弱势的农民群体,而他们需要国家政策法律予以倾斜性支持。因此对公共利益的分类应慎重,对《土地管理法》第45条第1款第6项的兜底条款应加以限制,审慎确定公共利益的法律范围十分必要。

2. 严格审查公共利益的合法性

被征收主体能否得到司法救济,将直接影响征收行为的公共利益属性,以及公平、合理补偿的实现。《行政诉讼法》第6条、第12条明确了司法机关对行政机关作出的土地征收决定及补偿享有司法审查权,但司法审查权应是有限度的,保持权力结构间的平衡十分必要,过度审查必然有违行政权的独立行使。因此,对征收决定应作合法性审查。由于司法是事后监督模式,通常只有在发生行政争议后,才会在诉讼活动中审查行政机关行使征收权的目的、过程和结果。事后监督有利于确认违法行为,但是有些行政行为已然发生,损害无法挽回,依靠国家赔偿制度,必然会损失国家财政。因此,法院应严格审查行政行为的合法性,从而强制行政机关更加重视公共利益的判断。[3] 除审查公共利益的合法性外,法院应对《土地管理法》第45条规定的"四规划一计划"进行审查。司法作为保障公民权益的最后一道防线,在行使最终裁判权时,应严格对征地理由是否充分等进行全面司法审查,并由政府就征地决定符合公共利益进行举证。

3. 完善成片开发的审查标准

2023年10月31日,自然资源部根据《土地管理法》第45条的规定,制定并颁布了《土地征收成片开发标准》,规定了成片开发方案的制定机关、批准机关、方案应包括的内容、应征得成片开发范围内农村集体经济组织和农民的同

---

[1] 参见肖楚钢:《土地征收法律制度的公共利益反思》,载《农村经济》2020年第7期。

[2] 参见王立彬:《我国守住了18亿亩耕地保护红线》,载中华人民共和国中央人民政府网2022年9月20日,http://www.gov.cn/xinwen/2022-09/20/content_5710683.htm。

[3] 参见杨向东:《论集体土地被征收人权利的司法救济》,载《广东社会科学》2019年第1期。

意,以及不得批准成片开发方案的情形。故法院在进行司法审查时,应着重审查以上内容的合法性。具体而言,首先,当成片开发征收的公益性受到质疑时,应当允许公民、法人或者其他组织就省级以上人民政府作出的成片开发公益认定决定申请行政复议或者提起行政诉讼。进入诉讼程序后,人民法院应根据空间、规划、实体标准等,运用比例原则,对省级以上人民政府作出的公益认定行为进行合法性、合理性审查,通过司法控制功能实现成片开发的规范性。其次,法院在审查成片开发征收方案时,应当对农民集体同意权行使的情况也一并予以审查,重点审查决议的主体、方式、程序等,确保农民集体决议真实、合法、有效。最后,成片开发中征收决定的最终表现形式仍是对被征收人作出的征收补偿决定。土地征收补偿决定作为对被征收人权利义务产生实质影响的行为,如果被征收人对征收补偿决定存在异议,可以通过行政复议以及行政诉讼的方式寻求救济。土地征收成片开发决定作为征收补偿决定的前置行政行为,根据关联行政行为连带审查的规定,如果关联行政行为重大明显违法,对后续征收补偿决定的合法性不予认可。

(三)对过程性行为进行附带性审查

正当程序具有规范和限制政府权力、维护农民财产权益、限制违法征收的作用。行政机关为实施征收行为而实施的过程性行为,关系被征收人程序性权利的实现,是政府行为合法性的必备环节。但考虑到节约司法资源及有效保护权利,应关注被征收人的实体利益诉求,同时对原告提出的过程性行为进行附带性审查。在审理先前行为及其衍生行为的诉讼中,被征收主体的最终利益诉求多是实体权利被侵害、征收补偿不到位的问题。作为土地征收补偿中的一环,过程性行为的缺失或不合法的影响会在后续补偿中凸显。故应引导原告就实体补偿争议寻求救济,避免一案多诉、程序空转和循环诉讼,从而提高司法救济的有效性。对过程性行为不合法的,如征收部门在征收预公告、土地现状调查和社会稳定风险评估中程序严重违法的,应当作出确认征收程序违法或撤销的判决;对被征收主体实体权利造成损害的,应当赔偿或补偿。

(四)发挥司法建议促进依法征收作用

研究发现,2022 年中长春市南关区人民法院通过发出司法建议,化被动变主动。[1] 随着南关区棚户区改造工程和重大项目建设工程的纵深推进,土地及地上房屋的征收补偿行政争议逐年增加。为从源头减少矛盾纠纷,南关区人民法院梳理和分析了近3年办理土地和房屋征收补偿行政案件过程中发现的问题,向土地和房屋征收部门发出司法建议。司法建议总结出征收工作中存在的公告程序不完善、入户调查不细致、送达程序不规范、与被征收人协商不充分,未全面考虑被征收人居住权益五方面问题,并提出规范征收程序、保护被征收人的合法权利、保护被征收人的居住权益、增加化解纠纷水平和应诉能力四方面的建议。收到司法建议后土地和房屋征收部门高度重视,部署整改并回函逐一答复,对征收工作中的公示程序、送达程序、听证笔录、应诉卷宗等工作进行了全面细化,并形成了内部的《集体土地征收工作司法程序工作标准》。对于征收过程中司法确认违法多,对过程的前续审查困难,导致后续补偿难以顺利进行的问题,建议司法部门可以将长春市南关区人民法院的做法推广,进一步提升审查征收程序的主动性,从而促进征收补偿工作的顺利进行。

(五)被征收人参与权的司法救济

在集体土地实际征收过程中,被征收人往往是被动的一方,很少能够主动参与征收的相关事项。行政参与权,是指行政相对人可以通过合法有效的途径参加国家行政管理活动和参与行政程序的权利。行政参与权是每一个行政相对人最基本的权利,被征收人作为征收案件的相对人当然有参与权。且相对人行政参与权是行政机关必须履行的程序性义务,如果征收机关有意违反程序,就是违反法律规定。对违反程序性义务实施的制裁,就是程序性制裁。[2] 程序性制裁是对程序违法者实施惩罚,也是对保障受害者权利救济的一种方式。因此,要对被征收人的参与权实施救济,就要首先明确程序性违法

---

〔1〕 参见《司法建议促进依法征收　府院联动形成治理合力》,载微信公众号“南关法院”2022年7月12日,https://mp. weixin. qq. com/s? __biz = MzU1NzA0MTMwNw = = &mid = 2247497846&idx = 1&sn = 46971560b8c46cdff1d7e4d3f4243bbf&chksm = fc396b82cb4ee294e67529f813d9764dd5e5c920de0fe4313f33b3dc69cfc0eb44e815d8ae03&scene = 27。

〔2〕 参见陈怡竹:《土地征收中被征收人参与的法理与路径选择》,载《中国土地科学》2019年第11期。

的后果。程序性违法后果分为宣布已实施的行为无效、程序中止或终止程序。在集体土地征收程序违法的各个环节设置明确的制裁后果,只要征收机关违反法定程序,被征收人就可以拒绝签字、办理相关手续,致征收程序中止或终止,不得继续实施。

(六)加强征收补偿的司法保障

产生征收纠纷的根本原因在于被征收人能否及时、合法、公平、一次性被足额补偿。但实践中对补偿安置方案及对认定补偿安置对象是否属于行政诉讼受案范围还颇有争议。笔者认为《土地管理法》自 2019 年新修订后,新法完善了对征收补偿的救济程序。比如,被征收人不同意安置方案的,可以不签订补偿协议,从而搁置征收程序;个别人对安置补偿决定不服提起复议或诉讼的,可以一并提起对方案的合法性审查,方案当作类似的规范性文件来对待。对于征收补偿安置对象的认定问题,在司法实践中多指农村集体经济组织成员资格的认定问题,大多数法院都对其作出了认定。通过分析,对此建立负面清单,户口挂靠、私购农村房屋、在本集体内没有承包地、并未以本集体经济组织主要生产资料为生的都不应被认定为具有集体经济组织成员资格,即不是本集体经济组织的安置对象。另外,法院需发挥对集体成员资格认定的能动性,避免多数集体成员利用分配方案对小部分特殊群体利益的侵害。在认定小部分特殊群体享有成员资格时,判决中应明确其享有的土地补偿款实际数额,并决定分配方案在全体集体成员间分配的部分,要坚持成员权平等,排除不等额分配,责令按同等份额在成员间分配。

被征收人对征收补偿安置方案不满,其本质是对征收补偿标准不服。故应当对《土地管理法》第 48 条的“补偿标准”进行严格解释。省级政府制定发布的补偿标准和市、县政府制定发布的相关补偿方案和补偿标准文件,在性质上是相同的,都是具有普遍约束力的决定,所以应当将补偿标准争议与补偿安置方案争议合并统一处理。但补偿标准和安置方案本身具有抽象性,因此法院在审理时要保持司法的谦抑性。人民法院对补偿标准的审查,就是对规范性文件进行审查,要从合法性与合理性两个方面出发:第一,法院在审理集体土地征收案件时,首先要对规范性文件中的补偿标准,进行合法性审查。只要不违反上位法和地方政策的规定,一般应予支持。第二,法院应对补偿标准进行合理性审查。对于在农村宅基地上的合法房屋,和符合“一户一宅”建设标准的房屋,要保障村民的居住水平不降低,在此基础上,可以采取易地搬迁、易地重建、调换产权或货币补偿等多重形式,可以采取多种补偿方式并重,让村民自由选择。属于“城中村”的集体土地和房屋,在无法通过协议补偿安置的情况下,考虑到“城中村”地理位置的特殊价值,可以参照国有土地上房屋补偿标准确定补偿金额,也可以结合本集体内或者附近同类集体内补偿标准选取高位数进行补偿。

四、结语

《中华人民共和国宪法》《中华人民共和国民法典》《土地管理法》等共同构成了我国集体土地征收的法律依据。农村土地具有财产和身份双重价值,更与户籍、社会保障等联系密切。也就是说,集体土地承担着社会稳定、经济发展、效率公平等多重价值目标。从司法的功能定位视角来看,法院对公共利益、征收程序、补偿标准的审查经常处于两难境地。在集体土地征收纠纷领域,应基于权利救济的裁决机理明确司法的功能定位。由此,在面对集体土地征收各要素的司法审查时,或许我们更应该跳出“司法审查”这一内部视角,从整个集体土地征收制度运行的维度去思考应当按照什么样的功能定位、什么样的逻辑程序来规划集体土地征收纠纷中的司法制度,进而充分发挥司法的功能。

论农村房屋拆迁补偿听证权利的制度保障

杨建政*

摘　要：在乡村振兴战略推动下，农村房屋拆迁补偿问题再次显现，其主要源于没有完善的听证制度保障被拆迁人获得合理补偿。虽然现有法律规定了农村集体经济组织成员在房屋拆迁补偿中有申请听证的权利，但当前农村房屋拆迁补偿听证制度仍然面临旧村改造等拆迁活动法律依据不够、听证启动困难、听证过程流于形式且听证主持人中立性不足、听证笔录监督功能缺位等问题。为此，可以统一听证立法，将听证启动模式改为强制启动，建立以听证主持人制度为主的听证参与人员制度，并对听证当事人公开听证笔录，以期更好地保障农村房屋拆迁补偿中农民的听证权利。

关键词：农村房屋　拆迁补偿　听证权利　集体土地　征收程序

一、引言

近年来，在党的领导下我国正稳步推进乡村振兴战略，自然资源部发布的《关于加强村庄规划促进乡村振兴的通知》《关于进一步做好村庄规划工作的意见》要求“统筹农村住房布局”。在此背景下，各地区集体土地征收与“旧村

* 中国政法大学法学院宪法学与行政法学专业硕士。

改造”等一系列拆迁活动正如火如荼地开展。[1] 不可否认,我国取得了可喜的成绩,农村的面貌焕然一新,但房屋拆迁活动中由于有的地方补偿不到位而引发的问题和矛盾依然存在。[2] 而这些问题的存在,除了由拆迁补偿安置标准等客观性、技术性问题导致,被拆迁村民听证权利充分的法律制度保障不够也是不容忽视的重要原因。听证权是被拆迁村民充分知情并参与房屋拆迁补偿安置方案讨论中的重要权利依据,完善现行农村房屋拆迁补偿听证制度,能够有效防止有的地方仅以公共利益为由便开展强制拆迁活动情况的出现,[3] 从而维护被拆迁人的听证权利,实质性解决拆迁补偿中出现的矛盾问题。

针对现有听证制度存在的问题,许多专家学者给出了完善建议方案,如要求在听证会现场邀请专家与律师团等出席,使听证过程得到监督;[4] 又如参照国有土地征收程序,使听证程序更加完善;[5] 再如加强听证主持人独立性、完善听证信息公开制度、加强被征收人实质质辩权等。[6] 这些建议为完善听证制度提供了新的思路,但问题在于邀请无关专业人员到场是否是听证监督的唯一路径?农村征收程序参照城市征收程序有何必要性和可行性?对于听证主持人、信息公开和质辩权规定又该落实到哪部法律中?对于这些问题,学者并未给出进一步的回答。因此,本文将着眼于听证权利的制度保障,从法律

---

[1] 例如,2022年3月,南海区印发《关于规范和加快“三旧”改造工作促进城乡融合发展改革创新实验区建设工作方案》,启动南海区旧村居改造三年计划,目前拟初步纳入三年计划的旧村居改造项目41个,面积约5.38万亩。参见《南海:以高质量项目吸引高质量投资》,载南海网2022年4月1日,https://nanhaitoday.com/nhxww/articles/2022/04/01/ca67388dd45049509a61e717afb6beca.html。

[2] 例如,2023年6月,政府回应2008年启动的“济南市高新区小汉峪旧村改造项目”村民住房困难问题,是因为旅游路拓宽建设的安置区的占用和未开工安置楼合并规划建设排水管线导致。参见《山东省济南市高新区小汉峪旧村改造》,载领导留言板网2023年7月14日,http://liuyan.people.com.cn/threads/content?tid=18291339。

[3] 参见方涧、张金航:《法院是否实质审查了征地案件中的公共利益?——基于2056个案例的回归分析》,载《中国土地科学》2023年第5期。

[4] 参见董新泉:《完善我国拆迁行政制度的构想》,决策论坛——政用产学研一体化协同发展学术研讨会论文,2015年12月18日于北京。

[5] 参见韩超:《法律视角下的征地和拆迁》,载《城乡建设》2018第5期。

[6] 参见孙东方、刘瑶、冯素红:《浅析听证制度在不动产征收中的适用》,载《中国国土资源经济》2021年第11期。

体系何以协调统一、听证程序如何实质推进、听证参与人员素质如何提高以及听证监督的最佳途径等问题入手展开论述，旨在探索构建新的、更加适用于现状的听证制度，以解决农村房屋拆迁补偿中侵犯被拆迁人合法权益的问题。

二、我国农村房屋拆迁补偿听证制度的现行构成

（一）我国现行农村房屋拆迁补偿听证制度的文本体系

我国现行农村房屋拆迁补偿听证制度呈现中央统一立法、地方补充规定的文本体系。其中，中央统一立法主要体现在《中华人民共和国土地管理法》（以下简称《土地管理法》）、《中华人民共和国土地管理法实施条例》（以下简称《土地管理法实施条例》）、《自然资源听证规定》（以下简称《听证规定》）中，地方补充规则则是各地结合本地实际就前述相关文本规定予以细化规定。

由全国人大常委会制定的《土地管理法》对农村集体土地的征收程序作了详细规定，其中也特别指出了农村集体经济组织成员享有的听证权利。由国务院制定的《土地管理法实施条例》也就农村土地征收补偿程序问题对《土地管理法》作了进一步的细化规定，具体来说增加了征收土地的预公告制度，并且明确了土地现状调查、社会稳定风险评估等要求，[1]有利于进一步保障农村集体经济组织成员的程序性权利。根据《土地管理法》《土地管理法实施条例》的规定，集体土地征收程序主要分为以下几个步骤：发布土地征收启动公告、土地现状调查和社会稳定风险评估、拟定征地补偿安置方案、公告征地方案并听取意见、组织听证并确定补偿安置方案、征地补偿登记、保证征地补偿安置费用、签订征地补偿安置协议或作出征地补偿安置决定、征收申请报批、发布土地征收公告、落实征地补偿措施和强制执行。《土地管理法》《土地管理法实施条例》都对被征地拆迁人听证权利作了规定，为被征地拆迁人寻求听证提供了重要的法律依据。但不可否认，无论是《土地管理法》第 47 条

---

〔1〕 参见《司法部　自然资源部负责人就修订后的〈中华人民共和国土地管理法实施条例〉答记者问》，载中央人民政府门户网站 2021 年 8 月 1 日，https://www.gov.cn/zhengce/2021-08/01/content_5630565.htm。

第3款[1]还是《土地管理法实施条例》第28条第3款,[2]其对听证的规定均为笼统的、概括性的,而未细化规定听证会的听证内容以及如何进行,且条文中的听证权利仅规定为当事人的一项选择性权利,而非强制性地要求听证为必经程序,这也意味着并非所有农村房屋拆迁补偿安置方案都会经过听证。从《土地管理法》第47条第3款的规定可知,农村集体组织成员大多认为征地事项,如补偿方案、补偿标准等不符合规定的,由征地主体安排举行听证会,并根据听证结果调整补偿方案。[3] 因此,《土地管理法》只是对这一重要程序作出原则性的规定,关于听证的主体、如何听取被征地人意见和建议、听证笔录的效力规定以及就听证事项产生争议时的解决途径等均未给出具体的规定。[4] 同时,从《土地管理法》的名称便可得知,其并非只针对农村房屋这一特定对象,其规范的对象既包括建设用地也包括耕地。相比之下,城市房屋的征收补偿有专门针对房屋的《国有土地上房屋征收与补偿条例》(以下简称《补偿条例》),更具有针对性和具体性的法律规定也决定了城市房屋征收补偿程序要更加健全。

国务院自然资源部制定的《听证规定》也并非针对农村房屋的专门规定,其对拟征地项目的补偿标准和安置方案、国土空间规划和矿产资源规划、非农业建设占用永久基本农田方案等多种事项均有规定,但《关于完善征地补偿安置制度的指导意见》(国土资发〔2004〕238号)规定,被征地农村集体经济组织和农户要求听证时应依照《国土资源听证规定》中规定的程序进行,[5]由于法

---

〔1〕《中华人民共和国土地管理法》(2019年修正)第47条第3款规定:"多数被征地的农村集体经济组织成员认为征地补偿安置方案不符合法律、法规规定的,县级以上地方人民政府应当组织召开听证会,并根据法律、法规的规定和听证会情况修改方案。"

〔2〕《中华人民共和国土地管理法实施条例》(2021年修订)第28条第3款规定:"多数被征地的农村集体经济组织成员认为拟定的征地补偿安置方案不符合法律、法规规定的,县级以上地方人民政府应当组织听证。"

〔3〕参见邵长龙:《浅析集体土地征收的"新程序"》,载《中国土地》2020年第4期。

〔4〕参见陈雪琴:《农村集体土地征收补偿制度问题研究》,载《中国房地产》2020年第3期。

〔5〕《关于完善征地补偿安置制度的指导意见》(国土资发〔2004〕238号)规定:"在征地依法报批前,当地国土资源部门应告知被征地农村集体经济组织和农户,对拟征土地的补偿标准、安置途径有申请听证的权利。当事人申请听证的,应按照《国土资源听证规定》规定的程序和有关要求组织听证。"

规规章清理,《国土资源听证规定》已被更名为《自然资源听证规定》,这意味着《听证规定》便是对《土地管理法》中提到的听证制度的细化规定,征地拆迁补偿中的听证程序要依照《听证规定》进行。该规章明确规定了听证参与人、听证程序、听证笔录所要记载的事项以及违法听证的法律责任等内容,并区分规定了依职权与依申请听证的范围与程序。《听证规定》为农村征地拆迁中的听证活动提供了基本遵循,体现了我国保护公民知情权和听证权的制度安排。但《听证规定》对听证主持人与听证员的产生与选任、[1]听证质辩环节、[2]听证申请期限[3]等的规定也存在简单罗列或不够合理等问题,其不合理的规定在一定程度上损害了被征地拆迁农户的听证权利。而且,《听证规定》与《土地管理法》、《土地管理法实施条例》都存在一个相同的表述,即"征地",这表明整个农村房屋拆迁补偿法律制度仍局限在征地拆迁这一种类型之中,但通过政策引导来实施的旧村改造却并不是以征收形式来开展拆迁活动,因此往往处于一种无法可依的状态,往往根据土地性质参照适用《土地管理法》或《补偿条例》。[4] 这意味着征地拆迁以外的拆迁活动仍有待通过法律体系的完善来实现有法可依。

在全国层面已有法律、行政法规和部门规章对农村房屋拆迁补偿听证作了统一规定的情况下,各地结合自身实际情况,制定出了更具有可操作性的地方政府规章或地方规范性文件,如《山东省土地征收管理办法》(以下简称《山

---

〔1〕《自然资源听证规定》(2020年修正)第7条规定:"听证一般由一名听证员组织;必要时,可以由三或五名听证员组织。听证员由主管部门指定。听证设听证主持人,在听证员中产生;但须是听证机构或者经办机构的有关负责人。记录员由听证主持人指定,具体承担听证准备和听证记录工作。拟听证事项的具体经办人员,不得作为听证员和记录员;但可以由经办机构办理听证事务的除外。"

〔2〕《自然资源听证规定》(2020年修正)第9条第3款规定:"当事人进行质证、申辩,提出维护其合法权益的事实、理由和依据(听证会代表对拟听证事项的必要性、可行性以及具体内容发表意见和质询)。"

〔3〕《自然资源听证规定》(2020年修正)第21条规定:"当事人应当在告知后5个工作日内向听证机构提出书面申请,逾期未提出的,视为放弃听证;但行政处罚听证的时限为3个工作日。放弃听证的,应当书面记载。"

〔4〕参见唐梦婧:《城市房屋征收法律制度研究——以城中村改造过程中的房屋拆迁补偿为例》,载《传播与版权》2023年第13期。

东管理办法》)、《济南市土地征收管理办法》以及《广元市集体土地征收补偿安置办法》(以下简称《广元安置办法》)都根据《土地管理法》《土地管理法实施条例》制定了更为细致的程序规定。其中《山东管理办法》第16条[1]对听证制度作出了规定,但其在对听证权利的规定上仍延续了《土地管理法》将其作为选择性权利的传统,也与《听证规定》中5天的申请期限相配套。而《广元安置办法》也再次声明集体土地上的地上附着物、建(构)筑物和青苗都属于农村集体土地征收补偿的范围,[2]这表明在农村拆迁补偿的相关法律规定中是没有专门针对房屋设立的法规、规章或规范性文件的。但其中规定了征地补偿听证程序依照《听证规定》进行,以及"多数"集体组织成员的含义是1/2以上,[3]这明确了两文件之间的衔接与协调,是《土地管理法》《土地管理法实施条例》在地方具体实施的有效补充规定。

(二)我国现行农村房屋拆迁补偿听证制度的基本要素

我国现行农村房屋拆迁补偿听证制度分别由农村土地、房屋拆迁、拆迁补偿和行政听证制度这四个基本构成要素组成。

农村土地是区别于城市房屋拆迁补偿听证制度的重要因素,其主要体现为农村集体土地,包括宅基地和自留地、自留山;农村和城市郊区的土地,除由法律规定属于国家所有的以外,属于农民集体所有。[4]因此其适用依据并非《补偿条例》,而是《土地管理法》等一系列针对农村集体土地的法律法规等规范性文件。

---

[1] 参见《山东省土地征收管理办法》第16条。

[2] 《广元市集体土地征收补偿安置办法》第3条规定:"本办法所称集体土地征收是指依照法律规定权限和程序征收集体土地及地上附着物、建(构)筑物和青苗,对被征地农村集体经济组织、农民和其他权利人给予补偿安置的行为。"

[3] 《广元市集体土地征收补偿安置办法》第11条第2款规定:"被征地农村集体经济组织成员对征地补偿安置方案有异议的,由土地征收部门负责解释。对解释不服,被征地农村集体经济组织二分之一以上成员要求举行听证的,可在收到听证告知书之日起5个工作日内向县(区)自然资源部门书面申请听证。县(区)自然资源部门应在收到书面听证申请后按照《自然资源听证规定》组织听证。"

[4] 参见《如何区分国有土地和集体土地?》,载苏州市自然资源和规划局吴中分局官网2018年1月18日,http://zrzy.jiangsu.gov.cn/szwz/gtzx/ztzl/kxpj/201801/t20180130_618295.htm。

房屋拆迁这一要素,即将该制度的针对对象限定在房屋,而非整个农村集体土地,《中华人民共和国民法典》[1](以下简称《民法典》)、《土地管理法》及《土地管理法实施条例》都明确将村民住宅补偿费作为征收集体土地补偿费用的一种,这意味着农村房屋拆迁补偿对村民来说有其独立的价值。本文又意在将该听证制度的适用范围扩展至房屋征收拆迁以外的拆迁,如"旧村改造"等依靠合意实现的拆迁行为,意味着该制度内含有对农村房屋以及征收拆迁以外的房屋拆迁活动的特别关注。

拆迁补偿是该制度得以建构的最主要原因,农村房屋拆迁过程中产生的矛盾冲突主要集中在拆迁补偿这一环节,因为这涉及相对人切身经济利益,而听证制度的设置便旨在保护村民在农村房屋拆迁过程中的合法权益,使其最终能够得到公正合理的补偿。在补偿方式方面,目前主要以货币补偿为主,但要真正解决村民的需求,需要拓宽土地征收补偿的路径,如为村民提供就业机会等方式。[2]

农村房屋拆迁补偿听证制度的最终落脚点是行政听证制度,该制度主要包括通知、公告、陈述、举证、制作听证笔录等环节,目的在于确保被拆迁人的知情权与质辩权,真正解决农村房屋拆迁补偿中的争议与纠纷。可见,行政听证制度是农村房屋拆迁补偿中的核心要素。

(三)我国现行农村房屋拆迁补偿听证制度的主要内容

由于目前我国并没有专门法律对农村房屋拆迁补偿听证制度作出规定,因此,现行农村房屋拆迁补偿听证制度主要基于《土地管理法》、《土地管理法实施条例》以及《听证规定》而构建,其核心内容主要体现为《听证规定》所规定的听证参与人员、听证程序和听证笔录三方面。

1. 听证参与人员

听证参与人员制度主要对相关人员的组成、产生方式以及工作内容作了规定。其规定了听证参与人员是由指派人员、当事人以及专业人员等一些相

[1] 《中华人民共和国民法典》第243条第2款规定:"征收集体所有的土地,应当依法及时足额支付土地补偿费、安置补助费以及农村村民住宅、其他地上附着物和青苗等的补偿费用,并安排被征地农民的社会保障费用,保障被征地农民的生活,维护被征地农民的合法权益。"

[2] 参见李明真:《"三块地"改革助力乡村振兴》,载《合作经济与科技》2023年第15期。

关人员组成,遵循了人员构成的相关性及专业性的特点,但也在一定程度上反映了中立性的不足。听证员、记录员的产生方式均为指定,不同之处在于听证员由主管部门指定,而记录员由听证主持人指定,均反映了专业人员的专业与权威的特点。但听证主持人作为整个听证环节最具有话语权和权威性的人员,《听证规定》中却没有其产生方式或遴选机制的详细规定,而是仅对其听证员和听证机构或经办人员负责人的身份作了说明,这反而模糊了听证主持人的中立性。相比之下,对听证主持人启动听证、宣读事项,以及记录员准备、记录、查明和宣读注意事项等程序性工作内容的规定是较为详尽且得当的。

2. 听证程序

听证程序制度既包括听证前的告知、申请、审查、通知等程序,听证中的启动、质证、申辩、陈述等程序,以及保证听证实效性的回避、延期和中止等程序。听证程序是听证制度的核心内容,因此也规定得最为详细。但不难看出,农村房屋拆迁补偿听证程序规定并没有展现出与一般行政听证程序较明显的特殊之处,考虑到农村人际关系的紧密性与农村事务的复杂性,有必要参照"村务听证制度"[1]探索更符合农村现状的农村房屋拆迁补偿听证制度。同时,当事人5日内申请听证这一期限规定也存在不妥之处,考虑到外出务工村民的实际情况,该申请期限的设置实际也构成了对当事人行使听证权利的阻碍。

3. 听证笔录

听证笔录制度则主要体现在对记录员的工作内容的要求、听证笔录记载内容以及听证笔录的签字盖章程序上。此处对听证笔录的规定更多体现为一种记录程序以及后续据此做决定的依据,但遗憾的是其中并未规定当事人后续能否公开与查阅,毫无疑问,听证笔录具有重要的公开价值以及事后监督作用,根据其性质进一步细化有关听证笔录的规定十分必要。

三、我国农村房屋拆迁补偿听证制度问题及其成因

(一)缺乏统一立法规定

现阶段对农村房屋拆迁补偿听证制度的立法仅有《听证规定》《土地管理

---

〔1〕 王玉翠、费金玉:《乡村振兴背景下村民自治的探索与深化——二龙回族乡"村务听证制度"解析》,载《西部学刊》2023年第19期。

法》《土地管理法实施条例》，以及一些地方政府规章，如《山东管理办法》和《广元安置办法》等，其中仅规定了在土地征收中对补偿安置方案有异议的可以申请听证，而并没有一个概括性的条款将旧村改造等类似的拆迁活动囊括入内。目前，旧村改造的实施程序大体可以分为项目计划申报阶段、项目方案编制阶段、项目方案审核审定阶段、项目方案批复阶段、项目方案批复后实施阶段，其中并没有明确的听证程序规定，更重要的是没有一部专门的规范性文件约束旧村改造的推进，而政策导向下的“三旧”改造工作因无权威规范依据，更多地表现为自下而上的基层探索，缺乏顶层系统性的制度设计，难以实现长效化。[1] 因此许多基于政策导向的拆迁新活动往往会出现无法可依的局面。这反映了在农村房屋拆迁补偿听证制度中缺乏统一的立法规定，而《听证规定》仅对土地征收的听证程序作了规定，关键是缺乏一个将土地征收拆迁与旧村改造等其他类似的拆迁活动统一起来的规范性文件。

“征收”与“拆迁”之间的统一可以通过对现有法律规定的解释或修改达成，但农村和城市之间的统一则是对整个法律体系的动摇。现有房屋征收补偿制度因土地性质不同而适用不同的法律，农村集体土地上的房屋依据《土地管理法》及其相关法律法规，城市国有土地上的房屋依据《补偿条例》及其相关法律法规，但目前存在农村集体土地房屋征收补偿规定粗浅、补偿针对性小、补偿标准随意性大等问题，甚至出现参照《补偿条例》对集体土地上的房屋予以补偿的现象。[2] 虽然有学者认为，旧村改造原则上以集体用地为主要对象，但整合周边国有土地进行混合改造又是部分旧村改造的必然选择。[3] 无论是重新制定一部同时规范国有土地与集体土地上拆迁补偿活动的“土地管

---

〔1〕 参见孙佑海、王操：《国土空间治理现代化及其法治向度》，载《学习与实践》2022年第1期。

〔2〕 参见卓锴化、施冀：《完善集体土地上房屋征收补偿标准确定机制的思考》，载《中国财政》2018年第21期。

〔3〕 参见靳林明、陈婧、凌玲：《广州旧村改造整合周边国有土地的政策概览及实操建议》，载微信公众号“北京市竞天公诚律师事务所”2022年3月3日，https://mp.weixin.qq.com/s?__biz=MzA4MjU5MTUwOQ==&mid=2653852670&idx=1&sn=7da46e5e1616ec5d047afc2cfbe8706b&chksm=84595984b32ed0926e35c1d71ac80589f129cacf85603f2b7d140a3547b621a40bb50d5988f6&scene=27。

理法”,还是规定只针对两种土地上的房屋拆迁补偿的“房屋拆迁与补偿条例”,都是对整个土地法律体系的颠覆,因而该问题被暂时搁置。目前,“征收”与“拆迁”之间的不统一问题更具有讨论的空间。

(二)听证程序启动困难

在《听证规定》中,被征地拆迁人在被告知听证权利后仅有5日的时间申请听证,这十分不利于法律意识不强或外出务工的农民在规定的期限内及时申请听证。法律应给予被征地拆迁人接收消息、准备文书所需的合理时间,否则很可能导致听证无法启动。同时,从中央的《土地管理法》《土地管理法实施条例》,到地方制定的各种规章条例,都将听证视为依申请启动的程序,这不仅不利于法律意识不强且有厌讼传统的农民申请听证,也会导致听证程序在被征地拆迁人不知需依申请而启动的情况下被动放弃,使其自身合法权益无法得到完整的程序保障。

(三)听证过程形式化且中立性不足

《听证规定》虽然明确了当事人有质证、申辩的权利,但对质证与申辩程序如何展开没有进一步规定,既没有直接将《最高人民法院关于行政诉讼证据若干问题的规定》中的司法质证程序细化规定为符合听证会实际情况的质证制度,也没有以参照的方式注明其他有关质证的规范性文件,这可能会导致当事人在听证会中的质辩权受到减损或剥夺。例如,在梁某某诉萧县自然资源和规划局责令退还非法占用土地及责令期限拆除一案中[1],萧县自然资源和规划局组织的听证会就存在诸多程序违法之处,如未对黄口国土所调查的材料予以质证,未对梁某某提交的证据进行质证,未让梁某某进行最后陈述等。这表明听证会很可能因为质证制度的不健全而使整个听证过程流于形式。又如,在杨某某诉河南省杞县人民政府土地行政裁决案中,[2]行政机关杞县政府因作出的杞政土〔2009〕8号《关于注销板木乡板木北村四组村民杨某某持有的1986年颁发的宅基地使用证的处理决定》中存在听证过程中未告知当事

[1] 梁某某诉萧县自然资源和规划局责令退还非法占用土地及责令期限拆除一案,安徽省萧县人民法院(2020)皖1322行初166号行政判决书。

[2] 杨某某诉河南省杞县人民政府土地行政裁决案,最高人民法院(2018)最高法行再112号行政判决书。

人权利义务等程序违法情形，而被法院判决撤销。由此可见，即使在进行听证的情况下，也会出现不允许充分质证、不告知权利义务等违反法定程序而减损听证参与人权益的行为。虽然司法裁判会使当事人的权益得到救济，但也反映了在实际听证活动中确实存在一些操作不规范的现状。

听证程序的不规范或是形式化不仅是因其自身规定不完备，也与听证主持人制度有很大关系。《听证规定》第6条、[1]第7条明确了听证会的组成人员，同时规定了听证主持人的回避制度，虽然将具体经办人员排除在听证主持人之外，但也规定听证主持人必须是听证机构或者经办机构的有关负责人，这使听证主持人的中立性仍然存疑。而且对于听证主持人并没有一套完整的选任与考核机制，这使其专业素养引人忧虑。例如，在屯昌中坤橡胶种植专业合作社与屯昌县综合行政执法局、屯昌县人民政府行政处罚案中，[2]屯昌县综合执法局组织听证的机构为涉案的承办机构，听证主持人王某某为案件承办机构土地和规划建设执法大队负责人。这表明即便在现有的回避制度下，也存在一些公然违法选任与行政机关有特殊利害关系的听证主持人的现象，更不必提有的本身有利害关系又不具备专业素养、因未能将其排除在外而被选为听证主持人将对听证过程的中立性产生多大影响。听证的质证、申辩程序规定粗略以及有的听证主持人的中立性不足，一同导致了农村房屋拆迁补偿听证制度的功能缺位，使有的被拆迁人无法在听证中争取与维护自己的合法权益。

（四）听证笔录监督功能缺位

《听证规定》要求听证笔录载明拟听证事项的理由、依据和有关材料，当事人或者听证会代表的观点、理由和依据，听证主持人对听证活动中有关事项的处理情况等事项。可见，听证笔录是完整记录行政机关听取当事人的陈述与

---

〔1〕《自然资源听证规定》（2020年修正）第6条规定："听证参加人包括拟听证事项经办机构的指派人员、听证会代表、当事人及其代理人、证人、鉴定人、翻译等。"

〔2〕屯昌中坤橡胶种植专业合作社与屯昌县综合行政执法局、屯昌县人民政府行政处罚案，海南省第一中级人民法院（2019）琼96行终113号行政判决书。

申辩等听证过程的凭据,作为作出行政决定的依据,实现对行政机关的约束,[1]同时也是检验听证制度是否有效的"试金石",听证笔录一旦生成便具有了证据作用以及接受监督检查的功能。但根据《听证规定》的规定,听证笔录似乎仅是一种开过听证会的证明,并没有起到向公众及时沟通反馈的作用。若被拆迁人在听证会中提出的意见与诉求未被采纳时,无法及时查阅听证笔录,则会打击被拆迁人参与听证的积极性,激化矛盾。[2] 同时,听证笔录的不公开导致其可能难以受到监督,这可能会导致听证笔录记录不全甚至在有的听证笔录中出现弄虚作假的情况。在蛟河市天林石材有限公司与蛟河市自然资源局土地行政处罚案中,[3]听证会报告书及行政处罚听证笔录显示案件承办人为秦某某一人,并不是真实承办人刘某、黄某某二人,而听证主持人正是承办人刘某。在新乡市连邦置业有限公司诉新乡县国土资源局等土地行政复议纠纷案中,[4]原告指出听证笔录只有两页,并没有将原告的意见全面客观地加以记载,听证会的内容不全面,原告在听证会上提出的某些情况没记录。即记录员在听证笔录中只进行了选择性的记录,而并未履行客观全面记录的义务。在听证笔录不公开的情况下,听证机构易于轻视听证笔录的重要性,从而以不认真的态度不全面、不真实记录制作听证笔录,而听证笔录的公开能有效起到监督作用,反向促使听证笔录的质量与准确性提高。一定程度的听证信息公开,是保障当事人知情权的听证权的体现。

四、我国农村房屋拆迁补偿听证制度的完善建议

(一)统一听证立法

在面对旧村改造等拆迁活动无法可依的境况时,有必要将拆迁活动纳入

---

〔1〕 参见吕英民:《论我国土地征收听证制度的构建》,载《山东省农业管理干部学院学报》2010年第5期。

〔2〕 参见王立冠、姜莉:《论集体土地被征收人参与权的法律保障》,载《西南石油大学学报(社会科学版)》2016年第4期。

〔3〕 蛟河市天林石材有限公司与蛟河市自然资源局土地行政处罚案,吉林省吉林市中级人民法院(2020)吉02行终75号行政判决书。

〔4〕 新乡市连邦置业有限公司诉新乡县国土资源局等土地行政复议纠纷案,河南省新乡市凤泉区人民法院(2018)豫0704行初12号行政判决书。

征收的语境之中,在《听证规定》《土地管理法》《土地管理法实施条例》中增加新的条款,如"其他以公共利益为目的而在集体土地上进行的拆迁活动,其听证程序参照土地征收听证程序"。该条文在语义上实现了拆迁行为与征收行为在听证制度上的统一,通过参照援引的方法,以最低成本为旧村改造等拆迁活动的听证程序找到了法律依据。2021 年广东省在总结 10 余年经验的基础上,颁布了全国首部"三旧"改造省级政府规章《广东省旧城镇旧厂房旧村庄改造管理办法》,其中第 19 条明确规定集体土地征收手续应已按要求落实听证程序,[1]这表明在地方探索实践中,已经逐步将旧村改造纳入法律体系中,并对其中涉及的集体土地征收听证予以特别强调。地方对旧村改造的法律规定是规范拆迁活动、解决无法可依问题的先行举措,中央立法可以借鉴地方成功经验,也将旧村改造等拆迁活动纳入法律规定中。但值得注意的是,目前有关农村房屋拆迁补偿听证制度的规定散落在《听证规定》《土地管理法》《土地管理法实施条例》中,在土地性质不明的情况下还可能会用到《补偿条例》,但直接将农村与城市的房屋拆迁补偿听证制度统一起来的可行性较弱,其原因在《补偿条例》制定伊始,有关负责人就回答过记者,"国有土地上的房屋征收和集体土地征收是分别由条例和土地管理法调整的,通过行政法规对征收集体土地作出规定是超越立法权限的"[2],即各法律法规之间效力等级不同,不能强行统一。因此,本文旨在现有法律体系下,在农村房屋拆迁补偿听证法律规定中,将旧村改造等拆迁行为以参照的方式纳入征收行为的程序规定中,以统一"拆迁"和"征收"的不同规定。这需要在未来的法律修改中逐步推进,以中央改动、地方跟进的方式实现整个法律体系对"拆迁"活动的接纳。

(二)改变听证启动模式

在集体土地房屋拆迁补偿听证程序的启动上,《土地管理法》采取的是依

---

〔1〕《广东省旧城镇旧厂房旧村庄改造管理办法》第 19 条规定:"集体土地完善征收手续的,除应当符合第十八条规定的条件外,还应当符合下列条件:(一)在规定期限前与农村集体经济组织、农户签订征地补偿安置协议并已经落实,且未因征地补偿安置产生纠纷;(二)已按要求落实听证程序和办理社保审核。"

〔2〕国务院法制办网站:《国务院法制办、住房和城乡建设部负责人就〈国有土地上房屋征收与补偿条例〉答记者问》,载中华人民共和国商务部官网 2011 年 1 月 27 日,http://tga.mofcom.gov.cn/article/zwxx/201101/20110107381416.shtml。

申请的方式,但从上述案例中我们不难看出,当听证处于可选择的状态下,听证权利就变得可有可无,甚至可能在不知情的情况下被"自愿"放弃。为了使被拆迁人真正获得听证的机会,有必要将听证从经申请的选择性权利改为依职权的强制听证,具体修改措施可以是将现有《听证规定》的第19条第1款(拟定拟征地项目的补偿标准和安置方案的)移动至第12条(主管部门依职权听证的情形),并删除《土地管理法》第47条第3款中"多数被征地的农村集体经济组织成员认为"的条件,直接规定征地补偿安置方案一律由县级以上地方人民政府组织召开听证会。由于《土地管理法实施条例》与《土地管理法》规定相同,因此也作出相同修改。此种"选择改强制"的听证启动方式能够最大范围和最大程度地保障被拆迁人的听证权,同时,留给被拆迁人5天的短暂申请期限也不再适用于此,这不仅能省去送达通知及接受申请所需要的时间,还能向民众表达保证程序公正完整的态度,有助于提高行政效率和实质化解争议。听证权利作为当事人的一项重要程序权利,能够充分保障被拆迁人了解拆迁补偿安置方案,并使其最大程度保护自己合法权利,即使这可能会导致许多没有反对意见的人也要被迫参与听证会,出现"无话可说"的局面,但也好过"被自愿"放弃听证,从而造成"有苦说不出"的情况。如果想让公众尽可能参与程序,就要提供尽可能多的、让公众行使程序性权利的渠道和机会。在土地拆迁补偿过程中,全面听证是公众事前集中行使程序性权利的重要实现途径,也是从启动阶段避免听证流于形式的重要解决方案。

(三)完善听证参与人制度

1. 建立听证主持人制度

现有法律条文仅对听证主持人的回避制度作了概括规定,但并未规定听证主持人的筛选与考核,这就导致听证主持人的专业水平受到质疑。实践中有的听证流于形式也往往是由听证主持人缺乏专业素养与中立地位导致的,在有的听证中,听证主持人不告知当事人权利义务、不允许当事人陈述申辩等,这都反映了听证主持人是解决问题的关键所在,因此有必要建立一套完整的听证主持人制度。但听证主持人问题并非农村房屋拆迁补偿听证中的特有问题,而是整个听证制度的共性问题,因此更为可行的方案是以单独立法或分散改法的方式积极推进构建行政听证主持人制度,然后在《听证规定》中明确听证主持人制度参照上述规范性文件。而且统一的行政听证主持人制度早在2011年[1]与2017[2]年全国人大代表提出的议案中就已有体现，当时法律委员会与法工委讨论的结果是“将会同有关方面认真研究”，因此听证主持人制度的建立仍具有必要性和现实可行性。从农村房屋拆迁补偿听证中出现的问题来看，该制度应当重点规定听证主持人的选任与遴选机制，在选任方面要注重中立性，以“职权分离”为原则，改变主持人的职能错位问题；[3]在遴选方面要更加关注专业性，对听证主持人进行岗前培训及定期培训，培训内容涉及基本业务知识、法律法规知识、政策前沿动态、调解能力等，并对上岗的主持人定期考核，对每一次听证会的主持人的表现跟踪记载。[4] 通过上述举措，听证主持人的专业水平与法律素养能够与时俱进、不断提高，以此能确保听证制度的公正性并提高行政机关的公信力。

2. 补充听证当事人质证规则

由于《听证规定》对听证中的质证规则规定得不完善，再加之被拆迁农户普遍法律知识不强，致使他们在听证会中很难充分行使质辩权，对此可以通过直接参照《最高人民法院关于行政诉讼证据若干问题的规定》中司法质证程序的做法来实现对质证规则的补充，并规定在《听证规定》第9条第3款的质证程序中。完善听证程序规定、保障村民质证权利至关重要，在某些情况下村民在程序中获得的参与感甚至重要于其实际获得的补偿，正如有学者所说：“仅提高补偿标准并不一定能够显著改善农民的征地满意度水平，应更加关注农民的公平感知问题和程序性权利保障问题。”[5]因此在农村房屋拆迁补偿

---

[1] 《全国人民代表大会法律委员会关于第十一届全国人民代表大会第四次会议主席团交付审议的代表提出的议案审议结果的报告》，2011年12月31日第十一届全国人民代表大会常务委员会第二十四次会议通过。

[2] 《全国人民代表大会法律委员会关于第十二届全国人民代表大会第五次会议主席团交付审议的代表提出的议案审议结果的报告》，2017年12月24日公布。

[3] 参见孙东方、刘瑶、冯素红：《浅析听证制度在不动产征收中的适用》，载《中国国土资源经济》2021年第11期。

[4] 参见吴培中：《集体土地征地拆迁听证制度及维护被拆迁人利益初探》，福建省土地学会2009年年会论文，2009年10月10日于福建三明。

[5] 曾娴、贺林波：《农村土地征收补偿满意度影响机制研究——以M县为例》，载《中南农业科技》2023年第7期。

听证中,除了关注最终的补偿结果,保障当事人在听证中的质证权也至关重要且不可或缺。

(四)建立听证笔录公开制度

虽然《听证规定》规定主管部门应当根据听证笔录依法作出行政处罚决定,但并未规定听证笔录是否允许查阅、公开以及如何公开,后续拆迁补偿工作进展是否符合听证笔录上达成的协议等问题都无法可依。因此为了贯彻落实听证会的成果,必须要落实听证笔录公开制度,通过查阅笔录并对比拆迁补偿实际情况,形成对听证事项的监督反馈机制。但应当注意的是,听证公开不代表向所有人公开,而应当针对参与听证的当事人,这些人对听证笔录是最应当享有知情权的群体,只有对这些听证当事人公开,听证笔录才能更好地发挥其监督和证明功能,遏制弄虚作假和记录不全等情况。关于允许当事人有查阅权,也曾在2002年的《政府价格决策听证办法》中有过先例,其中规定了听证会代表有查阅听证笔录的权利。[1] 因此,应当在《听证规定》中首先笼统地规定听证参与人员享有查阅听证笔录的权利,然后根据实际情况规定公开的期限、方式和地点等。以公开听证笔录来发挥监督功能,是为了确保听证事项都能经过实质讨论,当事人的质辩意见得到充分考虑,坚决防止听证过程"走过场"。监督的过程也是行政机关与利益主体之间的信息互换与整合的过程,要积极实现参与主体间的理性沟通。[2] 听证当事人外部监督与听证机构内部监督双管齐下,更有益于听证成果的落实,有助于听证制度取得良好的社会效果。

五、结语

针对农村房屋拆迁听证制度中出现的立法不完善、启动困难、听证流程形式化以及听证笔录功能缺位的问题,有必要通过分析现有文本体系及其制度构成,从现有法律规定和实施现状中分析问题本质原因,并最终从立法、程序、人员和监督方面寻找解决方案。即便如此也仍有许多有待完善的问题,如强

〔1〕《政府制定价格听证办法》第12条。

〔2〕参见陈雪、吕少德:《土地征收法律中的公众参与机制研究》,载《中国土地科学》2022年第2期。

制启动听证是否会因启动次数过多而无法进行？参与人员的培训考核实效如何？听证笔录公开是否会影响到对个人信息的保护？这些都有待实践给出进一步的答案。但毋庸置疑，农村房屋拆迁补偿听证制度一定走在不断完善的路上，我们对农民正当的程序权益保障一直在不断努力之中。现阶段从立法方面统一听证立法，在此基础上通过改变听证启动方式、建立听证主持人制度和补充听证当事人质证规则来完善程序设计，并通过完善听证笔录公开制度来完善事后监督机制，是目前完善农村房屋拆迁补偿听证制度以保障农民听证权利较为可行的建议。

征稿启事

《乡村振兴法治研究》原名为《中国农村法治论坛》,系西南政法大学经济法学院、经济法学科、中国农村经济法制创新研究中心为推动农村法治的理论研究、人才培养、学术交流、社会服务而推出的连续出版物。自第9卷起,更名为《乡村振兴法治研究》,设有农村法治理论研究、农村集体组织研究、农村土地法治研究、农民权益保护研究、农村市场监管研究、社会分配法治研究、农村金融财税法治研究、乡村治理研究等专题,每卷还将根据组稿情况设置其他专题。现面向广大师生及实务工作者征集优秀稿件。

《乡村振兴法治研究》不收取版面费、审稿费等费用。所投稿件,应属于尚未公开发表且不存在任何版权争议的文章,请勿一稿多发。根据著作权法有关规定,编辑委员会有权对来稿作文字性和技术性的修改、删节,不同意者务请声明。对不采用的文稿,编辑委员会不予退稿。投稿并获登载的文章,作者自愿放弃稿费。凡投稿的文章,均视为同意《乡村振兴法治研究》授权的CNKI数据库等合作单位使用。文章投稿、发表的行为即视为同意上述声明。

凡来稿,应当符合以下要求:

一、文稿应为尚未发表的中文稿件。

二、文稿要求是原创作品,未曾在正式出版物或互联网上公开发表。题材不限,选题新颖,理论科学,论据充分,论证严密,层次清晰,语言规范,字数一般不超过1.8万字。

三、文稿必须包括题目、作者姓名、摘要、关键词、正文。基金项目和作者信息(姓名、所在单位、职务或职称、研究方向、邮寄地址、邮编、联系电话)应当置于作者姓名旁插入的脚注中。其中,摘要为300字以内,关键词为3~5个。摘要中应有文章主要观点。

四、一律采用脚注,注码号为“①”样式,每页重新编号。非引用原文者,注释前加“参见”;引用资料非原始出处者,注明“转引自”。

五、注释体例采用《法学引注手册》格式。示例如下:

(一)引用书籍的基本格式为:

1. 王名扬:《美国行政法》,北京大学出版社2007年版,第18页。

2. 张新宝:《侵权责任法》(第4版),中国人民大学出版社2016年版,第73~75页。

3. 高鸿钧等主编:《英美法原论》,北京大学出版社2013年版,第二章“英美判例法”。

4. [美]富勒:《法律的道德性》,郑戈译,商务印书馆2005年版,第10页。

(二)引用已发表文章的基本格式为:

5. 季卫东:《法律程序的意义:对中国法制建设的另一种思考》,载《中国社会科学》1993年第1期。

6. 王保树:《股份有限公司机关构造中的董事和董事会》,载梁慧星主编:《民商法论丛》第1卷,法律出版社1994年版。

7. [德]莱纳·沃尔夫:《风险法的风险》,陈霄译,载刘刚编译:《风险规制:德国的理论与实践》,法律出版社2012年版。

8. 何海波:《判决书上网》,载《法制日报》2000年5月21日,第2版。

(三)引用网络文章的基本格式为:

9. 汪波:《哈尔滨市政法机关正对“宝马案”认真调查复查》,载人民网2004年1月10日,http://www.people.com.cn/GB/shehui/1062/2289764.html。

10.《被告人李宁、张磊贪污案一案开庭》,载新华网,http://www.xinhuanet.com/legal/2019-12/31/c_1125406056.htm。

11. 刘松山:《失信惩戒立法的三大问题》,载微信公众号“中国法律评论”2019年11月19日,https://mp.weixin.qq.com/s/wA3J923WNctVATeSKIhcw。

12. 参见法国行政法院网站,http://English.conseil-9 etat.fr/Judging,2016年12月18日访问。

(四)引用学位论文的基本格式为:

13. 陈默:《抗战时期国军的战区——集团军体系研究》,北京大学2012年博士学位论文,第134页。

(五)引用法律文件的基本格式为:

14.《民法典》第27条第2款第3项。

15.《国务院关于在全国建立农村最低生活保障制度的通知》(国发〔2007〕19号,2007年7月11日发布)。

(六)引用司法案例的基本格式为:

16.包某某诉苍南县人民政府强制拆除房屋案,浙江省高级人民法院(1988)浙法民上字7号民事判决书。

17.陆某某诉南通市发改委政府信息公开案,载《最高人民法院公报》2015年第11期。

(七)引用英文报刊文章和书籍的基本格式为:

18. Charles A. Reich, *The New Property*, 73 Yale Law Journal 733, 737 - 38 (1964).

19. Louis D. Brandeis, *What Publicity Can Do*, Harper's Weekly, 20 December, 1913, p. 10.

20. William Alford, *To Steal a Book is an Elegant Offense: Intellectual Property Law in Chinese Civilization*, Stanford University Press, 1995, p. 98.

六、任何来稿视为作者、译者已经知悉并同意《乡村振兴法治研究》的稿约条件。

七、《乡村振兴法治研究》的常年征稿,来稿请采用电子文本word文档格式,以电子邮件方式投稿。建议投稿邮件标题格式为"投稿+作者姓名+论文题目",方便编辑部准确回复邮件。文章一经采用,即赠送样书1本。

本卷征稿截止日期:2024年3月10日。

投稿邮箱:swupl_cali@163.com。

八、联系方式

联系电话:023-67258925

联系地址:重庆市渝北区宝圣大道301号西南政法大学中国农村经济法制创新研究中心(邮编:401120)

《乡村振兴法治研究》编辑委员会